수학 영재 교육

유윤재 지음

教友社

머리말

국내 영재교육은 이미 오랜 역사를 가지고 있었으나 목적에 대한 인식부족, 영재교육의 방법론 부족 등으로 인하여 많은 우여곡절을 겪었다. 그러나 과거와 비교해 볼 때 영재교육이 초등학교부터 고등학교에 이르기까지 실시되고 있다는 점에서 많은 발전을 했다고 할 수 있다.

한 사람의 영재가 수만을 먹여 살린다는 말은 솔직히 듣고 싶지 않다. 단지 그들이 가진 뛰어난 재능이 사회적 무관심으로 인하여 사라지고 있다는 것을 볼 때 기성인으로서 그들을 위하여 무엇을 해야 할 것인가를 고민하게 만든다. 더욱이 천편일률적으로 찍어내는 공교육의 무책임에 그나마 영재교육이라도 있다는 것은 아쉽지만 그나마 다행이라는 생각이 든다.

이 책은 2005년도 경북대학교 저술 장려 연구비에 의하여 저자가 지난 6년 동안 영재교육의 실무를 담당하면서 경험한 것들과 그동안 수집한 자료들을 모은 것이다. 교육 프로그램의 모형들은 렌줄리의 삼부심화모형에 수학의 특성을 고려하여 설계한 것으로 경북대학교 영재교육원에서 수학 영재 교육 프로그램에 적용한 것들이다. 이 방법은 실제로 효과적이었고 학생으로부터 반응도 좋았다고 판단하고 있다.

판별 검사 도구는 현재 각 영재교육기관에서 공식적으로 공개하지 않고 있는데 여기서 최초로 공개하는 셈이다. 그러나 여러 영재교육기관에서 보다 다양하고 효과적인 판별 검사 도구를 사용한다고 생각된다. 이런 검사들은 가정에서나 학교에서 사용할 수 있다면 좋겠다.

이 책은 초・중・고 영재교육을 담당하는 지도교사에게는 참고도서로, 학부모에게는 자녀에 대한 이해를 위하여, 영재 자신에게는 학습 자료의 활용으로써 보탬이 될 수 있기를 바란다. 어떤 영재교육기관을 보면 영재교육이 수월성 교육, 취미 재량교육, 학습 성취도가 높은 특별반 교육과 별 다름없이 진행되는 것을 보게 된다. 이런 것을 구별하여 프로그램을 운영하는 것은 전적으로 교사에게 달려 있다. 따라서 지도교사는 영재교육에 대한 이해와 관련 지식을 풍부하게 가질 필요가 있다.

2007년 복현 언덕에서

차 례

제 4 장 수학 영재 교육 프로그램 ..61

제 5 장 교수학습 ..77

제 6 장 학생, 학부모 그리고 환경 ..117

1 영재의 개념

1. 영재의 개념과 일반적 특성

1.1 영재의 개념

영재교육에 대한 관심과 필요성에 의하여 이 분야에 대하여 공부하게 되면 먼저 영재성에 대한 개념이 너무 포괄적임에 놀라게 된다. 특히 수학과 같이 정의가 분명한 개념에 익숙한 수학교사에게는 이러한 정의의 다양성은 영재교육에 대한 혼란스러움을 가질 수도 있다. 영재의 정의가 이렇게 다양하게 제시된다는 점은 영재와 관련된 개념들이 교육학적, 사회문화적, 국가적 필요 등에 의하여 다양한 관점에서 이해되고 있다는 점과 동시에 지금도 활발하게 연구중임을 시사한다. 그러나 영재의 판별에서 교육프로그램에 이르는 일련의 교육 내용들이 선별되고 교육적 실천들이 일관성 있게 조직되며 이에 따른 필요 자원들이 효과적으로 산출되고 통합되기 위해서는 적어도 하나의 정의는 필요하다. 그러나 영재의 일반적 특성을 한두 말로 집약한다는 것은 정의의 다양성에 비추어 볼 때 실재를 너무 단순화 하는 면이 없지 않으나 여러 연구에 의하면 영재의 특성은 지적 수월성과 희귀성으로 압축된다.

영재성 정의의 다양성과 복합성은 수학 영재의 경우에도 유사한 문제점이 제기되겠지만 다행히도 수학이라는 개별 영역 속으로 들어가게 되면 수학의 특성을 고려한 영재의 정의가 어느 정도 구체화되기 때문에 정의는 보다 선명해지고 이에 따른 수학영재 교육프로그램은 보다 명확하게 조직될 수 있다. 그러면 영재의 특성은 무엇인가? 여기서는 인지적 측면과 정의적 측면에서 영재의 특성을 논의한다.

1.2 영재의 특성

영재들에게는 여러 가지 특성이 있다고 보고되고 있다. 먼저 인지적 특성으로서 Lewis와 Louis의 연구에 의하면 주의, 질문 빈도, 향상된 언어사용, 추상적 사고, 기억, 과제동기, 지속성, 사회적 기술, 호기심, 향상된 유머 감각, 창의적 놀이, 불일치에 대한 민감성을 들고 있다.[1] 한편 Van Tassel-Baska(1998)의 연구에 의하면 영재는 추상적 기호체제의 조작능력의 탁월함, 고도의 집중력, 우수한 기억력, 조기 언어발달, 높은 호기심, 독립심, 다양한 분야에 대한 관심, 뛰어난 창의성을 나타낸다고 하였다.

Renzulli(1977)는 정의적 특성으로서 강한 과제 집착성, 권위에 대한 도전감, 강한 자기주장과 더불어 관심 있는 영역에 대한 지속성을 들고 있다. 한편 Van Tassel-Baska(1998)의 연구에 의하면 정의감, 이타적이고 이상적, 뛰어난 유머 감각, 섬세한 정서 감각의 소지, 죽음에 대한 관심, 완벽주의, 왕성한 성취감, 일에 대한 강한 애착심, 심미성을 들고 있다.

이와 같이 영재들에게는 다양하고 독특한 특성이 발견된다. 그러나 위에서 열거한 한 두 가지의 특성은 일반 아동들에게도 나타나기 때문에 위의 특성은

1) 전국과학영재교육센터 정책 연구보고서(2000). p12에서 재인용

영재를 이해하기 위한 포괄적 지침으로 간주되어야 한다.

미 교육부의 정의에 의하면 영재아(gifted)와 재능아(talented)는 우수한 능력을 가지고 있기 때문에 전문가에 의하여 탁월한 수행을 할 수 있다고 판별된 아동들이다. 이들이 자신과 사회에 기여하도록 하기 위해서는 일반 학교에서 정상적으로 제공되는 프로그램과는 차별되는 교육프로그램과 서비스가 필요하다. 탁월한 수행 가능성이 있는 아동은 다음 분야 중에서 우수한 성취를 입증했거나 그러한 성취를 할 잠재력이 있다고 평가한다.[2]

- 일반지능
- 특수한 학업적성
- 창의성 혹은 생산적 사고
- 리더쉽
- 시간적 공연예술
- 심리 운동능력[3]

이 정의는 이스라엘, 대만, 싱가포르 등에서도 차용하고 있으며 미국 대부분의 지역 교육청에서 수용하고 있다.

Renzulli는 영재의 특성을 일반 지능, 과제 집착력, 창의력을 영재의 3요소로 정의하고 각각의 영역에서 85% 이상이고 한 영역에서 적어도 98% 이상일 때 뛰어난 성취를 할 가능성이 높아진다고 한다. 다음은 Renzulli가 제시한 영재의 특성이다.

일반 지능 또는 특수 지능

i) 높은 수준의 사고력

ii) 새로운 상황에 대한 적응력이 뛰어나다.

---

2) 1972년 Marland에 의한 보고서를 기초로 하여 입법화된 것임

3) 심리 운동능력은 1988년도에 수정된 정의에서 삭제되었다.

iii) 문제해결을 위한 다양한 전략을 구사할 수 있다.

iv) 뛰어난 정보처리 능력

창의성

i) 사고의 유창성이 높다.

ii) 사고의 유연성이 높다.

iii) 새로운 경험과 아이디어에 대한 개방성이 높다.

iv) 다양한 분야에 대한 호기심을 보인다.

v) 사물에 대한 민감성이 높다.

과제 집착성

i) 일에 대한 열정과 집착이 강하다.

ii) 일에 대하여 자신감이 강하다.

iii) 성취동기가 뚜렷하다.

iv) 성취수준을 높게 설정하는 경향이 있다.

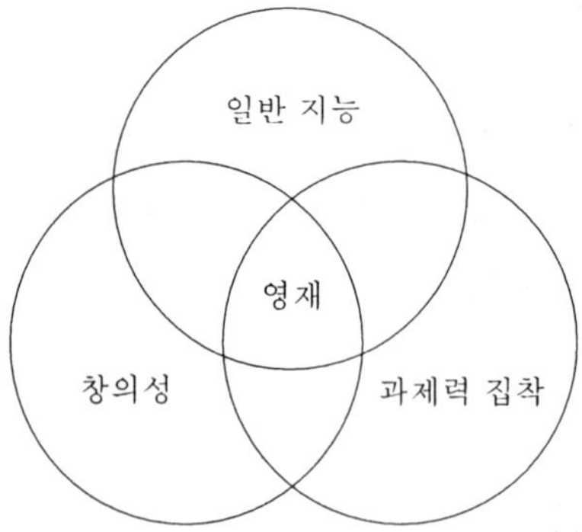

Tannenbaum은 개인 내적 요인과 사회 환경적 요인으로 영재를 정의하였는데 개인 내적 요인으로서 일반지능, 특수적성, 사회 환경적 요인으로서 환경, 행운, 비지적 촉진제를 제시하였다.

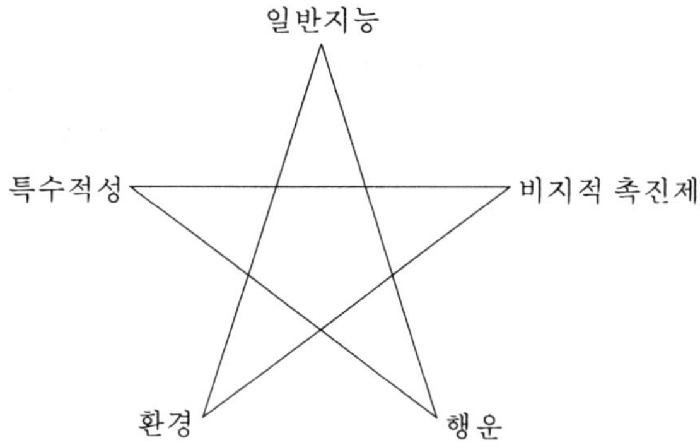

Gardner(1990)는 그의 다중지능이론에서 지능의 개념이 지능검사와 동일시되는 것을 비판하고 인간의 지능을 7가지로 세분하여 각 분야에서 특출한 능력을 나타낼 때 영재라고 정의하였다. Gardner에 의하면 지능은 다음과 같이 세분된다.

- **언어적 지능** : 언어적 이해, 언어적 표현 등 문학자나 변호사에게 필요한 능력이다.
- **음악적 지능** : 음악적 구별, 음악적 표현 등 음악가에게 나타나는 능력이다.
- **논리, 수학적 지능** : 수학적 추론, 수학 문제해결 등 수학자나 물리학자에게 나타나는 능력이다.
- **공간적 지능** : 3차원 도형을 표상하거나 조작할 수 있는 것으로서 건축가, 실내 장식가, 공학자 등에 나타는 능력이다.
- **신체, 운동적 지능** : 신체운동과 관련된 능력으로 체조, 운동선수에게 나타나는 능력이다.
- **개인 내적 지능** : 감정, 사고유형, 정서, 활동에 관련된 능력들을 말한다.
- **대인간 지능** : 대인관계에 관련된 지식, 사회성에 관련된 능력을 말하며 종교가, 사회사업가, 정치가 등에 나타나는 능력이다.

이 관점은 지능에 대하여 포괄적이긴 하지만 이 7가지 지능들이 독립적인지 아닌지에 대해서도 아직은 분명한 설명이 어려운 상태이다. 그러나 Gardner의 이론을 지지한다면 교육자는 개인의 지능적 특성을 확인하고 이에 따른 적합한 교육을 실천해야 할 때 영재성이 발현될 것이라는 것을 시사한다. Gardner 이론에 의하면 일반 학교 교육과정의 전면적인 개편까지도 고려되어야 할 때 보다 효과적일 것이다.

마지막으로 Sternberg(1985, 1988)는 기존의 지능에 관한 연구가 현실을 간과한 면이 있고 지적 행동을 고려하지 않은 채 주로 실험 과제를 연구의 대상으로 삼고 있다는 점을 들어, 지능의 현실 도외성을 비판하고 대안으로서 개인의 현실 상황, 개인적 경험, 과제처리 방식의 3가지를 종합적으로 평가해야 한다고 주장한다. 이 세 가지를 삼위일체 이론의 세 하위이론인 상황 하위이론, 경험 하위이론, 요소 하위이론으로 구성한다. 이 이론은 본질적으로 인지와 상황을 통합하고 있으나 지능의 범위를 너무 확대하는 측면이 있다.

- **상황 하위이론** : 현실 세계에 대한 지능의 적응에 관련된 것인데 현실을 능동적으로 적응하거나 환경을 자신이 의도하는 상황으로 조성하거나 이 두 가지가 불가능할 경우에는 새로운 환경을 선택하는 능력이다.

- **경험 하위이론** : 과제의 친숙도에 따라 나타나는 지능을 의미하는데 과제에 대한 적응과 동시에 자동화를 강조한다. 지능적 결과는 자동화 하는 과정에서 가장 뚜렷하게 나타난다고 본다.

- **요소 하위이론** : 환경에 적응 또는 환경을 선택하기 위하여 지적 행동이 수행되는 메커니즘에 관련된 능력들로서 메타요소, 수행요소, 지식 습득요소로 세분된다. 메타요소는 수행에 대한 통제와 수행과정의 평가에 관련된 능력이며, 수행요소는 실제 과제를 처리하는데 사용되며, 지식 획득요소는 새로운 지식의 습득과정에서 필요한 정보를 선별하는 능력들이다.

2. 수학 영재의 특성

인지적 관점에서 수학 영재를 2장에서 상세하게 다룰 창의적 문제해결 능력으로 정의한다면 문제발견 능력, 문제해결 능력, 응용 능력이 보통 학생보다 특히 우수할 때 수학 영재라고 할 수 있다. 문제 발견 능력은 현상으로부터 수학적 성질을 추출할 수 있는 능력으로서 패턴의 발견, 일반화 능력 등이 포함되고, 문제 해결 능력은 해결에 필요한 방법론과 전략을 창안하거나 유연하게 수립할 수 있는 능력을 의미하며, 응용 능력은 수학을 응용하고 수학적 모형을 조직할 수 있는 능력이다. 이 인지적 특성들은 다음과 같이 세분화할 수 있다.

- 수학적 구조에 대하여 민감하며 현상을 수학적으로 해석하는 능력이 뛰어나다.
- 수학적 구조의 전이능력이 뛰어나며 일반화 능력이 강하다.
- 개념적 사고에 강하다.
- 기호 조작이 우수하다.
- 다양한 수학적 추론 능력을 가지고 있으며, 그것을 적절하게 구사할 수 있다. 특히 유추 능력이 우수하다.
- 단순 시행착오에 의하여 문제를 해결하려는 것이 아니라 전략을 선택적으로 사용하고 절제하는 특성이 있다.
- 통찰력이 우수하다. 특히 저학년에서 통찰력의 우수함이 보다 많이 발견되는데 이러한 현상은 학년이 올라갈수록 개념적인 것이 많기 때문에 통찰력에 그만큼 제한을 받는 것이 아닐까 하는 추측을 가진다.
- 문제에 나타난 용어, 표면적 현상보다 심층구조에 접근하는 유연성을 가지고 있다.
- 기계적 풀이를 싫어한다.

인지적 특성과 더불어 수학 영재의 정의적 특성들은 다음과 같다.

- 수학에 대한 강한 호기심을 나타낸다. 어릴때부터 수학과 관련된 책을 많이 읽으며 수학 탐구에 대한 강한 호기심과 성향을 보인다. 이러한 특성에 의하여 수학 영재들은 비교적 어린 나이에 발견된다.
- 문제해결에서 고도의 집중력을 보이고 있다. 많은 사례에 의하면 수학영재들은 문제에 집중하는 시간이 보통의 학생보다 특별히 길며 그 문제가 해결될 때까지 집중하는 경향이 뚜렷하게 보인다.
- 단순 기억을 싫어한다. 수학 영재들 사이에서 흔하게 발견되는 현상인데 수학영재들은 단순히 기억하는 작업을 매우 싫어하고 논리적 관계에 의하여 연결된 사실들을 선호한다.
- 자신만의 방법을 선호하고 자신만의 방법을 개발하려고 하는 경향이 강하다.

수학 영재는 수학적 지식을 생산하는 특성이 있다. 이것은 수학적 발견에 관련된 것이다. 이러한 현상은 지식의 소비를 위주로 하는 우리 교육에서 매우 희귀한 현상이지만 소수의 학생들은 자신이 배운 것을 스스로 증명하고 일반화 하는 성향을 보이고 있다. 이러한 학생들은 매우 창의적이며 실제 창의성 검사에서도 일반 영재들과 현격한 차이가 관찰되었다.

그러나 우리나라의 수학 영재교육에서는 주로 소비지향의 지식 교육에 주안점을 두고 있으며 산출 중심의 영재교육을 간과하는 경향이 있다. 뿐만 아니라 조기 영재교육에서 수학 영재로 하여금 단순히 수학 문제 풀이만을 훈련시키는 경향이 있는데 이것은 수학 영재교육을 왜곡할 뿐 만 아니라 진정한 수학 영재의 판별에 지장을 준다.

2 수학적 창의성

1. 수학의 성격

부르바키 학파는 수학이란 수학적 실재와 그것을 둘러싼 전체 관계를 통해 파악함으로써, 요소는 변하더라도 변하지 않는 관계, 이것을 구조라고 하고 수학은 구조를 연구하는 학문으로 간주하였다. 예를 들면 실수체계는 완비 순서체라는 대수 및 순서구조에 의하여 완전하게 파악된다. 그러나 그들의 연구 이후에 새로운 수학이 생겨나면서 수학적 연구 대상의 영역은 기존 경계를 허물면서 계속하여 확장되어 가고 있기 때문에 수학과 수학적 행위를 엄밀하게 정의한다는 것은 매우 어려운 일이다. 다만 현대의 많은 수학자들은 수학을 패턴의 연구라고 보고 있는데 이렇게 정의할 경우, 패턴의 성질로부터 나오는 개념들을 찾고 각 개념간의 관계를 연구하는 것이 수학의 역할이 된다.

한편 라카토스는 수학이 생성되는 과정에 관심을 가지고 수학이란 추측과 논박에 의하여 점진적으로 개선되어가는 진화론적 관점으로 설명한다. 라카토스에 의하면 수학이란 완벽할 수 없으며 자연과학과 마찬가지로 근사과학이라고 주장한다.

수학의 본질적 면은 끝없는 논쟁의 대상이나 그 유용성에서는 어느 정도 일치점을 보인다. 수학은 예로부터 여타 학문, 특히 자연과학 연구의 도구로서 탁월한 역할을 발휘하였다. 이런 의미에서 수학을 자연을 이해하는 도구 내지 언어로 간주하기도 한다. 이러한 역할에 초점을 맞추면 수학이란 자연현상을 이해하기 위한 하나의 언어이며 수학 연구의 일차적 목표는 자연현상에서 나타나는 현상을 표상할 수 있는 개념들의 발견에 있다. 예를 들면 힘, 운동, 에너지, 작용, 보존성, 대칭성, 포텐셜, 열, 엔트로피 등과 같은 개념들이다.

수학적 탐구는 수학적 개념의 조직뿐만 아니라 개념들 간의 관계를 이해할 수 있는 유용한 방법론을 개발할 필요도 있다. 이 방법론은 수학의 분야를 형성한다. 예를 들면 기하학에서 종합기하학, 계량기하학, 대수기하학, 미분기하학 등은 방법론에 의한 분류가 된다. 또 합동기하학, 상사기하학, 아핀기하학, 위상기하학은 변환군에 의한 분류가 된다. 수학적 대상의 발견보다 수학적 방법론의 개발은 수학에서 더 중요한 일이다. 예를 들면 좌표의 발견, 미분법의 발견 등은 새로운 수학의 영역을 만들었다.

수학적 개념간의 관계는 정리라는 이름으로 공식화된다. 연간 약 20만개의 새로운 정리가 발표된다고 하며 이 연구 결과들은 세부 분야의 전문가에 의하여 검사된다. 세간의 관심을 끌고 있는 소수의 결과들은 많은 학자들에 의하여 검사되지만 현실적으로 많은 결과물들은 엄밀하게 검사할 여유가 없기 때문에 창의적이지 못한 수학적 결과물에 대한 검증은 관심을 가지지 않는 경향이 있다.

2. 수학적 창의성에 대한 이해

창의성의 원동력으로서 Sternberg와 Lubart(1991)은 창의성의 요소로서 문제 발견, 문제 재정의, 문제해결과 관련된 전략, 효과적으로 평가할 수 있는 능력 등과 같은 지적 능력, 영역에 관한 전문적 지식의 유무와 같은 지식 요소, 문제에 대한 지식의 적용과 관련된 사고유형 요소, 모호함에 대한 관용, 인내심, 열린 마음, 위험에 대한 도전감, 확신과 믿음 등의 성격 요소, 창의성을 위하여 요소를 사용하도록 하는 동기, 새로운 사상이 형성되고 개발될 수 있는 물리적, 사회적 조건과 관련된 환경 요소들이 복합적으로 작용한다고 보았다. 이런 관점으로 볼 때 창의성의 발현은 매우 희귀한 것이 될 수 있다는 것을 시사한다.

창의성을 발현하기 위한 이러한 조건 중에서 비인지적 요소는 수학적 창의성에도 여전히 작용된다.

한편 Ervynck(1991)는 수학적 창의성을 다음과 같은 요소들의 상호작용으로 보고 있다.

- **이 해** : 수학적 지식이란 수학적 개념의 충분한 이해를 통하여 재생산된다.
- **직 관** : 잠재적 수학적 지식을 구체화 할 수 있는 능력으로서 개인의 개념 구조에 정착될 수 있는 개념 이미지의 생성과 관계된다.
- **통찰력** : 새로운 지식을 형성하는데 필요한 추진력으로서 주제에 대한 의식적 관심의 집중과 방향의 제시 및 결론에 대한 상상 등이 포함된다.
- **일반화** : 기본 지식을 일반적인 경우로 확장하는 능력으로서 미래에 가능한 수학에 대한 예측과 관계가 있다.

여기서 필요한 수학적 창의성에 대한 정의를 내리기 전에 먼저 수학적 창의성에 대한 연구 방법을 알아보자. 여러 문헌에 따르면 수학적 창의성 연구의 접근방법은 주로 인성 연구, 심리요소의 측정, 수학적 결과물의 수월성 및 인지적 과정 등 4가지 방향으로 접근하고 있다.

인성 연구는 창의적 인간의 인성에 관한 특성에 관한 연구이다. 이 연구는 창의적 인간의 인지적 특성, 정의적 특성, 사물에 대한 접근 방식 등에 초점을 맞춘다. Gardner(1999)의 종합적 연구 결과에 의하면 창의적 인간들은 어릴 때 선택한 영역에 특별한 관심을 보이지만 특별히 천재성을 보이지는 않았다는 점을 들고, 선택한 분야에 숙달한 다음 획기적인 약진을 보인다는 점, 초기의 탁월한 업적을 낸 후에 약간의 침체기를 보이다가 다시 약진을 하게 된다는 점, 그리고 두 번째 약진시기에는 더 포괄적이고 통합적이지만 덜 혁명적이라는 점을 들고 있다. 창의적 인물이 계속 중요한 기여를 하느냐의 여부는 영역 의존적이라고 하는데 과학자들은 예술가보다 그럴 가능성이 낮다고 한다.

한편 Sternberg는 창의적인 사람의 특징을 특정 분야에서 창의적이고자 하는 강한 동기, 창의성을 방해하는 제 관습에 대한 비동조성과 자신의 작업에 대한 강한 의지, 창의적 작업에 대한 신뢰와 비판적 개선의 의지, 주제에 대한 분별력, 통찰과 확산적 사고의 유연함, 위험 감수, 관련 영역에 대한 광범위한 지식, 창의적 노력에 대한 정열 등으로 제시하고 있다.

인성 연구에 의한 결과들은 창의적 인간을 설명하는 것이며 그 결과 창의성 검사 도구를 개발할 방법이 어렵다는 것이다.

심리 요소 측정에 의한 접근은 확산적 사고를 창의성으로 간주하는 Guliford의 제안을 수학 영역에 적용하여 계량화 한 것인데 수학적 창의성과 관련되어 있다고 판단하는 문항을 제시하고 그것으로부터 유창성, 유연성, 독창성, 정교성 등을 계량화 하는 방법이다. 심리요소에 의한 접근법의 문제는 각 요소 즉, 유창성 유연성 독창성, 정교성에서 어느 것을 가장 중요하게 취급해야 하는가라는 문제에 대한 적절한 대답이 없다. 더욱이 독창성을 다른 것과 동일한 기준으로 판단하는 것은 타당하지 않다. 심리 요소법에 바탕으로 둔 검사법에서 우수한 점수로 통과한 개인이 실제 상황에서 창의적인가라는 문제는 아직 검증되지 않았다(Brogden & Taylor).

산출물에 의한 접근은 산출물로서 창의성을 평가하는 방법인데 창의성을 직접 확인할 수 있다는 점에서 가장 타당도가 높다고 할 수 있다(Hocevar & Bachelor, 1989). 그러나 수학적 산출물에 대해서는 국내의 환경에서는 아직 인식이 부족한데 그 이유는 수학 경시 대회가 아직도 유력한 평가도구로 사용되기 때문이다.

창의적 산출물을 수학적 창의성으로 간주할 때는 유용한 수학의 조건을 이해해야 할 필요가 있다. 이 조건들이 영재교육에는 합당하다고 할 수 없더라도 참고할 수 있다. 산출물이 수학적 창의성으로 평가되기 위해서는 다음과 같은 조건을 충족시켜야 한다. 첫째, 새로운 수학적 아이디어는 기존과 미래의 수학을 이해하는데 도움이 되어야 한다. 둘째 기존에 알려지지 않았던 관계를 명확하게 밝힌다. 셋째, 새로운 방법론을 제시하거나 과거의 결과나 이론을 단순화 시킨다.

산출물은 수학자들이 지향하는 가치에 따른 사회문화적 성격을 가지고 있다. 그러나 영재의 증거로서 산출물을 의미할 때는 산출물의 개념이 달라져야 한다. 아인슈타인의 상대성 이론을 지금 시점에서 누가 발견했다면 대단한 것이 될 수 없다. 이러한 판단에는 산출물의 신기성이 포함되어 있다. 그러나 어떤 중·고등학생이 독자적으로 이것을 알았다고 할 때는 뛰어난 능력으로 간주될 것이다. 즉 개인적으로 볼 때 그 학생은 탁월한 영재성을 가졌다고 판단된다.

대부분의 수학 영재들은 문제해결의 수월성을 보이지만 창작물에 대한 관심은 그리 크지 않는데 이것은 영재교육에 대한 사고의 고착 또는 인식의 부족이라고 본다. 수학적 창작물에 관심을 가져, 스스로 문제를 제기하고 해결하는 보다 높은 창의성을 가진 영재들이 관찰되는데 이런 학생은 우리의 교육환경에서 매우 희귀하지만 이들의 성향에 대해서 좀 더 구체적으로 연구할 필요가 있다. 즉 그러한 태도가 자발적으로 생긴 것인지 아니면 부모나 주변의 안내에 의한 것인지 확인할 필요가 있다.

마지막으로 과정적 접근은 문제해결 과정의 창의성에 관심을 갖는 것으로서 잠재적 창의성을 중시하는 심리요소적 접근과 결과물을 강조하는 산출물에 의한 접근과의 연결에 관심을 둔다. 즉 과정적 접근은 잠재적 창의성을 가진 영재라면 문제해결과정에서 특별한 전략을 사용하고 있기 때문에 창의적인 결과물이 산출된다고 본다. 수학과 관련된 과정적 접근은 수학 문제해결의 연구에서 찾아볼 수 있는데 이에 대한 초기 연구는 Poincaré(1921), Wallas(1926), Hadamard(1945)에 의한 것으로 주로 인지과정과 인지양식에 대하여 관심을 가지고 연구하였으며 이러한 모형은 이후 Osborn(1953)과 같은 연구자에 의하여 문제 구성단계의 필요성이 추가적으로 제기되었다. 최근에 와서 초기 모형은 보다 세분화된 연구로 전환을 가져왔는데 그 중에서 Mumsford(1991) 등은 문제의 구성, 정보의 부호화, 정보평가의 탐색, 가장 적절한 유목의 세분화, 유목화된 정보의 조합과 재구성, 사상의 평가, 수행과 모니터링에 대한 세부적 단계로 구체화하였다. 한편 Polya, Schoenfeld 등은 수학 영역에 관련된 이론을 제안하고 있는데 여기서는 초기 모형과 후기의 수학영역에 관련된 이론을 소개한다.

- Hadamard, Poincaré, Wallas의 과정이론 : 이 이론은 준비단계, 잠복단계, 발현단계, 그리고 검증단계로 이루어진다. 여기서 준비단계는 문제의 예비적 분석, 정보와 자료의 수집을 포함하며 의식적인 방향을 설정하는 단계이며 잠복단계는 가능한 해결방법을 탐색하는 단계인데 관련된 정보의 연합, 다양한 가능성에 대한 탐색과정이 이루어진다. 유추적 전이, 귀납, 분석 작업과 같은 초기적 인지과정이 적용된다. 이 단계는 느슨하게 진행되며 문제는 요소 환원적이지 않고 전체로서 하나의 장을 형성한다는 점에서 형태 주의적 성격을 가진다. 발현단계는 느슨한 사고활동에서 갑자기 비약적 진전이 이루어지는 단계로서 소위 아하(aha!)의 경험이 이루어지는 단계이다. 마지막으로 검증단계는 지금까지 이루어진 단계를 점검하고 보다 정교하게 하는 단계이다.

- Polya의 문제해결과정은 문제이해, 계획수립, 계획실행, 반성의 4단계로 수립하고 각 과정에서의 하위 실행 요소들을 제시하였다. 그러나 하위 실행 요소들을 선택할 수 있는 메타전략의 발현과 메커니즘에 대한 연구가 간과되어 있기 때문에 실제 문제의 적용에 어려움이 있다. 즉 그 하위 실행요소들을 적절하게 선택할 수 있는 능력을 가지고 있는 학습자만 사용할 수 있다

는 점에서 적용의 한계를 가지고 있다. 특히 문제해결에서 가장 중요한 문제 표상에 대하여 언급이 없다.

- Sternberg의 문제해결 과정 : 문제인식, 문제 정의, 문제해결을 위한 전략 구성, 문제에 대한 정보조직, 자원할당, 문제해결의 모니터링, 문제해결의 평가로 구분하였다.

- Mason et al.(1982)은 Polya의 이론을 바탕으로 보다 직접적인 전략을 체계화 하였다. 이 과정의 단계는 입문, 공략, 검토의 3단계를 가진다. 수학영재의 지도와 판별에서 적절하게 적용할 수 있다.

▷ **입문** : 문제에 친숙하기, 문제의 재정의, 사례를 통한 문제의 의미 파악, 주어진 정보와 구하고자 하는 것을 분명하게 하기 위하여 필요한 개념들을 분명하게 하기

▷ **공략** : 도입된 아이디어를 이용하여 실행, 실패하면 다시 입문단계로 돌아서 가서 반성하게 됨. 메타인지 사용의 필요.

▷ **검토** : 해결방법이 발견되면 오류가 없는지 확인하고 다른 상황에 적용할 수 있는 전략을 익히고 더 높은 수준으로 확장할 준비를 한다.

여기서는 수학적 창의성을 과정적 접근에 의한 창의적 문제해결 능력으로 정의한다. 이 정의에 의한 수학적 창의성의 하위 능력들은

수학적 개념을 발견할 수 있는 능력
개념간의 관계를 규명할 수 있는 능력
수학적 문제를 해결할 수 있는 방법론을 개발할 수 있는 능력

으로서 정의하며 이러한 능력들은 수학적 문제 발견과 수학적 문제해결 능력의 수월성을 보장하기 위한 것이다.

3. 창의성의 계발

창의성은 어떻게 발현될까? 그러한 환경과 조건은 무엇인가? 다음은 여러 연구자에 의한 발현조건을 표로 나타낸 것이다.

연 구 자	조 건	비 고
Amabile[4)]	영역관련 기술 창의적 사고 및 행동기술 내재적 성장 동기	일반적 창의성
Torrance	능력 기능 동기	
Urban	확산적 사고 및 활동 일반적 지식과 사고 기반 과제집착력 동기 개방성과 애매모함에 대한 관용	
Ervynck[5)]	이해 직관 통찰 일반화	수학적 창의성

창의성을 향상하는 기법으로서 공인된 대표적 연구로서 CPS를 생각할 수 있다. CPS는 Treffinger(1995)와 Isaksen & Treffinger(1987)에 의하여 제시된 창의성 계발 프로그램으로서 문제해결을 창의적으로 수행하는데 필요한 요소로서 문제 이해, 아이디어 산출, 계획실행의 3요소를 제안하고 있으며 문제 이해 요소는 관심영역 발견, 자료 발견, 문제 발견의 단계가 있으며 계획실행요소

4) Amabile, p.68.
5) Ervynck, pp.62-63.

의 단계는 해결 발견, 수용 발견의 단계가 있다.[6] 이 기법은 Polya의 기법과 매우 유사하나 보다 인지적인 관점에서 기술하고 있으며 수학의 창의적 문제해결에도 여전히 적용될 수 있다.

Torrance(1977)와 Sternberg & Williams(1996)가 제안한 창의성 신장 기법을 종합하면 다음과 같이 요약할 수 있다.

- 창의성을 모사하고 자기효능감을 키울 수 있도록 돕는다.
- 창의적 사고의 격려
- 자발적 프로젝트의 활용을 격려하기
- 특정한 영역에서 성공을 경험하게 한다.
- 잠재력을 인정한다.
- 또래들에 대하여 지나친 의식을 피하도록 도와준다.
- 열린 수업의 분위기를 조성한다.

Davis(1983)의 AUTA 모형은 창의적이 되려고 하는 의식적 단계와 창의성을 실현하는 학습의 단계를 다음과 같이 제시한다.

- **인식단계** : 창의적인 사람이 되기 위해서 필요한 단계로써 창의성에 관한 자신의 의식을 증진시키는 것인데, 보다 창의적이 되려면 창의성의 사회문화적 중요성을 알고 자신이 그에 걸맞게 창의성을 가져야 한다는 것을 인식하는 것이 중요하다.
- **이해단계** : 창의성을 증진시키기 위해서 필요한 조건들과 창의성을 계발하기 위한 다양한 기법들을 이해한다.
- **기법단계** : 창의성 증진 기법들을 활용한다.
- **자아실현단계** : 지금까지의 단계로부터 자신에게 기대되는 결과들이다.

6) 보다 상세한 논의는 김영채의 창의적 문제해결을 참고하기 바란다.

창의성이 수학 영재교육에 던져주는 시사점을 요약한다면 다음과 같이 말할 수 있다.

- 창의성은 스스로 창의적 인간이 되려고 하는 능동적 동조감을 가질 때 효과적으로 계발될 수 있다. 그러므로 창의적 인간이 되기 위한 의식적인 노력과 관련 지식의 습득이 필요하다.
- 수학적 창의성은 주로 문제해결과 관련된 지식이므로 수학적 지식과 개념의 폭과 질을 높이는 것은 필수적이다. 그러나 너무 많은 수학적 지식은 그것을 소화하는데 많은 시간과 에너지를 필요로 한다. 또 새로운 수학적 발견은 그러한 지식의 결합이 아니라 오히려 단순한 기본개념에서 출발할 수도 있다. 이러한 이유로 인하여 과다한 지식학습은 창의성을 저해할 수 있다. 대안으로서 수학적 사고력을 창의성의 계발의 수단으로 생각할 수 있다. 예를 들면 수학공식을 사용하지 않고 문제를 해결하기와 같은 학습이 보다 창의적 사고를 계발시킬 수 있다.
- 동기나 동기화의 중요성은 현 학교에서 보이는 기계적 반복 학습에는 잘 나타나지 않으며 오히려 학교교육에서 동기를 약화시킬 수 있다. 이러한 이유에서도 영재교육은 일반 학교와 분리되어 실시되는 것이 바람직하다.

마지막으로 수학적 창의성의 신장 방안을 논의하자. 전술한 바와 같이 수학적 창의성을 인지과정의 능력으로 간주한다면 수학적 창의성은 학습될 수 있다. 그러나 동시에 정의적이고 환경 맥락적 요소들이 창의성의 발현에 영향을 준다는 것을 고려해야 한다. 예를 들면 혼자서 생각할 기회를 많이 가지게 하는 것은 창의성을 발현하기 위한 조건이 될 수 있다. 한편 제한된 시간에 많은 양의 시험 준비를 하는 경우라면 기계적 학습이 우선이 되어 창의성이 발현될 여건이 조성되기 어렵다. 창의성을 신장시키는 요소들을 수학적 지식, 프로그램 내용, 교수학습, 환경 측면, 동기적 측면에서 논의하면 다음과 같다.

수학적 지식은 무엇보다도 높은 산출물을 생산할 수 있는 조건이 된다. 그러나 높은 수준의 지식이라고 해도 그것이 내면화되지 않은 것은 수학적 힘이 될 수 없다. 영재교육 프로그램에 참가하는 학생들이 선행학습을 많이 하고 있기 때문에 그들의 학령보다 높은 수준의 지식을 가지고 있다. 그러나 그런 지식들이 대개의 경우 기계적 학습에 기인한 것이기 때문에 과신할 필요는 없다. 동시에 이러한 지식을 다른 지식으로 유연하게 변환할 수 있는 과정적 지식의 탁월함이 필요하다. 과정적 지식은 문제해결의 우수성, 더 나아가서 수학적 힘과 관련된 지식들이다.

프로그램 내용 측면에서 볼 때 창의성은 다른 영향으로 인하여 소멸될 가능성이 높다. 영재 교육 프로그램은 참가 학생들의 내재된 창의성을 그대로 보존하는데 우선적으로 관심을 두고 차후 그 이상의 것으로 계발되도록 조직되어야 한다. 그리고 창의적이 학생들은 모험심과 자신에 대한 긍정적 사고, 장애를 극복하려는 능력 가설의 제기 능력 등이 뛰어나다. 따라서 수업내용은 평범한 내용이 아니라 생소하면서도 도전적인 문제를 제공함으로써 그들의 욕구를 지속적으로 자극해야 한다. 또 산출물을 강조하는 프로그램이 되어야 한다. 수학 영재들이 과학 영재들보다 뛰어난 능력을 가지고 있는데도 불구하고 교육프로그램이 지속될수록 창의성이 떨어진다는 보고가 있는데 그 원인은 수학 영재 프로그램이 주로 반복된 문제풀이에 있기 때문이다. 이것의 대안이 산출물을 장려하는 프로그램이다. 산출물의 장려는 창의성을 자연스럽게 환기한다. 마지막으로 교사 주도적 시간이 너무 많게 되면 학생들은 자기 주도적 활동을 할 기회를 잃어버릴지도 모른다. 적절한 시간의 안배가 중요하며 프로그램의 다양화를 기해야 한다.

교수학습 측면에서는 문제의 발견에 필요한 학습 자료가 제공되어야 한다. 대부분의 수학교육에서 간과되고 있는 문제 발견의 기회가 보다 확대되어야 한다. 수학적으로 창의적인 학생은 문제 정의 능력이 뛰어나며 문제해결의 전략이 풍부하고 또 추상적 사고에 능하며 스스로 구성하는 능력이 뛰어나다. 그러므로 교수학습은 이러한 특성이 구체화될 수 있도록 조직되어야 한다. 자율적 학습 분위기, 토론과 비판을 위한 열린 분위기 조성 등이 중요하다.

환경적 측면에서는 지적 자유로움과 경쟁이 안배되어야 한다. 교사에 의한 수업의 일방적인 강요 또는 너무 제약된 환경에서는 창의성이 도태될 수 있다. 또 항상 느슨한 환경이 되면 도전감이 사라질 수도 있다. 그러므로 활동의 긴박성과 느슨함이 적절히 조절되어야 한다. 창의성이 계발되기 위해서는 무엇보다도 가정에서의 배려가 필요하다. 학교에서는 교사들이 이런 문제를 위하여 조직적인 프로그램을 사용하지만 가정에서는 무방비 상태이기 때문에 더욱 관심을 가져야 할 부분이다.

동기적 측면에서는 학년이 올라갈수록 학생들의 창의성이 약화되는 것은 우리나라의 교육은 입시를 위한 기계적 학습이 만연되어 있기 때문에 수학적 사고력을 계발한다거나 창의성을 계발할 필요를 느끼지 못하게 되어 있다. 그러므로 창의성을 신장시키기 위해서는 보다 비구조화된 사고를 유발할 수 있는 차별화된 교육과정과 교수학습 환경을 마련해야 한다.

3 수학 영재의 판별

1. 영재 판별도구의 조건

수학 영재프로그램에 참여할 수 있는 학생은 어떤 조건을 가져야 할까? 그 조건들은 인지적 및 정의적 조건들과 환경들에서 찾아볼 수 있다. 먼저 영재의 판별은 영재성의 정의와 부합되어야 한다. 먼저 판별 전에 논의되어야 할 조건들을 영재와의 정합성, 현실성에서 논의한다.

수학 영재 판별도구는 학습자의 연령에 따라 차이가 있다는 점을 고려해야 한다. 초등 저학년의 경우 수학적 개념이 충분하지 않기 때문에 판별 검사 도구는 비언어적 방법이 많이 사용되나 초등 고학년 이상의 영재들은 통상적 학교수학 교육과정에서 제시된 것보다 훨씬 더 많은 수학적 개념과 지식을 가지게 된다. 그러므로 수학 영재의 판별은 학년이 높아질수록 수학적 내용을 묻는 형식의 검사가 가능하므로 이러한 연령별 차이점을 적절하게 고려해야 한다.

지필형식의 검사로서 수학문제 풀이 중심의 수학 영재의 판별은 잠재적 영재성을 검사하는 것이 아니라 학습 성취도를 검사하는 것이므로 판별을 위하여 적용할 경우 주의해야 한다. 특히 그들의 아직 배우지 않은 용어를 통한 검사는 금지되어야 한다.

대학 부설 영재교육원의 과학 영재 학습에서 수학적 지식을 필요로 하는 부분이 있는데 이 부분의 수업에서 학생들의 수학적 능력이 낮아서 수업에 문제가 되는 경우가 있다는 보고가 있다. 이런 문제가 나타나는 이유는 주로 과학 영재를 판별하는 검사에서 과학적 탐구 절차나 방법을 강조하고 추론 또는 수학적 사고력을 간과한 결과에 기인한다. 수학적 능력이란 과학을 탐구하기 위한 도구라는 점을 고려한다면 과학 영재의 판별에서도 수학적 능력에 대한 검사가 수반되어야 한다고 본다.

많은 영재교육기관에서는 판별이 아니라 프로그램 수용 인원을 기준으로 하는 검사 즉, 선발검사를 실시하고 있다. 그러나 판별과 선발은 엄격히 구별되어야 한다. 만약 영재를 선발하기 위하여 검사를 한다면 이것은 영재 교육 프로그램을 시작점에서부터 왜곡하고 있다는 점을 시사한다.[7] 일반 학생과 영재의 가장 뚜렷하게 보이는 차이는 창의성과 과제 집착력이다. 특히 지필 검사에 의한 판별의 경우 과제 집착력을 검사한다는 것은 현실적으로 어렵다. 그러므로 과제 집착력 검사는 영재교육전문가에 의한 중장기 관찰이 필요하다.

판별 결과 영재교육프로그램에 참가하는 학생은 실제 프로그램을 능동적으로 수행할 수 있어야 하는데 이를 위해서는 판별 내용과 프로그램 내용의 일관성이 유지되어야 한다. 중등 과정 영재교육원은 주로 개념 중심 교육과 문제해결 교육 중심으로 프로그램이 조직되어 있으나 초등 영재교육은 활동중심 교육으로 되어있다는 점을 고려한다면 판별의 내용이나 방법이 차별화 되어야 하는 것이 바람직하다.

판별 검사도구가 원하는 영재들과 그들을 위한 교육프로그램의 내용이 일관성이 없어지게 되면 교육실천에 심각한 문제가 발생된다는 것이 영재교육의 여러 경험에서 보고된 바가 있다. 가장 심각한 사례는 참여 학생의 프로그램

7) 많은 영재교육원에서는 지리적 조건이나 관심 부족, 특정 과목의 무관심 등의 이유에 의하여 그 교육원의 정원을 충족시킬 수 없는 경우가 있다. 이러한 이유에 의하여 영재가 아님에도 불구하고 영재교육을 시키는 사례가 곳곳에서 발견된다.

부적응 사례인데 이 경우 대상 학생은 엄청난 심리적 고통을 받게 된다는 것이 관찰되었다. 참여 학생의 학습부진은 다양한 원인이 있겠지만 주로 판별과 교육프로그램의 일관성의 결여가 일차적 요인일 것이다. 한편 영재교육원이 부진 학생에 대한 중도 퇴학 규정이 있다면 판별은 보다 신중하게 고려되어야 한다. 영재교육원의 퇴학이 그들에게 주는 의미는 학교에서의 퇴학, 더 나아가서 인격적 결함으로 느끼게 된다.

영재의 정의가 다양한 만큼 다양한 방법이 고안되어야 한다. 특히 지금까지 수학경시대회의 성적은 수학영재의 판별에 절대적 영향을 주고 있다. 이렇게 된 이유는 수학영재교육에서 지대한 영향을 미쳤던 러시아의 수학영재교육이 수학경시대회 위주로 선발하고 있다는 것에서 기인하고 있고 한편 영재교육의 방법론이 소개되지 않았던 과거에는 경시대회 밖에 없었기 때문에 그때의 전통이 지금까지 비판 없이 내려오고 있다. 그러나 수학자의 능력을 경시대회로 측정하지 않는 것과 같이 수학경시대회에서의 능력은 수학자의 실제 능력과 차이가 있다.

실제 수학 연구자의 특성 중에 과제 집착력은 매우 중요한 요소이므로 영재 판별에서 심도 있게 다루어야 한다. 그러나 과제 집착력의 검사는 상당히 오랜 관찰을 통해서 이루어질 수 있으므로 지필 형식의 판별은 불가능하고 전문가에 의한 평가가 주어져야 한다. 판별 시 가능하다면 수학과 관련된 산출물이 확인되어야 한다. 산출물은 수학 영재성을 확인할 수 있는 직접적이고 확실한 방법이다.

수학 영재는 형식적인 수학 활동뿐만 아니라 특히 수학게임, 퍼즐 등 수학과 관련된 비형식적 수학 활동에도 강함을 보인다. 이러한 비형식적 수학놀이는 단순 형식적 수학학습과 구별되는 것으로 그러한 것에 대한 관심 자체가 자발적이기 때문에 수학영재성을 판별하는데 중요한 준거가 된다. 이러한 영역의 관찰은 교사, 또는 학부모, 또래의 관찰에 의하여 확인될 수 있다.

우리나라에 영재교육에 대한 시각은 특수교육이 아니라 수월성교육으로 보고 있으며 입학만능주의가 여기서도 적용되고 있다. 그 결과 자녀가 우수한 능력만 있다고 판단되면 조기교육을 시켜 영재교육기관에 입학시키려고 한다. 이런 경우 선발 시험에 좋은 성적을 내기 위하여 판별검사 자체를 위한 공부를 하게 되며 이러한 일을 대행해주는 사설기관도 난립하고 있는 실정이다. 그 결과 검사도구들의 내용은 말할 것도 없고 검사도구도 일회용으로만 사용할 수 밖에 없다. 만약 검사도구의 이러한 취약성을 등한시하면 시험 준비를 한 학생들만이 입학할 수 있고 잠재성을 가지고 있지만 준비되어 있지 않는 학생들은 영재교육에서 제외될 가능성이 높다.

2. 판별 검사도구

Sternberg(1988)는 창의성의 요소로서 지적 능력, 지식, 사고유형, 성격, 동기, 환경의 유기적 상호작용으로 제안하고 있다. 이 관점을 따르면 창의성은 환경 의존적이므로 검사는 주어진 환경에 따라 달라진다는 점을 고려해야 한다.

수학 영재판별 검사를 위하여 일반적으로 사용하는 도구들은 주로 수학영역 창의적 문제해결 능력, 창의성, 성격과 태도 등으로 나눌 수 있으며 영재교육 프로그램의 환경과 조건에 따라 적절하게 각 영역별로 개발하여 사용할 수 있으며 어떤 검사법은 다른 검사법에 비하여 타당도가 높고 또 어떤 검사법은 다른 검사법보다 신뢰도가 높을 수 있다.

여기서는 수학영역 창의적 문제해결 능력, 일반 창의성 검사, 지능검사, 산출물 검사, 또래와 학부모 및 교사의 평가, 학업성취도, 영재특성검사 등을 소개한다.

2.1 수학영역 창의적 문제해결능력 검사

수학영역 창의적 문제해결은 문제 발견의 민감성, 문제의 수학적 해결 능력과 문제해결을 위한 메타인지 능력 등을 검사한다. 이 검사는 수학적 힘을 구현할 수 있는 능력을 검사하는 것과 동시에 실제로 주어진 영재교육 프로그램에 적응할 수 있기 위한 최소한의 수학 문제해결 능력을 검사한다. 검사내용은 문제 발견의 민감성, 수학적 개념의 명료성, 문제해결을 위한 메타 인지적 능력, 추론 능력, 비판 능력 등이 포함되어 있다. 이 검사는 요소적 방법과 통합적 방법으로 세분할 수 있는데 전자는 문제 발견의 민감성, 해결을 위한 메타 인지 능력, 추론 능력 등을 분리하여 각 요소별로 문항을 제시하는 것으로서 이 방법은 세부적 강약점을 알 수 있으나 문항이 정교하지 않으면 문제해결로 연결되지 않는 단편적 검사가 될 수 있다. 통합적 방법으로는 해결해야 할 문제를 제시하고 그 풀이과정으로부터 각 요소를 검사하는 방법이다. 이 판별의 검사 형식은 지필검사와 면접검사로 나눌 수 있다.

이 검사에서 유의할 점은 다음과 같다.

- 수학적 창의성 영역의 검사에는 확산적 사고를 묻되, 그 근거를 제시하게 함으로써 수렴적 사고를 동시에 검사할 수 있도록 문항을 만들어야 한다.
- 이 검사 문항내용은 선행학습의 효과가 영향을 줄 수 있다. 선행학습의 효과를 제거하기 위해서는 지식기반 문제해결이 아니라 사고력 중심 문제해결이 되어야 한다. 그러기 위해서는 문항에 주어진 용어들은 피검사자들이 배웠던 학교수학의 학습내용 안에 있는 개념들로 구성되어야 한다.
- 이 검사는 문항이 충분히 많이 제시되고 문제의 난이도가 충분히 높아야 신뢰할 수 있다. 그러나 그렇게 되기 위해서는 검사 시간이 비교적 길어야 되는데 초등학생을 대상으로 하는 검사에는 무리가 따른다. 현재까지의 경험

에 의하면 초등학생이 이 형식의 검사에서 집중할 수 있는 시간이 100분을 넘지 못하며 그 이상의 시간이 경과했을 때 급속도로 산만해지는 경향이 관찰된다. 즉 장시간의 시험이 되면 학생들의 집중도가 떨어지는 결과로 인하여 이 검사는 저학년 학생들의 충분한 사고능력을 확인하기 어렵다는 약점을 가지고 있다.

- 이 검사의 변별력을 정교하게 만들기 위해서는 난이도의 조절이 중요하다.

다음은 검사문항의 예시이다.

수학영역 개념 검사

수학영역 개념 검사는 개념의 형성과 명확성을 구체화할 수 있는가를 관찰한다. 각 예시문은 다음과 같다.

예 1. 다음 물음에 답하여라.

1. 각의 예를 말하라.
2. 각과 유사한 것을 말하라.
3. 각의 예가 아닌 것을 말하라.

예 2. 다음 물음에 답하여라.

1. 면적의 예를 들어라.
2. 면적과 유사한 것을 말하라.
3. 면적의 예가 아닌 것을 말하라.

예) 3. 다음 물음에 답하라.

1. 유리수를 말하라.
2. 유리수와 유사한 것을 말하라.
3. 유리수의 예가 아닌 것을 말하라.

예) 4. 다음 물음의 정의에 대한 이해를 관찰한다.

1. 각에 대한 명확한 정의를 말하라.
2. 면적을 정의하라.
3. 직선을 정의하라.
4. 확률을 정의하라.
5. 무한이란 무엇인가?
6. 평행선이란 무엇인가?
7. 좌표란 무엇인가?
8. 삼각형이란 무엇인가?
9. 무게중심이란 무엇인가?

예) 5. 다음의 물음은 관련 지식과의 연결성을 관찰하기 위함이다.

1. 직선과 곡선의 차이를 말하라
2. 각과 각도의 차이를 말하라.
3. 길이와 면적의 차이를 말하라.
4. 0은 짝수일까 홀수일까? 적절하게 정의하고 근거를 제시하라.
5. 0은 자연수가 될 수 있을까?
6. $1+1/2+1/4+1/8+\cdots$은 주어진 수 1, 1/2, 1/4, ⋯를 계속하여 더한다는 의미이다. 이 때 궁극적인 값은 얼마가 되어야 할까?
7. $1+\cfrac{1}{1+\cfrac{1}{1+\cdots}}$의 값은 얼마로 해야 할까? 그렇게 해야 할 이유를 쓰라.

수학적 개념은 개념에 대응하는 이미지를 생성한다. 그 이미지는 주로 상징적이거나 심상인데, 주로 심상을 그린다. 그 이미지 표상의 충실도가 개념 형성의 충실도를 제공할 수 있게 한다. 다음 예시들을 보자.

예) 6. 다음 용어를 보고 즉시 생각나는 그림을 그려라.

1. 무게 중심
2. 확률
3. 배반사건
4. 무한
5. 속도
6. 우주의 모습
7. 끓고 있는 물의 모습
8. 소수의 분포
9. 원주율의 10진법 전개
10. 삼각형의 내각의 합
11. 무리수의 분포
12. 개울물의 돌의 분포

수학 지식 검사

수학 지식은 영재교육 프로그램에 시작점을 긋는데 중요하다. 영재성이 확인되었다고 하더라도 참가학생의 수학적 용어 습득에 대한 개인차는 집단 프로그램 운영을 어렵게 한다.

다음은 단순 지식 검사인데 이 검사는 지식의 단순 유무를 판단한다. 그러나 검사는 학생들의 선행학습 정도만 알 수 있으므로 사용시 주의해야 한다.

예) 7. 다음 공란에 들어갈 적절한 말을 넣어라.

1. 피타고라스 정리를 쓰라.
2. 페르마의 정리를 쓰라.

예) 8. 개념 스키마를 확인하기 위하여 다음과 같은 질문을 제시할 수도 있다.

1. 자연수의 성질을 가능한 한 많이 나열하라. 그리고 나열한 것을 성격에 따라 분류하라.
2. 삼각형과 관련된 모든 것을 기록하고 그것을 체계적으로 만들어라.

다음은 지식의 인과성 검사인데 주어진 지식의 정당성을 위하여 필요한 전제 지식의 인식 여부를 묻는다. 답은 간단한 수학적 도구나 간단한 정리를 언급하는 것으로 되어 있다.

예) 9. 이등변 삼각형의 두 밑각은 같다는 것을 증명하기 위하여 다음과 같이 추론하였다. 여기서 사용된 정리는 무엇인가?

먼저 꼭지점 A에서 변 BC의 중점 M에 연결한다. 이 때 삼각형 ABM과 삼각형 ACM을 보면 $AB=AC$이고 $BM=CM$이며 AM은 공통이다. 그러므로 (   )에 의하여 두 삼각형은 합동이다.

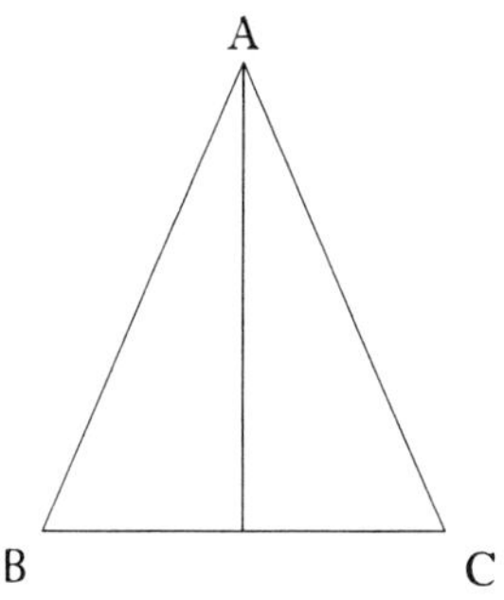

예) 10. 다음 명제를 보고 옳게 대답하는 것은?

어떤 삼각형의 두 각은 같다.

1) 이 삼각형은 정삼각형이다.
2) 이 삼각형의 두 변의 길이는 같을 것이다.
3) 이 삼각형의 면적은 일정할 것이다.
4) 이 삼각형에서 적어도 하나의 각은 변하지 않는다.

예) 11. 사각형의 넓이를 가로+세로로 약속하면 어떤 문제가 발생할까?

예) 12. 다음 그래프를 보고 가능한 결론을 모두 말하라.

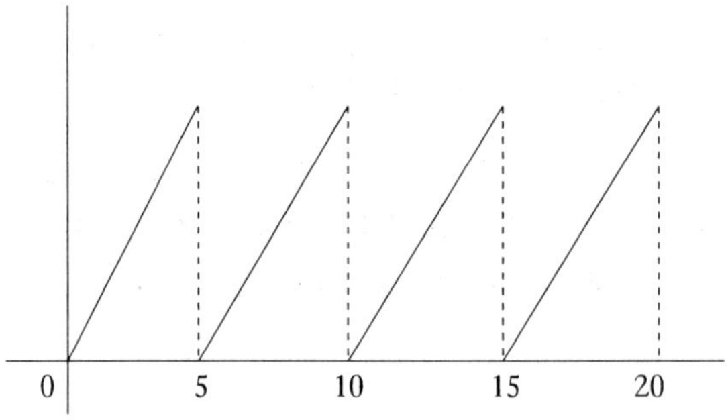

예) 13. 다음 그래프를 보고 가능한 결론을 모두 말하라.

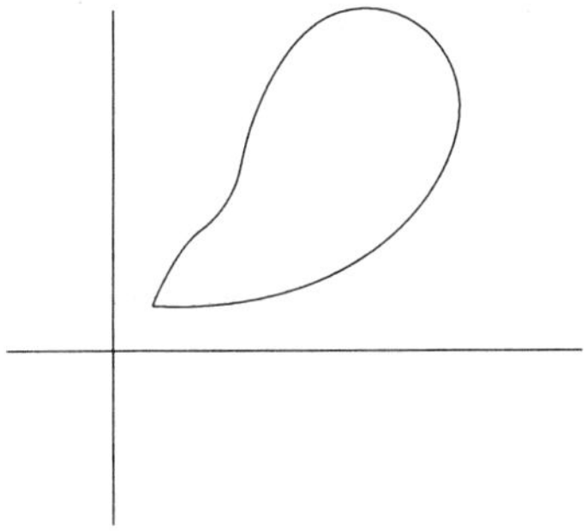

예) 14. 다음 그래프를 보고 가능한 결론을 모두 말하라.

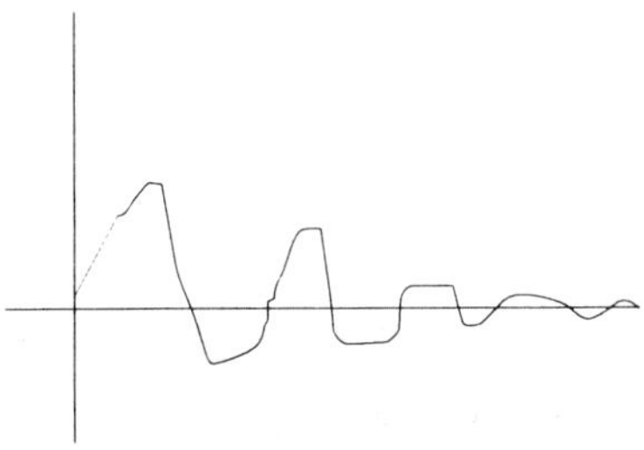

예) 15. 왼쪽을 보고 다음 물음표에 들어올 기호를 만들어라.

$A \cup B$	※
$A \cap B$	$\dot{\times}$
$A \cap B^c$	$\cdot\times$
$A^c \cup B$	?

예) 16. 확산적 추론

1. 다음 빈 간에 적당한 도형을 그리고 그 이유를 간단하게 쓰라.

2. 왼쪽 그림을 보고 오른쪽에 적당한 그림을 넣고 그 이유를 말하라.

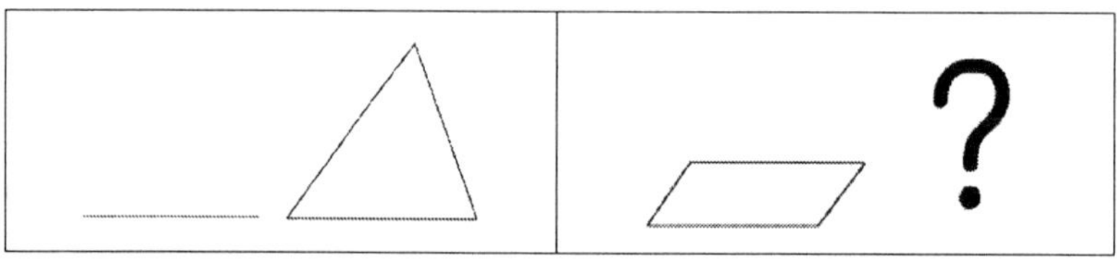

3. 어떤 학생이 2+2=3이라고 했다. 그렇게 한 이유를 5개 쓰시오.
4. 삼각형은 원과 같은 것이라고 했다. 왜 그런 말을 했을까요?
   그렇게 진술한 근거를 5개 쓰라.
5. 2+2=3이라고 했다. 이 결과로부터 파생될 결과를 가능한 한 많이 쓰고 그 이유를 말하시오.
6. 삼각형의 넓이를 밑변+높이라고 하면 어떠한 결과가 발생하는가?
7. ?에 올 적당한 수 3개를 넣고 각각에 대하여 수학적으로 타당한 이유를 설명하라. 단, 16 다음에 32는 올 수 없다.

   2, 4, 8, 16, ?

8. 점-선분-삼각형-사면체와 같이 연결할 때 무슨 근거로 했을까?

예) 17. 다음 추론을 비판하라.

선분이란 점의 모임이다. 그런데 점의 길이는 0이므로 어떠한 선분의 길이도 0이다.

예) 18. 명제를 다음과 같이 두 가지 방법에 의하여 정의하였다. 각각의 정의에서 제기될 문제점을 말하라.

1. 명제란 확인되어 있지 않지만 참 거짓을 알 수 있는 문장이다.
2. 명제란 참 또는 거짓이 확정된 문장이다.

예) 19. 다음 공란에 들어갈 적절한 말을 넣고 그 이유를 쓰라.

1) 정사각형-직사각형-(　　　　)-평행사변형
   이유:
2) 거리-(　　　　)-가속도
   이유:
3) 정사면체-정육면체-(　　　　)-정12면체-(　　　　)
   이유:

예) 20. 자연수의 집합과 정수 집합의 차이점을 가능한 한 많이 쓰라.

예) 21. 다음 (　　)에 넣어야 할 것은 무엇인가? 그 이유를 쓰라.

14, 916, 2536, 4964, (　　　　)

예) 22. 다음 빈 칸에 넣을 숫자는?

위치	1	2	3	4	5	6
위	0	4	5	8	0	12
왼쪽	1	1	6	7	16	1
오른쪽	2	3	4	1	10	
아래	1	2	0	8	9	32

예) 23. 다음 빈 칸에 올 숫자는?

1	1	2	4	0	8	4	1	2	1	0	2	4	1	8	?

4	1	8	5	2	9	6	3	0	7	?

예) 24. 다음 ?에 들어갈 숫자는?

1	1	2	1
2	2	5	3
3	5	7	4
4	7	9	5
5	?	10	5
6	10	?	6

예) 25. 다음 빈 칸에 적절한 수는 무엇인가?

17	24	31	48	55	62	79	

예) 26. 다음 그림과 같이 두 개의 평행한 벽 M과 N이 있다. O에서 빛을 비추어 M위의 모양 A의 그림자가 N위에서 B와 같이 되었다. 여기서 그림자의 모습을 자세히 보면 A의 성질 중에 변한 것도 있고 그렇지 않는 것도 있다. 예를 들면 A에서의 직선은 그 그림자가 B에서도 그대로 직선이지만 삼각형의 크기는 변했다. 이와 같이 변하는 것이 있고 변하지 않는 것이 있다. 변한다고 생각하는 수학적 성질을 모두 찾아라.

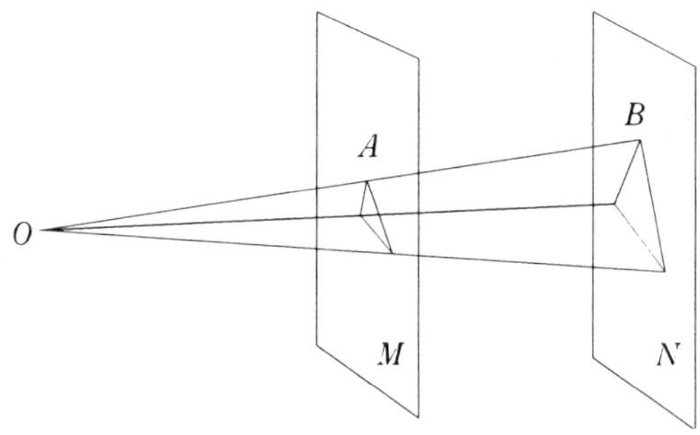

예) 27. 위상적 성질의 이해와 발견

1. 두 닮은 도형에서 변하지 않는 성질은 무엇인가?
2. 고무판에 그림을 그리고 그 고무판을 휘어보았다. 이 경우에 그림에서 하지 않는 성질은 무엇인가?
3. 원과 삼각형의 공통점을 나열하라.
4. 원과 삼각형의 차이점을 나열하라.
5. 두 삼각형의 공통점은 무엇일까?
6. 다음에서 ?에 들어갈 자음은?(이유를 말하시오). 이 경우에 질문자가 의도한 대답과 매우 다른 대답이 나올 것 같다.

ㄱ ㄴ ㅋ ?
ㄷ ㅂ ㅈ ㅎ ?
ㅁ ㅇ

예) 28. 아래 그림 A는 도형의 모든 길이의 합을 연구하고 있고 그림 B는 도형의 넓이의 합을 구하는 연구를 하고 있다. 두 연구를 보고 공통점과 차이점을 말해보라.

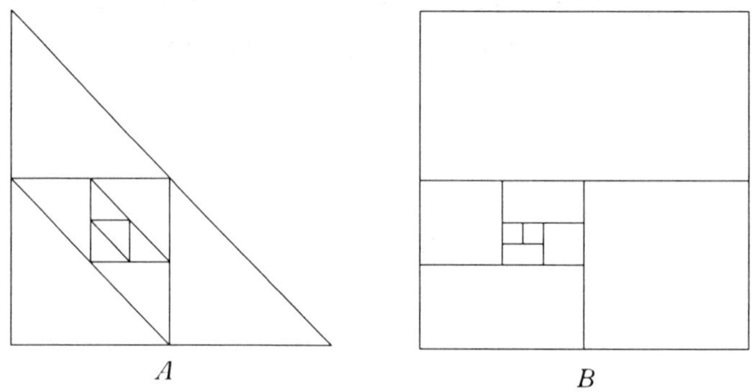

예) 29. 그래프 분석

1. 다음 그래프는 두 사람의 움직임을 나타낸 것이다. 한 사람의 행동은 실선으로 표시되어 있고 다른 한 사람의 움직임은 점선으로 표시되어 있다. 이 그림을 보고 두 사람에 대한 움직임의 모든 것을 설명하라.

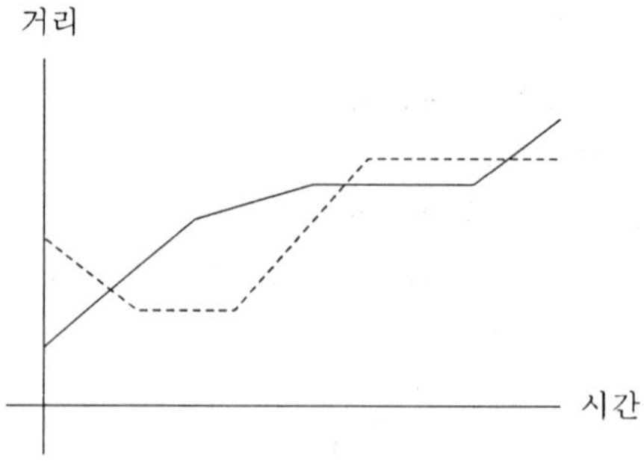

2. 다음 도표는 어떤 시계 분침의 움직임을 그린 것이다. 이것을 보고 분침 움직임의 특성을 말하라.

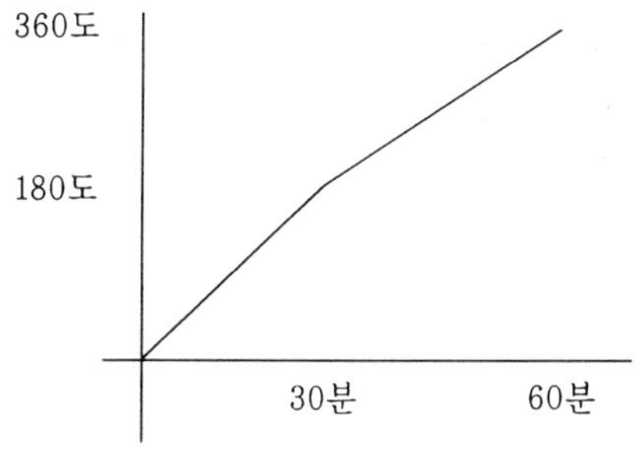

1) 시침과 분침의 움직임을 그래프로 그려라.
2) 시계추의 움직임을 그래프로 그려라.

3. 다음 그림과 같이 직각 2등변 삼각형의 산이 있다. 이 산을 시속 3km로 정상까지 올라갔다가 다시 시속 5km로 내려온다. 이것을 나타내는 적절한 그래프를 그려라. 여기서 밑변의 길이는 10km이다.

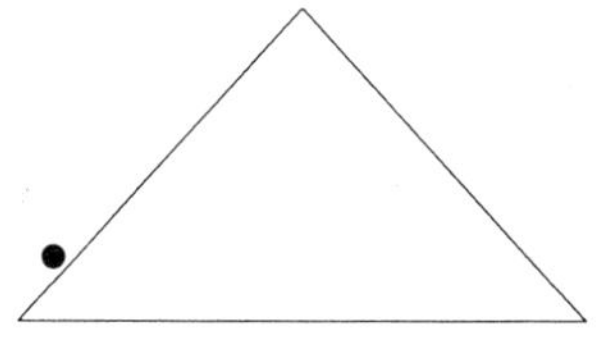

4. 다음 그림은 두 점 P와 Q가 점 A를 출발해서 각각 초속 10도와 20도의 속도로 반시계 방향으로 돌고 있다. 이 두 점의 위치를 나타내는 적절한 그래프를 그려라.

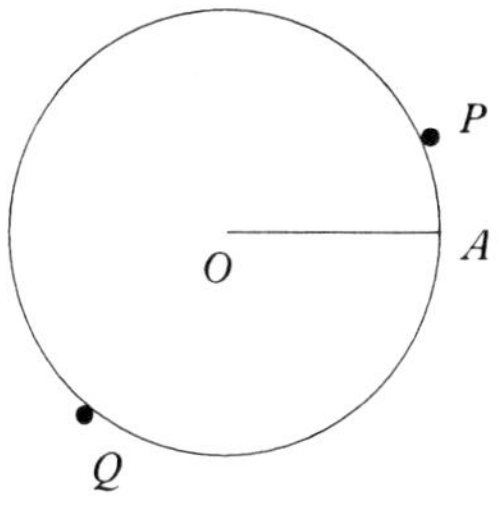

예) 30. 다음 문장을 수식으로 표현하라.

1. 앞으로 10년 후가 되면 너의 나이는 나의 나이의 반이 된다.
2. 두 종류의 소금물이 있고 농도의 비는 1:3이다. 동일한 양의 소금물을 섞었더니 결과는 5%의 소금물이 되었다.

문제발견의 민감성 검사

이 검사는 여러 현상이나 사실로부터 수학적 의미와 패턴을 발견할 수 있는 능력이다. 일반적으로 이 검사를 간과하는 경우가 많은데 그 이유는 적절한 검사 도구를 개발하지 못했기 때문이다. 이 검사는 수학적 대상을 발견하는데 필요한 능력을 확인하는데 필수적이다. 주로 문제의 제기, 예상 등과 같은 것을 검사하며 그러한 질문을 강제할 수 있다.

이 검사는 심리요소 측정법을 수학 영역에 적용할 수 있다. 아래의 예시에서 문제의 발견에 응답한 답으로부터 유창성, 유연성, 독창성, 정교성을 수치적으로 확인할 수 있다. 유창성은 응답한 개수이며 유연성은 비슷한 성질을 유목화한 그 개수를 말하고 독창성은 실제 수학의 문제로서 새롭거나 실제 수학자의 관심을 끌 수 있는 것을 말하며 정교성은 제시한 답의 질적 수준으로 정의한다. 여기서 계량화 할 때 점수의 배분은 이견이 있을 수 있는데 원칙적으로는 독창성과 정교성에 점수를 많이 할당할 필요가 있다.

예) 31. 문제의 제기

1. 다음 그림을 보고 수학적 문제를 10가지 이상 제기하라.

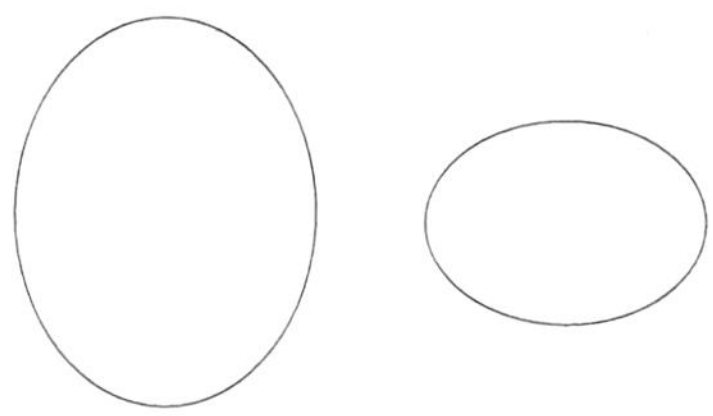

2. 다음 그림을 보고 수학적으로 의미 있는 질문을 10개 하라.

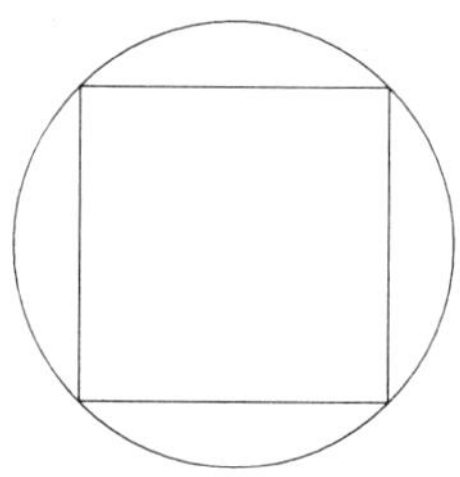

3. 다음 그림을 보고 수학과 관련되어 생각나는 점을 10가지 이상 제기하라.

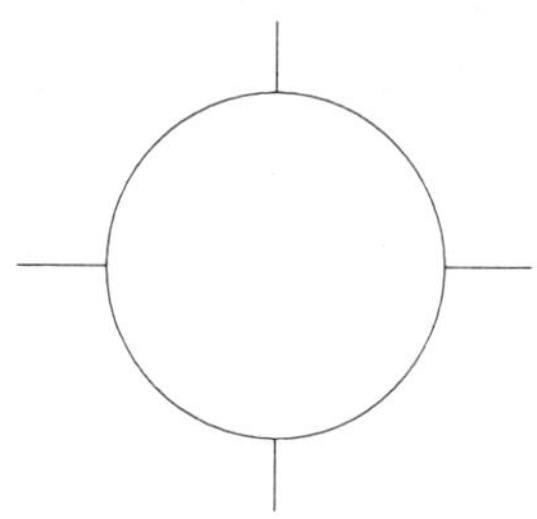

4. 소나무의 모양에서 수학적인 것을 모두 쓰라.
5. 천체의 운동에서 수학적인 것을 모두 쓰라.
6. 한 개의 분필이 있다. 여기서 수학적인 것을 모두 쓰라.

예) 32. 문제의 일반화

1. 정삼각형의 일반적인 경우는 무엇인가? 공간에서 정삼각형의 성질을 가진 입체는 무엇일까?
2. 평행사변형의 일반적인 경우는 무엇인가? 공간에서 평행사변형의 성질을 가진 입체는 무엇일까?

예) 33. 연합

1. 아래의 각 그룹에서 각각 한 개의 단어를 선택하고 스스로 하나의 낱말을 생각하여 수학적으로 의미 있는 문장을 만들어라.

1군	2군
도형, 페르마, 면적, 삼각형, 사각형, 사면체, 원, 공, 지구, 속도, 합동, 다면체, 평행, 직각, 확률, 논리, 부채꼴, 각도, 직선, 곡선, 평균	우주, 지도, 피라미드, 우주선, 광선, 신호등, 길, 자동차, 철로, 고속도로, 강, 노을, 밤, 축구, 야구, 스케이트, 중국, 일본, 미국, 북한, 경계선, 악보, 피아노, 거북선, 바다, 구름, 문화, 사랑

2. 나팔꽃과 삼각형의 관계를 모두 쓰라.
3. 다음 괄호 안에 적당한 말을 넣고 그 이유를 쓰라.
4. 나팔꽃-(　　　)-(　　　)-삼각형
5. 다음 두 도형의 관련성을 아는 데로 쓰고 그 근거를 말하라.

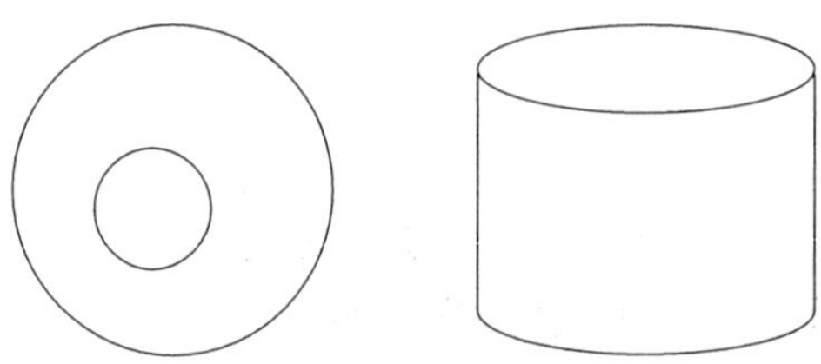

6. 구름과 삼각형의 수학적 관계를 모두 쓰고 그 근거를 간단히 말하라.

예) 34. 창의적 문제 해결

1. 여기서 정의한 문제해결은 고급사고와 복잡한 사고과정을 요구한다. 이러한 이유 때문에 너무 어려운 문제를 검사하게 되면 변별력과 신뢰도의 문제가 생기므로 비교적 간단하면서도 평이하지 않는 문제를 제시한다.

1. 우리나라의 3면을 둘러싸고 있는 해변위 모래알의 개수를 세는 방법을 고안하라.
2. 수박의 푸른 줄무늬의 면적을 구할 수 있는 방법을 말하라.
3. 포도송이의 표면적을 계산할 수 있는 방법을 말하라.
4. 스펀지의 표면적을 계산할 수 있는 방안을 구하라.
5. 나무의 가지 수 또는 잎의 개수를 셀 수 있는 방법을 말하라.
6. 연못 속의 박테리아의 개체수를 계산할 수 있는 방법을 말하라.

일반 학생들은 대개의 경우 기계적 학습에 의존하였기 때문에 풀이 방법이 획일적인 경우가 많다. 이 경우에는 채점은 주로 해결과정의 정교성을 검사하는 것이 되겠다. 그러나 영재를 대상으로 하는 시험이라면 다양한 풀이법을 예상할 수 있다. 이 경우에는 해결과정의 독창성이 보다 관심 대상이 되며 배점의 비중도 독창성에 맞추어야 한다. 예를 들면 다음과 같다.

$S=1+\frac{1}{2}+\frac{1}{4}+\frac{1}{8}+\cdots$의 값을 묻는 문제에서 대개의 경우 두 가지의 풀이법이 예상된다. 첫째 방법은 무한의 특성을 이용하여

$$2S=2+1+\frac{1}{2}+\frac{1}{4}+\frac{1}{8}+\cdots = 2+S$$

이라는 사실로부터 $S=2$라는 것을 유도하는 것이고 둘째 방법은 amn 한 급수의 정의로부터 유한 합을 구하고 유한합의 극한을 계산하여 S의 값을 구하는 방법이다. 첫째 방법은 학생들이 생각할 수 있는 자연스런 방법이다. 그러나 둘째 방법은 관련된 지식을 학습한 경우에 적용할 수 있는 방법이다. 이 두 가지

해법을 두고 어느 해법에 보다 많은 점수를 주어야 할까? 물론 전자의 방법에 더 높은 점수를 주어야 할 것이다.

Haylock은 확산적 사고를 기반으로 창의성 검사도구 모형을 만들었는데, 문항의 일부는 다음과 같다.

> 다음과 같이 가로-세로의 방향으로 한 칸이 1cm인 9개의 점이 찍혀 있다. 이 9개의 점 안에 넓이가 $2cm^2$인 도형을 될 수 있는 한 많이 그려 보아라.
>
> 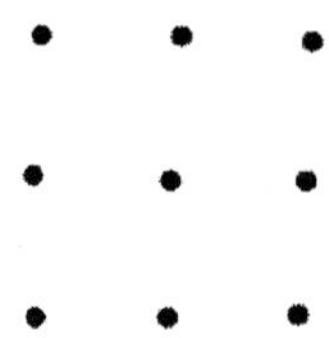

위의 문제를 접근하는 방식은 무비판적 방법과 비판적 방법의 두 가지가 있을 수 있다. 전자는 시행착오의 방법에 의하여 면적이 2가 되는 방법을 찾아 그을 것이다. 후자의 경우 이 도형에서 면적의 최소단위가 되는 도형의 모양을 생각하고 그런 모양을 결합할 것이다. 어떤 방법이 수학적일까? 물론 후자의 방법이 수학적이지만 이 검사에서는 그런 생각을 명확하게 판단할 수 없게 되어 있다. 결국 유창성을 제외한다면 이 문제의 답으로부터 얻을 수 있는 정보는 별로 없다.

다음 검사 문항을 보자.

> 다음의 세 규칙을 이용하여 계산의 결과가 30이 되는 문제 또는 식을 많이 만들어 보라.
>
> 규칙 1. 아래의 주어진 수들의 전체 또는 일부분만을 사용해야 한다.
> 규칙 2. 여러분이 알고 있는 모든 수학 기호를 이용해도 좋다.
> 규칙 3. 하나의 식에서는 아래에 주어진 수를 꼭 한 번씩만 쓸 수 있다.
>
> 10, 1/2, 2.5, 60, 1.5, 3.5, 20, 120, 1/5.

수학적 재능이 있는 학생들은 수의 조작능력이 우수하다는 것은 널리 알려진 사실이다. 그러나 그 조작은 단순 조작이 아니라 구조적 사고에 의한 결과라야 한다. 아래 문제는 모든 답이 시행착오라는 동일한 사고방법에 의하여 구해지고 그 기반은 계산능력이다. 여기서 제시할 답은 복수적이라고 하더라도 다양한 답이 아니라 동일한 답이다. 즉 이 문항이 확산적 사고 검사를 위한 문항이라면 유연성을 검사할 수 없는 도구가 된다. 또 이 문제에서 독창성이나 정교성을 어떻게 정의해야 할지 알 수 없다.

마지막으로 이 검사도구의 계량 기준에 대한 문제를 보자. 위에서 제시된 문항에 대한 답안의 타당한 점수 배점은 어떻게 되어야 할까? 확산적 사고요소의 어느 항목이 가장 많은 배점을 해야 하는가? 예를 들어 한 학생은 전례 없는 아주 독창적인 답을 제시했으나 이것 때문에 많은 답을 제시하지는 못했고, 다른 한 학생은 평범한 많은 답을 제시했을 때, 어느 쪽에 점수를 더 주어야 할까? 보통 수학문제에서도 답만 쓰는 경우와 과정을 쓰는 경우에 점수배정을 달리하며 그 절차가 공개되어야 공정한 게임이 이루어진다. 여기서는 확산적 사고의 4가지 요소를 검사하며 그 요소간의 중요도도 다르므로 배점기준은 훨씬 복잡해진다. 그러므로 여기서도 검사 시 배점기준이 공개되어야만 정확한 판별이 될 것이다.

이상 논의를 종합하면 확산적 산출물을 검사하는 위의 방법은 다음과 같은 문제점을 가지고 있다.

i) 확산적 사고 요소간의 중요도에 대한 타당성 결여
ii) 각 문항은 확산적 사고요소를 모두 측정할 수 있어야 하는데 실패하고 있다.
iii) 검사 답안 배점의 타당성 문제 미해결

2.2 일반 창의성 검사

인지 능력검사는 창의성을 이끄는 인지요소를 검사하는 방식이다. 대표적인 검사도구로는 Guilford의 확산적 사고 검사와 Torrance의 TTCT(Torrance Tests of Creative Thinking)이다(Hennessey & Amabile, 1988). TTCT는 언어검사와 도형검사로 이루어져 있으며 이 검사 하위검사의 예로서 한 상황에서 일어나는 모든 질문을 기록하기, 주어진 도구로 사용 방법의 개선, 어떤 도구의 용도 진술하기, 미완성 그림으로부터 완성된 그림 그리기 등이 있다. 검사 결과는 반응의 양을 유창성, 반응 유형의 양을 유연성, 반응의 신기성을 독창성, 반응의 세련성을 정교성으로 정의하고 있다. 도형 검사에 대한 신뢰도는 0.34~0.99로 알려져 있고, 타당도는 0.22~0.76으로 알려져 있다(Torrance, 1970). 이 검사는 성인이 되었을 때 창의성을 가질 수 있는 개연성을 미리 확인하는 검사도구로, 상관계수는 0.51이다. 우리나라에서도 이 검사법을 원용하여 수학 영역의 검사법으로 개발하여 사용하고 있다.

이 검사는 창의성의 요소 중에서 어떤 것을 중요하게 보느냐에 따라서 다른 결과를 가진다. 예를 들면 창의성 검사에서 일반적으로 보는 유창성, 유연성, 독창성, 정교성 중에 실제로 가장 비중이 높은 것은 독창성이며 유창성과 유연성은 창의성을 이해하는 요소로 간주할 수 있다. 이런 전제하에서 각 요소의 비중에 대한 합리적 결정은 문제를 낳는다.

Mednick(1962)는 창의성을 다양한 지식요소의 연합능력으로 간주한다. 이런 이론을 바탕으로 개발된 판별도구로 원격연합검사(Remote Associates Test)가 있다(Mednick & Mednick, 1967). RAT에서 각 문항은 간접적으로 연관이 된 3개의 단어로 구성되어 있고 이 단어로부터 연합할 수 있는 4번째 단어를 제시하도록 한다. 이 검사는 창의성과 관련된 인지 영역 중에서 제한된 영역만 측정한다는 점으로부터 비판받고 있다.

2.3 지능검사

우리나라의 영재교육에 참가하는 학생의 지능은 아주 높은 것으로 나타났다. 이러한 이유는 영재프로그램에 포함된 학생의 숫자가 아주 적다는데 있다고 본다. 경험에 의하면 지능검사는 대상 학생의 수를 고려해서 이 검사를 생략해도 무방할 것 같다. 일반 지능 요소의 검사로서 과거에는 정신연령을 생활연령으로 나눈 비율지능 개념을 사용하였으나 지금은 동일연령집단에서의 상대적 위치를 밝히는 편차 지능지수의 개념을 주로 사용하고 있다.

영재의 판별에서 창의성이 중요한 요소라는 점으로부터 지능과 창의성의 상관관계는 많이 연구되어 있다. 지능을 창의성과 관련하여 논의할 때 창의적인 사람은 평균 120 이상의 지능을 갖는 경향이 있다고 한다(Barron & Harrington, 1981). 그러나 이 수치를 넘으면 지능은 사실상 의미가 없다고 보고한다(Hayes, 1989; Schubert, 1973). 지능 검사의 기준을 너무 높게 설정할수록 영재 판별의 정확도가 낮게 된다(Pegnato & Birch). 이것은 지능지수로서 영재성을 판별했을 때 오류가 있음을 시사한다.

한편 Ericsson과 그의 동료들(이정모 외, 1999)은 지능은 훈련의 영향을 거의 받지 않지만 창의성은 적어도 10년 이상의 훈련이 있어야 나타나는 결과라고 주장한다. 이 주장에 따르면 조기에 창의성 교육이 얼마나 중요한가를 알 수 있다. 그렇지만 우리나라에서는 중・고등학교 과정에서 창의성을 말살하는 주입식 교육이 판을 치는 이상 그들에게 그 이후 창의성이 발현되기를 기대하기는 매우 어려울지도 모른다.

지능과 언어영역은 상관이 강하지만 지능과 수리영역의 상관은 약하다고 알려져 있다. 이는 지능검사의 요소가 주로 언어영역 중심으로 되어 있기 때문이다.

지능과 학업성취도의 상관은 나이가 많아질수록 약해진다. 그 이유는 학업성취도가 환경이나 동기와 같은 비인지적 요소가 작용하기 때문이다.

2.4 산출물 검사

이 검사는 수학적 창의성을 직접적으로 확인하기 위한 것이다. 초등학교 수준의 산출물이라고 할 때 수학 논문을 의미하는 것은 아니다. 일반 학생들이 관찰하지 못한 것을 발견했다면 좋은 창작물이라고 평가할 수 있다. 관찰 사례에 의하면 어떤 학생은 자신이 주변에서 발견한 수학적 문제들을 스스로 증명하고 그 결과들을 포트폴리오 형식으로 정리해 두었다. 이것이 내용적으로는 사소하게 보일지 몰라도 이 학생은 수학적 창의성이 매우 높은 경우이다.

수학 영재교육은 주로 문제해결에 관심을 가지고 있으나 영재교육에서는 산출물에 관심을 가져야 한다. 산출물 검사는 연구 수행 능력을 확인할 수 있다는 점에서 매우 유용하다. 주어진 문제를 수월하게 풀 수 있다는 능력이 독자적 프로젝트를 수행할 수 있는 능력으로 연결되는 것은 아니다. 즉 산출 과정에서 나타나는 다양한 지적 요소들과 지필식 문제풀이 과정에서 나타나는 요소들과는 서로 다르기 때문에 산출과정에 필요한 요소들을 확인할 필요가 있다.

산출물 검사는 과제 집착성을 간접적으로 확인할 수 있다. 지필 검사는 시간 제한형 검사이므로 장기적인 활동을 수행할 때 필요한 능력을 관찰할 수 있는 검사법이 있어야 한다. 산출물 검사는 장기적 수행능력에 대한 정보를 제공한다.

산출물 검사는 자기 주도적 능력을 확인할 수 있다. 문제는 자신의 수준만큼 보인다. 자신의 능력에 맞게 문제를 재 정의하고 관련된 자료를 찾는다는 것은 창의적 문제해결에 필수적 요건이므로 이러한 능력은 영재의 창의성으로 간주되어야 한다.

산출물 검사의 종류는 수학 논문과 수학에 관련된 창의적 에세이 및 기타 수학과 관련된 다양한 창작물이 될 수 있다. 수학논문은 탐구 능력, 배경 지식, 문제 접근에 대한 치밀성 등 종합적 능력을 관찰할 수 있고 수학 에세이는 수학에 대한 가치, 견해, 관점, 태도 등을 관찰할 수 있다.

산출물 검사방법은 평소에 연구한 것을 제출하게 하고 그것을 검사하는 방법과 일정한 장소와 시간 내에 제작한 창작물을 검사하는 방법 등이 있다.

산출물의 검사는 영재판별에서 아주 중요한 사항이지만 산출물의 대부분이 스스로 만든 것이 아니라 주위의 도움을 통하여 만든 것이므로 신뢰성이 매우 약한 것으로 평가되었다. 특히 영재고등학교, 대통령 장학생 평가 시에 산출물 검사 항목이 있는데 이런 점에서 유의해야 한다.

다음은 산출물 검사의 예이다.

예 35. 수학 논문

1. 수학 논문의 대면 평가: 자신이 쓴 논문을 심사자 앞에서 요약 설명하는 것

평가 문항	배점	점수
동기		
질문에 대한 답변능력		
내용수준		
내용의 창의성		
설명의 명료성		
논문 형식		

2. 수학 논문의 자체 평가: 제출된 논문만 평가하는 것

평가 문항	배점	점수
연구배경		
내용의 수준		
내용의 창의성		
서술 능력		
결론 도출 능력		

3. 에세이 : 분석능력과 비판능력 언어능력을 종합적으로 알 수 있다. 검사 형식은 시험자료, 시험시제를 동시에 주는 경우와 분리하여 주는 경우, 시제만 주는 경우가 있으며 각각의 경우 자유 에세이형, 주제 제시 에세이형, 지식 검사형이 있다. 자료, 시제를 분리해서 주는 경우에는 미리 공지해서 준비를 할 수 있도록 해야 한다. 다음 표는 각각의 경우에 채점해야 할 목록들인데 평가항목과 배점은 영재교육기관의 특성을 고려해서 산정할 수 있다.

	자유 에세이		주제 제시 에세이		지식검사	
	평가항목	배점	평가항목	배점	평가항목	배점
자료, 시제 동시 제시	주제의 창의성 서술의 논리성 서술의 명료성 결론 도출의 논리성 논거의 타당성		논술의 명료성 논지의 명료성 결론 도출의 논리성 논거의 타당성		진술의 명료성	
자료, 시제 분리 제시						
시제만 제시						

예) 36. 다음 예시문은 자유논술이다.

1. 피타고라스의 수비학에 대한 자료와 타로 점에 대한 자료를 주고 읽게 한 후 적당한 글을 쓰게 한다. 단, 작성된 글은 수학적으로 의미가 있어야 한다.
2. 별점에 대한 자료, 지도에 관한 글과 네비게이터에 관한 글, 천문학의 관측방법에 대한 글, 그리고 위치 측정에 관한 글을 준 후 종합적 결과에 대한 글을 쓰게 한다. 단 작성된 글은 수학적으로 의미가 있어야 한다.
3. 지도에 관한 글, 네비게이터에 관한 글, 그리고 천문학의 관측방법에 대한 글을 준 후 위치측정의 중요성과 필요성에 대하여 논하라.
4. 수학, 생명, 미래를 담은 자유로운 글을 써라.
5. 수학에 관련된 작문을 하라.
6. 수학이 없는 세계라면 어떻게 될까?
7. 자연수만 있는 세계라면 어떻게 될까?

2.5 지명

지명은 학부모 친구, 교사 등에 의하여 관찰된 결과들로부터 영재성을 판단하는 것인데 이 방법의 의의는 밀착 관찰과 장기 관찰 결과의 유리함을 활용하는데 있다.

검사내용은 주로 영재성의 유무, 인성, 영재교육에 참가했을 경우의 수행능력, 영재로서의 자아 확신감을 확인할 수 있다.

검사 형식은 지명자가 자유롭게 기술할 수도 있으나 판별도구로 활용할 경우 추천서의 내용을 표준화할 수도 있다. 대표적으로 자기소개서, 교사 의견서, 또래 의견서 등이 있다.

자기 소개서

자신이 영재라는 것을 구체적으로 진술한 것인데 자유스럽게 기술할 수도 있고 표준화된 설문지를 사용할 수도 있다. 다음 표는 자기소개서이다.

자 기 소 개 서	
재학학교 　　　　　　학년 　　　　　　이름	
1. 자신이 영재라는 것을 말할 수 있는 근거를 모두 적어라.	
2. 자신이 발견 또는 발명한 수학이 있다면 그것에 대하여 상세하게 기술하라.	
3. 수학에 대한 자신의 생각을 상세하게 기술하라.	
4. 장래의 포부를 적고 왜 이렇게 생각하게 되었는지를 말하라.	

교사 의견서

일 반 정 보
영재교사 연수를 받았다. 그렇다( ) 아니다( )
추천학생에 대하여 ( )년 동안 ( )로서 알고 있다. 추천학생에 대하여 ( )년 동안 ( )로서 알고 있다.
인지적 능력
질문을 많이 한다...... 매우아니다. 아니다 모르겠다 그렇다 매우그렇다
수학적으로 말하는 것을 좋아한다...... 매우아니다. 아니다 모르겠다 그렇다 매우그렇다
높은 수준의 언어를 사용한다...... 매우아니다. 아니다 모르겠다 그렇다 매우그렇다
수학적 아이디어가 풍부하다...... 매우아니다. 아니다 모르겠다 그렇다 매우그렇다
합리적인 설명을 요구한다...... 매우아니다. 아니다 모르겠다 그렇다 매우그렇다
기억력이 뛰어나다...... 매우아니다. 아니다 모르겠다 그렇다 매우그렇다
수학에 관련된 책을 많이 읽는다...... 매우아니다. 아니다 모르겠다 그렇다 매우그렇다
수학 퍼즐을 좋아한다...... 매우아니다. 아니다 모르겠다 그렇다 매우그렇다
많은 수학 창작물을 가지고 있다...... 매우아니다. 아니다 모르겠다 그렇다 매우그렇다
논리적 사고가 능하다...... 매우아니다. 아니다 모르겠다 그렇다 매우그렇다

문항	매우아니다	아니다	모르겠다	그렇다	매우그렇다
사고의 스타일이 특이하다	매우아니다.	아니다	모르겠다	그렇다	매우그렇다
정의적 능력	매우아니다.	아니다	모르겠다	그렇다	매우그렇다
과제 집착력이 강하다	매우아니다.	아니다	모르겠다	그렇다	매우그렇다
주도적이다	매우아니다.	아니다	모르겠다	그렇다	매우그렇다
집중력이 높다	매우아니다.	아니다	모르겠다	그렇다	매우그렇다
권위에 대하여 도전적이다	매우아니다.	아니다	모르겠다	그렇다	매우그렇다
독립적이다	매우아니다.	아니다	모르겠다	그렇다	매우그렇다
융통성이 강하다	매우아니다.	아니다	모르겠다	그렇다	매우그렇다
유머 감각이 높다	매우아니다.	아니다	모르겠다	그렇다	매우그렇다
타인의 의견에 관용적이다	매우아니다.	아니다	모르겠다	그렇다	매우그렇다

학부모 의견서

성장과정에서 일어난 특이한 점, 영재성을 확인한 후 가정에서의 대처 등을 기술한다.

학부모 의견서	
영재라는 것에 대한 확신을 가지고 있다면 그 근거를 자세하게 기술하세요.	
영재교육을 시켰으면 언제부터 어떠한 교육을 시켰습니까?	
영재교육을 시켰으면 어떠한 교육을 시켰습니까?	

또래 의견서

비전문적이지만 교사나 학부모가 모르는 사실들을 많이 알고 있다. 참고로 사용할 수 있다.

질 문 항	해당 학생	
누가 가장 공부를 잘 합니까?		
누가 가장 아이디어가 뛰어납니까?		
누가 가장 문제를 잘 풉니까?		
누가 가장 끈기가 있습니까?		
누가 가장 논리적으로 말을 합니까?		
기발한 생각을 많이 하는 학생은 누구입니까?		

2.6 영재 특성 검사

영재들이 일반 학생들과 다른 인지적, 정의적 특성을 가지고 있다는 것은 이미 여러 연구에서 확인되어 있는데 이것을 근거로 해서 영재성을 확인한다. 검사내용은 영재들에게 나타나는 일반적 특성, 영재들에게 나타나는 학습 특성, 수학영재들이 보이는 일반적 특성, 창의적 학생들이 보이는 일반적 특성 등이 있다. 검사방법으로서는 표준화 검사법을 통한 방법, 전문 훈련을 받은 교사의 관찰에 의한 방법 등이 있다.

일반적으로 특성 검사에서 피검사자는 의식적으로 창의성이 있는 것처럼 반응하기 때문에 이 검사의 목적이 피검사자에게 노출될 수 있다. 이 검사는 피검사자의 태도와 흥미를 검사함으로써 그가 창의성 활동을 수행할 수 있을지의 여부를 판단할 수도 있다. 이 경우에도 타당도는 낮다.

일반 행동 특성

문항	매우아니다	아니다	모르겠다	그렇다	매우그렇다
1. 풍부한 어휘력을 가지고 있다					
2. 또래들이 잘 사용하지 않는 고급 용어를 구사한다					
3. 지적 호기심이 뛰어나다					
4. 자기 주도적이다					
5. 뛰어난 통찰력을 가지고 있다					
6. 집중력이 뛰어나다					
7. 조직적이다					
8. 체계적이다					

9. 지적 호기심이 뛰어나다	매우아니다.	아니다	모르겠다	그렇다	매우그렇다
10. 성취욕구가 강하다	매우아니다.	아니다	모르겠다	그렇다	매우그렇다
11. 지배욕이 강하다	매우아니다.	아니다	모르겠다	그렇다	매우그렇다
12. 경쟁적이다	매우아니다.	아니다	모르겠다	그렇다	매우그렇다
13. 긍정적 자아감을 가지고 있다	매우아니다.	아니다	모르겠다	그렇다	매우그렇다
14. 위험을 감수하려고 한다	매우아니다.	아니다	모르겠다	그렇다	매우그렇다
15. 예민하다	매우아니다.	아니다	모르겠다	그렇다	매우그렇다
16. 과제 집착력이 강하다	매우아니다.	아니다	모르겠다	그렇다	매우그렇다

학습 행동 특성 : 영재들이 학습상황에서 보이는 인지적 특성들

1. 퍼즐 수수께끼 등 지적 활동을 즐긴다	매우아니다.	아니다	모르겠다	그렇다	매우그렇다
2. 관찰력이 예리하다	매우아니다.	아니다	모르겠다	그렇다	매우그렇다
3. 추상적 사고가 능하다	매우아니다.	아니다	모르겠다	그렇다	매우그렇다
4. 설명이 논리적이다	매우아니다.	아니다	모르겠다	그렇다	매우그렇다
5. 문제해결에서 분석적이다	매우아니다.	아니다	모르겠다	그렇다	매우그렇다
6. 개념화 능력이 우수하다	매우아니다.	아니다	모르겠다	그렇다	매우그렇다
7. 유추 능력이 우수하다	매우아니다.	아니다	모르겠다	그렇다	매우그렇다
8. 기억력이 우수하다	매우아니다.	아니다	모르겠다	그렇다	매우그렇다
9. 사고전략을 통제하는 능력을 가지고 있다	매우아니다.	아니다	모르겠다	그렇다	매우그렇다
10. 귀납적 사고가 우수하다	매우아니다.	아니다	모르겠다	그렇다	매우그렇다
11. 추측과 가설설정에 능하다	매우아니다.	아니다	모르겠다	그렇다	매우그렇다

수학 행동 특성 : 수학 영재들이 보여주는 인지적 특성들

문항	매우아니다	아니다	모르겠다	그렇다	매우그렇다
수에 대한 호기심이 강하다					
수의 조작 능력이 뛰어나다					
패턴의 발견이 뛰어나다					
추론 능력이 우수하다					
기호화 능력이 우수하다					
도형화 능력이 우수하다					
수학적 지식을 다른 영역에 응용하려는 경향이 강하다					
수학적 의사소통 능력이 우수하다					
추상적 사고능력이 뛰어나다					

창의적 행동 특성

문항	매우아니다	아니다	모르겠다	그렇다	매우그렇다
아이디어가 풍부하다					
다양한 영역에 관심을 가지고 있다					
문제 해결에서 다양한 전략을 구사한다					
자신만의 아이디어를 선호한다					
개방적이다					
모호함에 대해서 관용적이다					
주어진 틀을 싫어한다					
타인의 통제를 싫어한다					

창의성 배경 특성

문항	매우아니다.	아니다	모르겠다	그렇다	매우그렇다
나는 독창적이다					
난 반항적이다					
나는 독립적이다					
난 규칙에 대해서 순응하지 않는다					
나는 원기 왕성하다					
난 세세한 것에 관심이 없다					
난 유머감각이 우수하다					
난 잘 잊어버린다					
난 예술적 취향이 강하다					
난 중요하지 않은 일에 대하여 무관심하다					
난 통찰력이 있다					
난 권위를 싫어한다					
난 모험을 좋아한다					
난 호기심이 많다					
난 얼빠진 적이 많다					
난 복잡한 것을 좋아한다					
난 인내심이 많다					
난 질문이 많은 편이다					
난 열정적이다					
난 소심하다					
난 수줍음이 많다					
난 타인에 대한 관심이 많다					
난 이론적 사고를 즐긴다					
난 백일몽을 자주 꾼다					
난 강렬한 감정을 가지고 있다					
난 말이 빠른 편이다					
난 신기한 것을 좋아한다					
난 개방적이다					

2.7 학업성취도

이 검사의 목적은 학업성취 능력을 확인하는데 있다. 학교수학과 연결된 영재교육 프로그램이라면 학업성취도가 수학 영재교육을 수행할 수 있는 일반적 능력을 확인하는데 신뢰도는 그리 높지 않지만 도움을 준다.

검사내용은 수학 영역 학습성취도, 과학 영역 학습성취도 및 언어 영역 학습성취도 등이 있다. 비수학적 영역이 필요한 것은 수학에서 언어의 중요성과 학제가 프로젝트로 활용되기 때문이다.

검사형식은 재학학교의 수학 및 과학 영역 성적부 또는 수학 학습 성취도 검사 등이 있다. 과학고등학교 또는 영재고등학교에 진학하는 경우는 학교 성적부를 신중하게 참고해야 한다. 학교수학 성적은 수학적 능력을 반영하는 것보다 실수에 대한 평가이기 때문에 학업 성취도에 대한 변별력은 그리 높지 않다.

3. 검사도구 평가

다음 표는 위에서 열거한 판별도구 뿐만 아니라 기타 판별도구까지 포함하여 각 도구 판별도구의 타당도, 변별도 및 신뢰도를 일반적 판단에 의하여 평가한 것인데 어떤 종합적 결론은 얻을 수 있을까? 영재교육프로그램을 운영하는 교사라면 이 표를 통하여 자체 평가를 하는 것도 바람직하다. 여기서 타당성은 판별도구로서 믿을 수 있음의 정도를 말하며 활용도는 실제로 판별에서 적용하는 빈도를 말하며 신뢰도는 자료에 대한 신뢰도를 말한다. 타당도가 높다고 하더라도 실제 적용하는데 문제가 있기 때문에 활용도는 떨어질 수 있으며 신뢰도가 떨어지는 경우는 그 자료가 순수하게 작성되지 않았을 경우를 말한다.

판별도구	타당도	변별도	신뢰도	활용도	비 고
학업 성취도	중	중	상	하	학교의 수업이 기계적 학습의 주류임을 고려해야 함
교사 추천서	상	중	중	상	영재교육전문성을 가지지 않은 교사라면 신뢰도가 문제됨
또래 의견서	중	중	중	하	효과적이나 표면적일 수 있음
학부모 의견서	중	하	하	중	비전문적이고 편견이 있을 수 있음
수학 창의적 문제해결력 검사	상	중	상	상	지필검사의 한계성
일반 창의성 검사	상	상	상	상	수학영역에 대한 타당성이 의문시 됨
산출물 검사	상	상	상	상	부모나 기타 도움에 의하여 만든 것이 있음
자기소개서	중	중	중	중	실제 면담을 통해서 확인해야 함
지능검사	중	중	상	중	전통적이나 창의성과 유리됨
영재특성검사	상	중	중	하	지필검사의 한계가 있음

우리나라의 경우 영재교육이 매우 경쟁적이라는 점을 고려해야 한다. 그 결과 전통적인 수학 문제 해결 검사를 제외한 여러 검사법은 이미 입시기관에 의하여 분석되고 영재교육원 지원자에게 그 결과들을 조직적으로 훈련시키고 있다. 이러한 이유 때문에 영재교육원의 판별검사 문항들을 공개하지 않으며 또 해마다 검사방법을 바꾸고 있다. 그렇지 않은 경우에는 수학경시대회의 문제 유형을 답습하거나 아니면 학습 성취도 검사로 실시하는 경우가 많다. 이것은 검사의 공신력을 저하시키는 원인이 될 수 있다.

4. 판별 절차

판별 절차는 일반적으로 다단계 판별이라는 단계별 판별법을 적용하고 있는데 이렇게 하는 이유는 검사의 타당도와 변별도 및 신뢰도를 높이며 영재의 특성을 다양한 각도에서 관찰하기 위함이다. 각 판별 단계는 판별 목표와 방법에서 뚜렷한 차이점을 가져야 하며 각각의 검사결과의 판단에 대한 타당성이 충분히 검토되어야 한다. 여기서는 Renzulli와 Fox의 판별절차를 소개한다.

Renzulli(1996)의 판별절차는 두 단계로 나뉘어져 있는데 1차 판별에서는 표준화 검사 또는 교사추천에 의하여 선정된 학생으로 구성되며 2차 판별에서는 집단 심화활동을 통하여 스스로 영재성이 있다고 생각하는 학생으로 구성한다. 이 방식은 교사에 의한 판별이 아니라 심화 활동을 통한 자발적 판별이라는 점에서 특이하다.

Fox(1976)의 판별절차는 2단계로 되어 있는데 1단계에서는 집단 지능검사, 관찰 등을 통해 영재성을 보이는 학생을 선별하고 2단계에서는 지능검사, 창의성 검사, 학문적성 검사, 학습 성취도 검사 등을 통해 변별하며 3단계에서는 프로그램 투입 후 관찰하여 최종적으로 확정한다.

우리나라에서는 각 영재교육기관마다 차이가 있으나 주로 3단계 판별을 사용하고 있는데 제 1단계는 주로 성취 자료와 지역의 전문가에 의한 지명으로 이루어지고, 제 2단계는 문제해결력과 창의성에 관련된 지필검사가 주종을 이루며 제 3단계는 심층 면접이나 캠프 등을 통한 활동 측면을 관찰한다. 그런데 1단계에서 이루어지는 변별 방법의 신뢰도가 높지 않다는데 문제가 있다. 초등학년의 학교 내 공식적 성취 자료는 없는 셈이다. 그러다 보니 대부분의 영재교육기관에서는 교외활동의 성적 즉 경시대회, 탐구대회 등 여러 측정대회의 결과물을 요구한다.

판별 각 단계의 내용들을 타당성 면에서 충분하게 검토해야 한다. 예를 들면 창의성을 측정하는 검사도구들을 전국적으로 분석해보면 일관성이 없음이 나타난다. 문제해결력의 평가에서도 선행학습의 결과를 수용하는 곳도 있고 배제하는 곳도 있다. 이와 같이 현재 우리 영재교육의 가장 심각한 문제는 다단계 판별은 실시하고 있으나 그 내용의 타당성에 관한 평가는 제대로 이루어지지 않고 있다.

4 수학 영재 교육 프로그램

1. 수학 영재교육 목적과 필요성

영재교육의 목적은 무엇인가? 우리나라의 영재교육은 지식사회에서 국가 간 경쟁의 우위를 점하기 위하여 국가적 목적으로 시작되었다. 그러나 영재교육의 선두주자라고 알려진 러시아의 경우를 보면 국가에서 양성한 뛰어난 영재들이 이후 여러 분야에 종사하여 그 분야의 전문가로 활동하고 있는데 최근의 보도에 의하면 자신의 세 끼 식사도 해결하기 힘든 사례도 보인다. 이것을 보면 영재교육의 당위성을 강변할 때 흔히 회자되는 명제 즉, 영재가 수십만을 먹여 살린다는 말은 설득력이 떨어진다. 그러면 영재교육의 실질적 목적은 무엇이 되어야 하는가?

근대교육은 대중교육을 지향하면 개인이 교육 혜택을 받을 기회가 많아진 것은 사실이다. 그러나 질적인 면에서도 그 양에 부합되는 진보가 있었을까? 이 문제에 대한 답에 관계없이 현 교육 환경이 개인차를 충분히 고려하지 않고 있다는 점은 분명하다. 교육평준화 정책의 기조 하에서 수준별 수업이 개인차를 고려한 대안으로 도입되어 현재 공교육에서 제공되고 있으나 그것은 원래

영재 또는 우수아를 겨냥한 것은 아니었고 단지 사교육의 폐단을 막기 위한 고육지책으로 나타났다. 특히 수학 영재들의 수학 성취도는 20세 이전에 이미 두각을 나타낼 정도로 지적 성장이 빠르기 때문에 일반 학교교육에서 제공하는 학습내용으로는 그들의 지적 호기심을 해결하기 어렵다. 이러한 수학영재의 특성에도 불구하고 특별한 조치를 취하지 않음으로써 수학 영재들은 기껏해야 자신의 능력을 수학 경시대회 등에서 입상한 것으로 만족해야 했다.

그러나 수학 경시대회는 자신이 수학 영재라고 하더라도 경시대회가 일반 학교 수학의 문제가 아니고 특정 영역의 문제가 출제되기 때문에 입상하기 위해서는 수학 경시대회를 위한 별도의 공부가 필요하다. 현재 수학 경시대회를 목표로 한 교육은 사교육에서 전담하고 있다. 다른 평가 방법 없이 수학 경시대회의 성적으로 수학 영재를 평가하거나 수학 경시대회가 부족하다는 것을 알고 있다고 하더라도 뚜렷한 대안을 제시하지 않는 한 일반 학부모는 경시대회에 매달릴 것이 뻔하다. 수학영재의 조조성과 학교수학에서 제공하는 수학 영재들에 대한 교육적 처방의 결여 등으로 하여금 수학 영재에 대한 교육은 조기에 실시되어야 한다는 필요성이 제기됨에도 불구하고 아직도 수학 영재교육이 수학 경시대회의 틀에서 완전히 벗어나지 못하고 있는데 이것은 반성해야 할 부분이다.

그러면 수학 영재들에게 무엇을 제공해야 되는가? 이 문제는 수학 영재들이 나중에 직업 수학자가 되기 위한 준비를 해야 하는가? 아니면 여러 영역에서 유능한 문제 해결자가 되기 위한 준비를 해야 하는가?라는 문제와 관계 있다. 전자의 경우를 목적으로 하는 교육이 되면 수학이 다른 학문에 비하여 일찍이 개화하기 때문에 조기에 수학적 능력을 완성시켜야 한다. 이것은 속진학습을 통하여 기성 수학자에 가능한 한 빠른 시간 내에 접근시킬 수 있는 방법을 모색해야 한다. 반면에 후자의 경우라면 다양한 사고기술과 다양한 학제 간 경험, 의사결정, 리더쉽 등 비수학적 경험도 동시에 강조되며 이 경우에는 심화학습이 오히려 적절하다. 이러한 상이한 주장 하에 프로그램 개발자는 영재교육의 목적에 합당한 선택을 하겠지만 공통적으로 지향하는 것이 있는데 그것은 영재의 자아실현이란 점과 현 학교교육의 비효율성에 의한 교육효과의 측면이란 점, 그리고 이 두 측면은 다시 국가적 관점에서 종합된다.

먼저 영재의 자아실현의 측면을 살펴보면 다음과 같이 요약된다.

- 학습자가 요구하는 학습의 질과 양을 제공해 줄 수 있을 때, 교육은 의미가 있다고 한다면 현 학교교육이 제공하는 자원과 학교 환경은 그들에게 만족할 수 있는 교육기회를 제공할 수 없다.
- 영재들이 스스로 영재성을 확신할 수 있을 때, 그 영재성은 실질적인 힘이 된다. 이렇게 구체화된 의식은 영재로 하여금 자신이 어떻게 생각하고 행동해야 하는가를 스스로 깨닫게 하여 보다 충실한 삶의 목적과 방향을 가질 수 있게 한다. 그러므로 영재 자신의 정체성을 확인하는 일은 무엇보다도 중요하며 영재교육을 통하여 확인되어야 한다.
- 부유한 가정에서 자라난 학생들은 교육기회가 많지만, 불우한 환경에서 자란 학생들은 영재교육을 통하여 자신의 능력을 확대시킬 수 있으므로 교육의 공평성의 측면에서 영재교육은 활성화되어야 한다.

교육효과의 극대화 측면에서는 다음과 같은 면이 있다.

- 그들의 호기심, 질문의 수준, 다양한 영역에 대한 관심, 과제 집착성 등 그들의 지적 욕구가 일반 학교에서 충실하게 이루어지려면 평범한 학생들은 소외된다. 뿐만 아니라 일반 교실에서 영재의 존재는 교사에게 부담을 주며 교사와 영재 서로가 긴장하는 상태가 된다. 그러므로 영재를 위한 특별한 장소와 교육환경이 제공되어야 한다.
- 영재와 평재가 동일한 교실에서 수업을 받게 되면 무엇보다도 그 부모 간의 알력이 발생한다. 일반 학생을 둔 학부모가 영재성에 대하여 긍정적으로 생각하는 경우는 찾아보기 힘들며 영재들로 인하여 그들의 설 자리가

좁아졌다고 생각한다. 이 현상은 외국에서도 비슷한 양상을 보이고 있다. 이러한 긴장 국면이 지속되면 영재들이 또래들과 어울리기 위하여 자신의 영재성을 감추려고 하는 현상이 나타나는데 이 상황이 지속되면 영재성은 서서히 소멸된다. 우리나라와 같이 교육적 긴장감이 높은 나라는 영재를 일반학생과 격리하여 교육하는 것이 바람직할지도 모른다.

- 영재교육은 특수교육의 영역에 해당한다. 그러므로 지도교사는 영재아를 다루는데 있어서 보다 전문적인 교육과 훈련을 이수해야 하며 학부모도 영재교육에 대한 이해와 기본 소양을 갖추어야 한다. 통상적인 가정교육이 진행되면 영재성을 소멸시킬 수 있다.
- 영재교육의 일반적 목표를 보면 보통은 영재성의 계발을 위한 것으로 되어 있으나 실상은 영재성이 소멸되지 않도록 장치를 마련하는 것이 보다 현실적 목표가 된다.
- 창의성은 계발될 수 있는 것이라는 근거에 의하여 학교교육에서 소홀하게 취급하고 있는 창의성 교육이 활성화 될 수 있다.
- 영재교육에서 사용되었던 어려 자원들은 적절한 조정을 통하여 일반 학생에게도 적용될 수 있기 때문에 영재교육은 학교교육의 충실화를 가져온다.

마지막으로 국가적 관점에서는

- 20세기가 자본과 노동을 기반으로 하여 부를 창출하였다고 하면 현대는 지식 그 자체가 부를 창출하는 시대로 보고 있으며 세계의 각 나라는 지식의 창출, 가공, 배분에 대한 경제적 효과에 관한 연구에 막대한 투자를 하고 있다. 교육과 관련된 지식기반사회에서 가장 중요한 요소들은 가치관의 다양성에 대한 존중, 개인 중심 사고, 창의성이라고 할 수 있다. 이런 관점에서 볼 때 현 학교교육 제도는 지식산업사회가 요구하는 다양한 지적 욕구를 충족할 수 있는 제도로서는 충분하지 않다고 본다. 영재교육이

란 지식 기반 사회를 위한 하나의 대안으로서 고급 인력 관리의 초기 단계로 이해할 수 있다.

- 영재교육을 통해서 국가의 지식기반을 상승하게 하는 전략은 개인적이고 산발적인 행사로서는 부족하며 국가의 기반 시설을 국가에서 체계적으로 관리하듯이 지식 창출 인적 자원에 대한 관리도 당연한 국책 사업이다. 이러한 관점은 미국의 영재교육법에도 나타나 있는데 영재를 국가의 장래 안보 및 복지에 절대적으로 필요한 국가 인적자원으로 규정하고 있다.[8)]

2. 수학 영재교육의 세부 목표

다양한 가치관의 존중, 개별화 사회의 능동적 대처, 창의성이라는 요소가 수학영재들에게 교육되어야 하고 그러한 요소를 실천하게 하기 위해서는 다음과 같은 목표들이 고려되어야 한다.

- 수학적 지식과 기본 원리의 습득
- 수학 문제해결을 위한 전략과 기능을 습득
- 고등 연구 기능의 습득
- 비판적 사고능력 계발
- 인접 학문의 이해
- 수학 문화의 이해

---

8) 미국의 영재교육법은 1988년에 제정된 소위 Jacob Javits Gifted and Talented Students Education Act에 근거한다.

를 제시할 수 있고 정의적 영역으로는

- 수학적 잠재력에 대한 확신을 통한 긍정적 자아개념 확립
- 위대한 과학자의 삶을 통한 가치관 형성
- 자율적 연구 태도 함양
- 지도자적 자세 함양
- 협동심과 사회성 함양

이라고 할 수 있다. 즉 목표는 수학영재가 장차 단순한 수학 문제 풀이의 기능공으로서 그치는 것이 아니라 지식기반 사회의 리더로서 역할을 수행할 수 있도록 폭 넓은 안목을 계발하는 데 두어야 한다. 그러므로 수학영재교육의 목표는 수학 문제풀이의 전문가가 수준을 넘어 보다 높고 또한 넓게 설정되어야 하며 이에 필요한 능력들이 체계적으로 제공되어야 한다.

3. 수학 영재교육 프로그램의 전개

수학 영재교육 프로그램이 효과적으로 실천되기 위한 조건들은 무엇인가? 여기서는 수학 영재교육 프로그램을 성공적으로 실천하기 위한 전제들을 살펴보자.

3.1 수학 영재교육 프로그램의 조건

영재교육을 위한 모든 자원들은 우수해야 한다. 여기서 말하는 자원이라 함은 교사의 능력, 교수학습 방법, 교수학습 자료 등 학생의 인지적, 정의적 능력의 계발에 영향을 주는 모든 요소들이다.

먼저 자원의 수월성에 대하여 논의하자. 수학적 지식에 대한 수학영재들의 높은 욕구를 충족시켜 주기 위해서는 교사가 먼저 풍부한 수학적 지식을 가지고 있어야 한다. 수학과 관련된 질문에 대한 만족스런 대답은 수학 영재교육에서 가장 중요한 요소이다. 뿐만 아니라 창의적 문제해결을 위한 교수학습 이론과 교육 방법에 능통해야 되며 교수학습 자료를 영재들의 성격과 특성에 맞게 선정하고 그 자료들을 스스로 제작할 수 있어야 한다.

영재들은 스스로 학습한 결과에 의하여 예상치 못한 지식과 의문을 가지고 있다. 그러므로 지도교사는 영재들의 그러한 지식을 토대로 하여 더욱 정교한 지식을 구축할 수 있어야 함과 동시에 또 다른 경험을 할 수 있는 자료를 가지고 있어야 한다. 다양한 영역의 학습 경험과 다양한 관심 영역이 제공되어야 하는 이유는 이러한 경험들이 수학을 넘어서 다양한 직업과 전공 영역에 도전감과 호기심을 보여주기 때문이다.

영재 수학 프로그램은 통상적인 학교수학과 차별화되어야 한다. 학교수학의 내용은 최소한의 지식의 학습으로 구성되어 있으며 그 지식에 관련된 최소한의 응용 능력을 묻는다. 그러나 수학영재교육은 지식의 소유 정도를 묻는 것이 아니라 문제발견의 민감성, 추론능력, 문제해결의 전략과 같은 고등 사고에 관련된 능력을 묻는다. 또 영재교육은 문제기반 중심의 프로그램으로 조직되어야 할 필요가 있는데 이것은 문제가 먼저 제시되고 이에 따른 해결책을 찾고 그러한 해결방법을 체계화 한 이론의 구축을 정점으로 관련 지식들이 구조화된다. 즉 영재교육 프로그램은 선이론, 후문제의 구조가 아니라 선문제, 후이론의 구조를 따라야 한다. 그러므로 영재교육에서 단계 또는 수준의 준거는 지식의 난이도에 의하여 구분되는 것이 아니라 사고과정의 질적 변화로 구분되어야 하며 교육프로그램은 단계별로 구분되어야 한다.

수학 영재교육이 수학 지식의 생산자를 위한 교육이 되어야 한다는 주장은 현재 실시하고 있는 영재교육 프로그램의 현황과 비교해 볼 때 생소한 감이 다소 있으나 현대 교육이 창의성을 지향하고 있다는 것을 고려한다면 수학 영재도 지식의 소비자가 아니라 지식의 생산자가 되어야 한다. 학교수학에서는 입시를 위한 수학 문제 풀이가 수학교육의 모든 것처럼 보이는데 이러한 프로그램은 학생을 단순히 지식의 소비자로 만들 뿐이며 문제가 없으면 학습도 없다는 식의 수동적 학습태도를 고착시킨다.

바람직한 영재교육 프로그램은 지식의 수준뿐만 아니라 지식의 질을 고려해야 한다. 그렇지만 아직도 대부분의 영재교육 프로그램은 지식의 질보다는 양적인 면에 치중하고 있다. 예를 들면 일부 영재교육원에서는 1년 단위의 프로그램을 운영하는데 그 내용을 보면 일 년 간의 프로그램이 종료되면 학생을 다시 모집하여 다음 단계를 이수하는 식으로 운영한다. 이런 프로그램은 단계적 프로그램이라고 하더라도 각 단계는 지식의 난이도에서 차이가 있을 뿐 사고의 질적 변화가 이루어지기는 어렵다.

마지막으로 영재교육은 주로 주말이거나 방학을 이용해서 이루어지는 대안적 교육의 형태를 지니고 있다. 이런 방식의 교육은 사고 활동이 분절화 되어 학습 집중도가 떨어지게 되는데 이런 점을 보완하기 위하여 학교와 가정에서 연속성을 고려한 수업 체계를 조직해야 한다. 영재들의 가정에서의 활동을 보면 영재교육의 효과를 저하시키거나 방해하는 요인들이 많이 있다. 무비판적 기계적 학습 또는 점수에 의한 자극 등은 영재교육에 도움이 될 수 없거나 방해되며 이런 점을 간과하게 되면 영재교육의 효과가 감소된다. 그러므로 영재아의 학습형태는 학교와 가정에서 일관성을 유지하도록 환경을 조성해야 한다.

3.2 수학 영재에게 제공되어야 할 지식

수학 영재교육에서 제공되어야 할 수학적 지식들은 어떠한 것인가? 수학영재교육에서 제공되는 지식은 수학과 관련된 내용 또는 수학을 기반으로 한 내용들이 되겠다. 여기서 수학학습은 일차적으로 수학적 사고를 전개할 수 있는 발판이 되는 개념과 명제, 그리고 수학적 방법론과 같은 원리, 그리고 이런 개념과 명제들을 논리적으로 결합시킬 수 있는 절차와 방법에 관련된 지식들 즉, 문제해결, 연구과정에 필요한 지식 등으로 나눌 수 있다.

수학에서 선언적 지식은 단일 개념, 개념군, 정리, 공리, 증명, 수학적 방법론 등이다. 정리는 교사에 의하여 설명되는 것이 아니라 스스로 찾을 수 있도록 안내되어야 한다. 공리계를 배운다는 것은 어떤 이론의 중핵을 이해한다는데 의의가 있다. 한편 보다 간단한 공리를 이용하여 수학적 발견을 지도할 수도 있다. 유한기하 또는 대수학의 간단한 공리들은 이러한 학습을 도울 수 있는 사례들이다. 증명의 성격은 자기 자신 또는 타인에 의한 승인과정이다. 그러므로 증명의 엄격성은 객관적이 아니라 상황적이다. 증명의 수준은 유추적인데서부터 분석적인 것까지, 증명 형식도 문장형에 의한 것에서 도형적인 것까지 실로 다양한 양상으로 제시될 수 있다. 증명의 가치는 적용된 아이디어의 독창성이나 증명 과정 전체 흐름의 유연성을 두어야 한다. 이러한 관점에서 볼 때 증명의 교수학적 의의는 형식적 엄밀성을 강조하는 것보다는 유연성과 개방성에 중점을 두어야 한다.

수학적 방법론은 수학 문제해결에서 필요한 고급 지식들로서 수학은 이러한 방법론에 의하여 획기적 발전을 해왔고 심지어 수학의 한 분야를 형성하기도 한다. 예를 들면 대수기하, 미분기하, 위상기하, 선형기하, 대수적 위상기하 등은 기하학적 연구대상을 대수학적 방법으로 연구하는 예이다. 다음은 수학적 방법론을 간단하게 예시한 것들이다.

- **대수적 방법**: 도형을 해석기하의 언어로 변환하면 기하학은 대수학이 된다. 수학적 사고력을 높이기 위해서는 시각적 표상들을 언어적이고 기호적으로 변환할 수 있는 능력을 길러야 한다. 이런 능력은 문장제 문제를 통하여 향상될 수 있다. 필요한 정신 모델의 개발을 위해서는 적절한 교수 설계가 필요하다.

- **기하학적 방법**: 각각의 기하학에는 보존되는 개념들이 있다. 이러한 보존성을 적절하게 활용하면 문제가 쉽게 해결될 수 있다. 기하학은 고대로부터 전승되어온 종합기하와 데카르트에 의하여 시작된 계량기하가 있다. 종합기하는 기하학적 대상을 수량화 하지 않고 표현하는 방법이다. 고전 기하는 계량적 변환을 하지 않는 방법으로 기술하고 있다. 계량기하는 도형에 관련된 개념들을 수량화하여 대수적으로 처리하는 방법이다.

- **조합적 방법**: 조합수학의 여러 방법은 이산형 문제나 유한수학의 문제를 용이하게 이해할 수 있게 한다. 특히 이산형 수학은 전통적 증명을 넘어 알고리즘 개발에 집중되어야 학문의 특성에 부합된다.

- **해석적 방법**: 극한과 연속에 관련된 기법들을 말한다. 연속함수로부터 나오는 성질들은 초등문제에서 고급문제까지 다양하게 사용된다. 특히 구하는 값의 존재성은 연속함수의 성질로부터 많은 정보를 얻을 수 있다.

수학적 사고에 대한 정의는 일치하는 바가 없으나 NRC(1989)에 의하면 수학적 사고를 모델링, 추상화, 효율화, 논리적 분석, 자료에 근거한 제시, 기호의 사용 등을 제안하고 있다. 또 절차적 지식의 범주로서 가설설정, 예측, 대안적 모색 등 메타인지과정도 포함되며 수학적 사고란 궁극적으로 수학적 힘을 계발하기 위한 사고 기법의 총합이다.

한편 수학적 사고를 넘어 보다 일반적 사고기술의 계발을 위한 다양한 방안들이 제안될 수 있는데, 예를 들면 de Bono(1973)는 그의 CoRT(Cognitive Research Trust) 기법에서 사고기술을 독자적으로 가르쳐야 한다고 주장하며 여기서 제공되어야 할 사고기술을 평가, 대안적 관점 제시하기, 우선순위 결정, 사고 전략 등과 같은 사고기술을 포함하여 약 50여 가지로 제시하고 있으며 이 사고기술에 대한 메타인지에 대한 학습을 제공한다(Davis & Rimm, 1998).

이러한 고등사고 기법의 학습은 수학영재 뿐만 아니라 일반 영재교육에서도 제공되어야 한다는 점은 분명하다. 여기서 고등 사고기술을 독립된 영역으로 간주하여 직접적으로 가르칠 것인가? 아니면 간접적으로 학습할 것인가? 하는 문제는 앞으로도 계속적인 관심을 가져야 할 주제임은 분명하다.

문제해결을 위한 학습 이론은 심리학의 관점에서 다양한 이론이 존재한다. 그러나 그 이론들이 어느 것도 충분한 것은 아닌데 이것은 문제해결이 매우 중요한 동시에 간단한 주제가 아니라는 것을 의미한다. 수학에서 문제해결을 강조하게 된 것은 이론 수학의 정초와 관련된 결과의 대안적 모색이다. 전통적으로 수학은 절대적 진리의 예로서 인식되었으나 그 절대성이 사실이 아님으로 판명된 후 수학도 자연과학과 같이 경험과학의 틀에서 보게 되었다. 더욱이 모든 수학적 진리를 검증할 수 있는 절대적 영역이 존재하지 않는다는 괴델의 주장에 의하여 형식주의가 주장하던 견고함은 무너지고 이 후 상대주의가 등장하게 되었다. 이 상대주의가 지향하는 것은 보편적 진리가 아닌 임시방편적 진리의 검증이 주 관심사였고 이에 따라 수학의 정초성에 대한 관심은 문제해결에 관심을 가지게 되었다. 문제해결은 수학 전통의 주요 부분이므로 명심하고 이러한 중요성을 고려해서 수학 영재교육은 반드시 문제해결이 중심이 되어야 한다.

수학 영재교육에서 제공될 문제는 어떤 것인가? 문제해결 영역에는 먼저 제공되는 문제의 유형을 살펴볼 필요가 있다. 학교수학에서는 보통 구조화된 문제 해결에 관심을 두고 있으나 영재의 특성을 고려해서 비구조화된 문제 영역까지 확대될 필요가 있다. 여기서 구조화된 문제란 주어진 문제의 답이 문제공간속에서 완전하게 결정되어 있는 경우를 말한다. 이런 형식의 문제는 주로 어떤 개념이나 사실을 이해하고 강화하기 위하여 제시되거나 그런 능력들을 평가하기 위한 기초로 제공된다. 반면에 비 구조화된 문제란 문제 자체가 구체적

형태로 주어지지 않기 때문에 답은 물음에 의하여 유동적으로 결정되며 해결에 필요한 가설의 제기 및 전 과정을 학습자 스스로 선택해야 한다. 비 구조화된 문제는 창의성의 넓은 부분을 이해할 수 있다.

수학적 문제해결에 필요한 인지적 요소들은 여러 가지로 제시되나 English & Halford는 다음과 같이 제시하고 있다.

- **문제 모형** : 문제를 제기하는 조직적 방법, 문제를 자신의 인지구조에 정착하는 것, 발견술의 지식을 사용하는 것 등 문제제기와 관련된 인지활동이다. 유능한 문제 해결자와 그렇지 않은 경우에는 문제 모형의 특성에 차이가 있다.
- **전략 과정** : 답을 촉진시키기 위한 목표 지향적 행동으로 문제를 해결하는 과정에서 항상 답을 향하고 있다는 의식이 있어야 한다. 전략 과정은 문제를 해결하기 위하여 자신이 사용하는 여러 전략들을 전체적으로 설계하고 선택하며 통제하는 인지과정이며 우수한 문제 해결자에게 특징적으로 나타나는 중요한 인지활동이다. 전략과정에 관련된 정의적 특성은 과제 집착성 또는 문제해결에 대한 긍정 감으로써 문제해결에 긍정적 동기를 제공한다.

한편 문제해결을 위한 요소로서 R. Gagné는 개념적 지식 또는 명제적 지식과 같은 지적 기능을 필수적인 요소로 보고 이것을 바탕으로 하여 문제 이해와 관련된 정보를 조직해 주는 문제공간의 형성과 관련된 지식, 그리고 관련된 지적 기능을 적시에 가용할 수 있게 해 주는 인지전략 등을 제시하고 있다. 종합하면 문제의 이해에 관련된 지식과 인지전략의 학습이 모두 수학 영재교육에서 포함되어야 한다.

마지막으로 과제수행 과정에서 필요한 지식들은 독자적 프로젝트를 수행하기 위한 지식들이다. 프로젝트 학습은 주로 연구과정에서 나타나는데 영재들이 자기 주도적 학습을 선호하는 경향이 있다고 하더라도 연구절차와 방법을 모두가 알고 있는 것은 아니므로 연구과정에서 필요한 기능들은 여전히 학습되어야 할 필요가 있다. 예를 들면 어떤 주어진 문제를 풀었다고 하더라도 그

기술 방법은 개인적이 아니라 연역적 서술형식이라는 수학에서 사용하는 표준 문체로서 기록되어야 하며 이러한 기능들이 종합되어 연구논문과 같은 창작물을 생산할 수 있는 기능들이 확보되어야 한다. 연구 행위라는 것은 학습의 측면에서 볼 때 특정 분야의 전문가가 연구하는 모습을 그대로 배우는 것이다. 연구 과정은 문제의 제기에서부터 세부과제의 선정, 연구방법의 결정, 연구 일정의 수립, 협동연구일 경우 동료와의 사회적 관계, 논문 서술과 표현 기법, 상대방을 설득하기 위한 기법, 의사결정, 기획과 조정, 연구자의 능력에 대한 자율적 평가 등 다양한 사고 기법을 경험할 수 있다.

4. 수학 영재교육 과정의 모형

수학 영재들에게 제공될 교육내용을 깊이와 폭에 의하여 구분한다면 일반적으로 속진과정과 심화과정으로 구분된다. 속진과정은 교과내용을 학생의 능력에 따라 이수할 수 있도록 조직되어 있다. 속진과정의 형태는 비슷한 능력을 가진 학생을 별도로 조직하여 실시하는 소집단 편성 속진 과정과 학생 개인의 능력에 맞게 속진학습을 실행하는 개별화 속진과정이 있는데 대부분 전자를 택하고 있으며 후자는 사사제에서 많이 활용된다.

우리나라와 같이 AP제도가 현실화되지 않는 경우 속진과정을 이수한 학생은 고학년이 되어 다시 과거에 배웠던 내용을 다시 경험해야 할 상황이 생긴다. 이렇게 되면 영재가 같은 내용을 반복해서 이수하게 되는 아이러니가 발생한다. 이러한 우리나라의 학교 시스템 때문에 수학의 경우도 심화학습이 바람직하다. 더욱이 영재교육에 참가하는 학생의 대부분은 영재교육기관에 입학하기 위하여 사교육에 의한 속진과정을 하고 있음을 고려하여 교육과정을 조직해야 한다.

속진과정은 일반 학생들보다 상위개념을 빨리 접할 수 있기 때문에 수학영재들의 기호를 맞출 수 있으며 자신의 능력에 따라 속도를 조절할 수 있다는 점에서 장점이 있으며 만약 AP와 이중 등록제가 있다면 더욱 좋은 효과를 기대할 수 있다. 반면에 단점으로는 고등학교와 대학의 학업이 단절되어 있는 경우 선행학습으로 흐를 수 있다. 특히 우리나라의 경우 조심스럽게 실천되어야 한다. 또 좁은 영역의 지식으로 인하여 사고의 폭이 좁아질 가능성이 있기 때문에 신중하게 고려해야 한다. 속진과정의 사례는 Stanley의 모형이 대표적이라고 할 수 있는데 이 모형에 의하여 1971년 Johns Hopkins 대학에서 시작한 재능 탐색 프로그램이 있다.

심화과정은 다양하고 풍부한 수학적 경험을 얻기 위한 과정으로서 학교교육과정의 수학내용을 보다 충실하게 이수하는 학교교육과정 내 심화와 학교교육과정외의 수학내용으로 구성하는 학교교육과정 외 심화를 들 수 있겠다. 학교교육과정 내 심화과정도 교육수준의 관점에서 보면 동일수준의 심화와 상위수준으로의 심화가 있다. 동일수준의 심화는 난이도가 비슷한 것을 말하고 상위수준의 심화는 더 높은 난이도를 가진 문제들을 취급하는 것을 말한다. 학교교육과정 외 심화는 그 내용들을 분석해 보면 결과적으로 속진과정의 내용일 수도 있다. 심화과정은 다양한 수학적 경험을 할 수 있다는 장점이 있으며 반면에 고급개념을 조기에 경험하기 힘들기 때문에 최상위층 학생들에게는 바람직하지 않은 단점이 있다.

대표적인 심화과정으로 Renzulli가 창안한 심화 3단계 모형, Purdue 3단계 심화학습 모형, Treffinger의 자기 주도성 향상 모형인데 이 모형을 수학에 적합하도록 재구성해 보자.

Renzulli의 심화모형은 3단계로 되어 있는데 관련 과목에 대한 경험의 폭을 넓히기 위한 제 1단계, 문제해결에 관련된 사고 기능의 획득을 위한 제 2단계, 마지막으로 산출물 지향의 제 3단계로 조직되어 있다. 제 3단계에서는 수준이 높기 때문에 주로 사사제로 운영하는 것이 바람직하다. 이 모형을 수학영역에 적용시킨다면 제 1단계에서는 수학에 대한 일반적 안목 기르기, 2단계는 문제해결을 위한 다양한 전략을 학습하고 수학적 사고에 대한 폭넓은 이해를 얻고,

제 3단계는 프로젝트 수행 등을 통한 산출물 지향의 과정으로 요약된다.

Purdue의 심화학습모형은 창의성 신장에 초점을 두면서 다양한 사고 기능 수렴적 문제해결, 독자적 연구 기능의 향상을 목표로 한다. 제 1단계는 주로 창의력에 관심을 가지고 단기적으로 이루어지며 교사주도하에 이루어진다. 제 2단계는 창의적 문제해결에 중점을 두며 이에 따른 다양한 창의성 기법, 예를 들면 CPS, 미래문제의 해결, 정신 오딧세이 등과 같은 기법이 제공된다. 이 모형을 수학에 적용하면 주로 창의적 문제해결을 위한 전략을 학습하는 과정으로 전환할 수 있으며 성격상 1년 단위의 과정에서도 유용하게 적용할 수 있다. 실제로 이 모형은 30여 주 동안에 완성할 수 있는 프로그램으로 개발되었다.

Treffinger의 자기주도성 향상 모형은 독자적 연구 역량을 기르기 위하여 개발된 모형이다. 이 모형은 교사주도의 단계로부터 시작하여 자기 주도적 단계로 이행된다. 이 모형을 수학 영재들에게 적용한다면 설명식 수업에 의한 기본 개념과 문제해결에 관련된 지식 이해에 이어 학생과 교사의 협동 활동을 거쳐 마지막으로 자기 주도적 연구 활동을 수행하는 과정으로 변환된다.

5. 프로그램의 평가

향후 프로그램의 개선을 위하여 교육프로그램의 평가는 주기적으로 실시되어야 한다. 프로그램의 평가는 판별, 교수학습 내용과 방법, 강사진 등 프로그램의 모든 영역에서 이루어져야 하며 일관성, 타당성, 효율성에 초점을 맞추어야 한다.

평가는 다음과 같이 개선되어야 한다.

	~에서	~으로
학습 목표	지식 중심	해결력 중심
교수학습 방법	설명과 이해	탐구와 토론
육성 목표	수학자 양성	수학기반 전문가
학습 내용	지식 학습	해결력 학습
수업의 흐름	정리-증명-관련 문제 해결	문제발견-문제해결-이론화
학습 성취도	지식의 양	산출물

다음은 평가 예시 안이다.

평가 항목	평가 내용
목　　표	1. 프로그램은 영재교육의 목표에 부합되어 있는가? 2. 프로그램은 영재교육의 목표에 달성될 수 있도록 구체적이고 조직적인가?
판　　별	3. 판별의 타당성은 보장되는가? 4. 판별의 신뢰성은 보장되는가? 5. 판별과 프로그램은 일관성을 유지하는가?
프로그램	6. 수업방식은 영재교육에 효과적으로 조직되어 있는가? 7. 수업내용은 일반 학교교육과 차별화 되어 있는가? 8. 문제해결의 수월성을 위한 수업내용으로 구성되어 있는가? 9. 고등사고력을 계발할 수 있는 내용으로 구성되어 있는가? 10. 교육내용은 단계별로 특성화 되어 있는가? 11. 교육내용은 학생들의 수준에 적절하게 조직되어 있는가? 12. 교육내용은 수학의 힘을 함양할 수 있도록 조직되어 있는가? 13. 산출물은 장려하고 있는가? 14. 창의성을 계발할 수 있도록 조직되어 있는가?
자원과 지원	15. 지도교사는 정예화 되어 있는가? 16. 지도교사들이 주기적으로 회합할 장치가 마련되어 있는가? 17. 지도교사를 위한 특별한 혜택을 마련하고 있는가? 18. 학생상담을 위한 장치가 주어져 있는가? 19. 학생기록부를 가지고 있는가? 20. 학부모 교육을 주기적으로 실시하고 있는가? 21. 학부모와 정보교환을 할 수 있는 장치가 마련되어 있는가? 22. 프로그램의 향상을 위하여 교육청 담당자들과의 주기적 회합이 있는가?

5 교수학습

1. 수학영재를 위한 교수학습 방법

수학 영재들은 어떻게 가르쳐야 하는가? 일반적으로 학교수학에서 제공되는 교수법은 아마 직접 교수법일 것이다. 수학영재들이 학교에서 배우는 방식대로 영재교육에 임하게 된다면 고난도 문제풀이를 위한 학습이 될 수밖에 없다. 이것은 사고의 경제학에 초점을 맞춘 것이다. 이에 반하여 수학 영재교육은 사고의 경영학에 초점을 맞추어야 할 것 같다.

Borich(2000)는 교수법을 사실, 규칙, 행동계열 등 인지적 복잡성이 낮은 학습에 해당하는 직접 교수법과 개념, 패턴, 추상화의 학습에 중점을 두는 간접교수법으로 나누고 있다. 학교수학은 주로 교사 주도의 직접 교수법을 택하고 있다. 여기서 우려되는 점은 수학 교사들이 직접 교수법에 너무 익숙하다는 점과 간접 교수법에 대한 방법론을 충분히 이해하지 못하고 있다는 점이다. 이러한 점에서 영재지도 교사에게도 별도의 교육과 훈련이 필요하다는 것을 시사한다. 더욱이 영재교육에 참가한 학생들도 학교수업과 같은 방식으로 진행되는 것을 좋아하지 않으며 개인의 특성을 나타낼 수 있는 수업, 자신의 의견이 충실히 반영되는 분위기, 교사의 사려 깊은 안내를 기대하고 있기 때문에 지도교사의 교수법은 학교수학의 그것과 확실히 다르다는 것을 나타내어야 한다.

간접 교수법에서 Borich는 유추와 귀납적 사고의 활용, 사례중심 학습, 인지적 성장을 돕는 발문, 학생의 경험을 중시하는 분위기, 학생의 자기평가 등을 제시하고 있다.

여기서 영재들이 간접교수법을 선호한다고 해서 직접교수법을 제한하라는 것은 아니다. 때에 따라 어떤 복잡한 개념들은 직접교수법에 의하여 절차적으로 안내할 필요가 있다. 두 교수법의 적절한 혼용은 지도교사의 경험과 학습내용에 따라 상황적이다.

영재교육의 교수학습에서 가장 두드러진 점은 발문에 의한 학습이다. 학교수학에서는 수업시간 내내 단 한 번의 질문도 없이 수업이 진행되는 경우가 허다하다. Borich는 발문의 7종류를 다음과 같이 나누고 있는데 그 중에서 수학영재교육에 긴요하게 사용될 발문은

- 흥미유발과 주의 집중
- 진단과 점검
- 사실 또는 정보의 회상
- 사고과정 격려
- 수업의 구조화와 차시 안내

로 제시한다. 이러한 발문이 직접교수법에 적용할 경우 하나 또는 제한적인 응답을 유도하는 수렴적 발문을 권장하고, 한편 간접교수법에 적용될 경우 개방적 응답을 유도하는 확산적 발문을 권장하고 있다. 다음 표는 발문의 수준을 예시하고 있다.

단계	질문의 성격	질문 예시
초급	사실관계의 질문	삼각형의 합동조건을 말 할 수 있겠나? 평행선이란 무엇인가? 면적이란 무엇인가?
중급	분석과 함의 및 적용	삼각형의 합동조건은 서로 관계가 있는가? 평행선으로 부터 유도되는 사실은 무엇인가? 면적을 가지기 위한 조건이 있을까?
고급	종합과 평가	삼각형의 합동조건은 사각형의 경우에도 적용할 수 있을까? 평행선이 있는 조건과 없는 조건의 차이에서 어떠한 결과가 나타날 수 있을까? 면적의 개념은 길이의 개념과 어떤 차이가 있을까?

수업형태를 형식적으로 분류하면 교사주도형 수업과 학습자 주도형 수업을 나눌 수 있다. 설명식 수업은 대표적인 교사주도형 수업인데 이것은 수업내용을 쉽게 구조화 할 수 있다는 장점이 있다. 특히 이 방식은 내용이 위계적인 경우 적용하기가 용이하기 때문에 수학수업에서 널리 사용된다. 그러나 설명식 수업은 학생들로 하여금 학습 의존적으로 만들 가능성이 있기 때문에 선택적으로 사용해야 한다. 더욱이 설명식 수업은 학생에 대한 사전 정보에 대하여 잘 알고 있어야 하고 수업내용의 시작점이 명료하게 파악되어야 한다. 또 선행조직자를 적절하게 활용하는 것도 필요하다.

학습자 주도형은 주로 간접교수법으로 진행되는데 구성주의는 이 방법을 제공한다. 간접교수법은 지식 학습 후 관련된 문제를 통하여 지식의 이해를 지향하는 것이 아니라 처음부터 문제해결을 통하여 관련 지식을 탐색하며 학생들은 탐구, 추론, 예측 등 보다 고등사고력 신장에 초점을 맞춘다. 과제는 문제 중심이 되며, 교사는 탐구 결과보다 탐구 과정을 면밀히 검토하고 필요한 조언을 한다.

영재 프로그램은 주로 주말 또는 방학을 이용하여 실시되고 있기 때문에 수업내용도 단편적 주제이거나 2~3회에 걸쳐 수행할 과제를 단위로 구성되어 있는 경우가 많다. 주제 중심 학습은 수업내용이 한 학기에 걸쳐 전체적으로 통일되어 조직되어 있는 것이 아니라 많은 독립된 주제들로 편성되어 한 주제가 종료되면 전혀 다른 성격의 주제가 주어지는 형태를 의미한다. 한 주제 당 수업 기간이 2주 내지 3주간에 걸쳐 전개된다고 할 경우, 가정에서의 활동을 고려하여 탐구 토론식 학습으로 편성하는 것이 바람직하다. 이러한 수업 형태는 학생들에게 흥미와 긴장감도 계속적으로 유지시킬 수 있다.

2. 교수학습방법의 모형

자기 주도적 학습태도를 지향하며 동시에 학습의 일관성을 유지하고 마지막으로 고등사고 기능을 계발하기 위한 교수학습방법으로서 다음과 같은 전략을 소개한다.

- 문제발견의 능력을 함양하기 위하여 탐구 발견 학습과 같은 학습자 주도의 탐구형 학습법을 적용한다.
- 문제해결을 전략과 기능을 계발하기 위하여 문제해결 학습을 적용한다. 여기서는 문제해결을 위한 전략과 그 전략들을 적절히 통제할 수 있는 전략들이 학습된다.
- 독자적 연구를 위한 기능을 계발하기 위하여 프로젝트 학습이 적용된다.

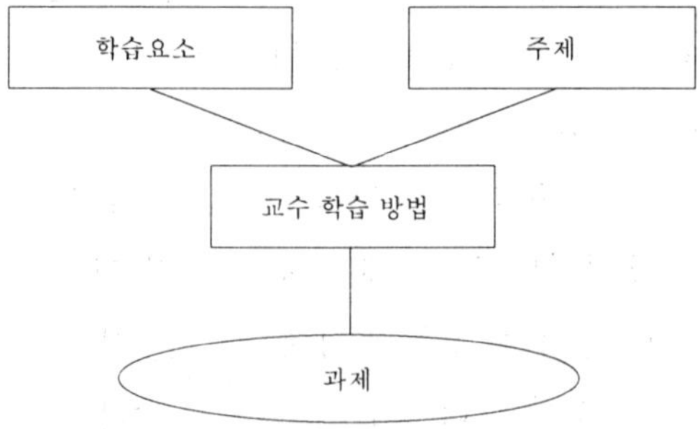

이 세 학습 모형은 영재교육의 최종목표에 해당하는 독자적 연구를 수행하기 위한 준비단계로서 필요하며 각 학습의 단계는 고유한 특징을 가진다.

2.1 탐구 발견 학습

수학적 발견의 산물은 처음부터 완전하게 만들어지는 것이 아니라 조잡한 것에서부터 세련된 것으로, 모호한 것에서 확실한 것으로 발전해 간다. 이 과정은 추측과 논박에 의하여 이루어질 수도 있고 직관이나 통찰과 같이 비연속적인 형태로 이루어질 수도 있다. 탐구발견과정은 비정형적이고 개인적이므로 이것을 수업을 통하여 가시화하기 위해서 교사가 탐구 과정을 면밀히 관찰하고 탐구과정의 조정자 역할을 해야 한다.

독자적인 연구 역량을 확보하기 위해서는 먼저 문제를 스스로 발견할 수 있는 능력을 가지고 있어야 한다. 탐구 발견학습은 이러한 능력을 확보하기 위하여 제공되는 학습 방법이다. 발견은 능력의 직관과 통찰 등 고도의 정신 작용에 의존하므로 그 과정이 분석될 수 없는 상황으로 많이 나타난다. 그러나 지식은 독단에 의하여 진보하지 않으며 개인 상호간 또는 개인 내적에 의한 인지적 조절을 통하여 개선된다. 여기서 그 조절 과정은 비판적이고 반성적인 사고에 의하여 이루어지며 따라서 사고과정의 불필요한 낭비를 줄이기 위해서는 비판적이고 반성적인 사고도 동시에 필요하다.

발견이란 자신의 지식을 조명등으로 사용하여 길을 찾는 것과 유사하다. 따라서 탐구발견학습의 원천은 기본적 수학 지식을 필요로 한다. 그렇다면 탐구발견학습을 위한 적절할 수학적 지식이란 어느 정도를 말하는가? 탐구 발견의 능력을 함양하기 위한 기본 지식은 가지고 있어야 되지만 영재교육 프로그램에서 기본 지식의 학습에 너무 많은 시간을 할애하는 것은 창의성과 관련된 기회의 부족을 가져오게 된다. 이런 점을 고려할 때 개념 학습을 위해서도 문제기반 학습이 필요하다.

탐구발견학습의 장점을 인지적 측면과 정의적 측면에서 볼 수 있다. 먼저 인지적 측면에서의 장점으로는 자율적 사고의 태도를 습득하고 내면화 할 수 있다. 탐구발견학습에 얻을 수 있는 고급 사고기능으로는 추론, 메타인지 능력, 비판적 사고력, 토론 능력 등을 열거할 수 있겠다. 정의적 측면에서 탐구발견학습의 장점은 먼저 자신의 능력에 대한 확신감과 신뢰감을 가질 수 있다. 스스로 문제를 탐구한 결과를 자신이 소유한다는 느낌으로 인하여 학습 후 자신에 대한 긍정감이 매우 높게 나타난다는 것이 관찰되었다. 실제로 영재교육에서 탐구발견학습은 학생들에게 강력한 동기를 부여하며 적극적이고 능동적인 학습태도를 가지게 한다는 것이 관찰되었다. 이런 측면에서 탐구 발견 학습은 그들이 가진 자기 주도적 성향이 분명하게 부각되는 학습이다.

탐구발견학습의 단점으로서는 비정형적 수업에 의하여 수업계획을 적절하게 통제하기 어렵다는 점과 제공된 지식의 비계열성과 비조직성에 의하여 체계적 학습이 어렵다는 점이다. 마지막으로 탐구발견학습은 교사에게 고급지식과 높은 사고력 지식을 요구하므로 교사에게 많은 수업 부담을 준다.

탐구발견학습의 평가로서 교사에 의한 평가, 학습자 자신에 의한 평가를 소개한다. 다음 표는 교사에 의한 평가목록이다.

평가 항목	평가 요소	평 가 내 용
탐구 능력	발견	수학적 개념의 구성이 유창한가? 발견의 절차는 조직적인가?
	탐구	탐구방법은 조직적인가 탐구과정에서 비약은 없는가? 추론 능력은 우수한가? 메타 인지적 전략은 우수한가?
토론 능력	발표	발표자로서 설명은 명확한가? 발표자로서 설명의 흐름은 우수한가? 발표자로서 질문에 대한 답변이 명확한가? 발표자는 질문의 핵심을 정확하게 이해하고 있는가?
	질문	발표의 핵심을 파악하고 있는가? 질문은 명확한가?
개념 구성 능력	개념의 명료화	예를 들 수 있는가? 반례를 들 수 있는가?
	메타인지	도형 또는 언어적으로 표현할 수 있는가? 유사한 개념을 알고 있는가?

다음 표는 학생 스스로에 의한 평가 목록인데 학생들의 평가는 객관성에서 약간의 미약함이 있겠지만 자신의 능력과 비교한 결과를 진술하기 때문에 교사가 관찰하지 못한 부분을 채워줄 수 있다.

다음 항목에서 가장 잘 했다고 하는 학생의 이름을 적으시오.			
평가항목	평가내용	학생이름	
탐구능력	다양한 아이디어를 제시한다.		
	문제를 다른 방법으로 전환시키는 능력이 우수하다.		
	사고의 집중도가 높다.		
	해결에서 전략을 사용한다.		
	메타인지 능력이 우수하다.		
토론능력	토론의 핵심을 정확하게 파악한다.		
	논리적 결점을 잘 찾아낸다.		
	논리적으로 설명하는 능력이 있다.		
	질문을 잘 이해한다.		

다음은 탐구 발견 학습의 예를 특성별로 묶었다.

개념을 구성하거나 확장하기 위한 모형: 주로 개념의 정립을 위한 학습으로서 기존의 개념을 확장하기 위하여 적용한다. 기존의 개념을 정교화하기 위한 학습과 초보적 개념을 확장하기 위한 학습으로 이루어진다. 전자의 경우 오 개념을 확인하고 개선하는 방향으로 지도할 수 있고 후자의 경우는 기성수학의 개념으로 안내하거나 더 나아가서 전혀 새로운 확장으로의 창의적 과정을 탐색할 수도 있다. 한편, 수학적 개념은 주로 정의된 개념인데 이러한 개념의 학습에는 사례와 반례의 사용의 중요성을 강조하고 있다(Tennyson & Park, 1980). 탐구 발견 학습의 절차는 다음과 같다.

1) 과제 제시: 교사에 의하여 탐구과제가 제시된다. 과제는 비교적 이해하기 쉽고 이미 알고 있거나 배운 것들을 사용하되 높은 수준의 탐구로 발전할 수 있는 것이 효과적이다.

2) 자료의 수집과 분석: 관련된 자료와 개념을 수집하고 분석하며 그 결과들은 토론을 통하여 정리한다.

3) 가설 설정: 수집된 자료로부터 나름대로의 가설을 설정한다. 여기서 가설의 설정은 시각적이거나 수학적으로 가공되지 않은 상태이다.

4) 정의 제시: 학습자 스스로 설정한 가설로부터 관련된 정의를 제안한다. 교사는 정의의 논리적 결함 등을 토론의 장으로 유도한다.

5) 특성 연구: 정의에 관련된 사례를 수집하거나 토론을 통하여 정의의 타당성을 논의하며 교사는 토론의 중재자 역할을 한다.

6) 정의 수정: 수집된 자료를 통하여 대안적 정의를 제안한다.

예) 37. 무한수열(간단한 정의의 구성)

탐구 절차	탐 구 활 동
과제 제시	교과서에서 무한 수열은 수의 나열이라고 하였다. 이 정의를 보다 수학적으로 분명하게 설정하자.
자료의 수집과 분석	각 교과서에서 제시하고 있는 수열의 정의를 수집하고 정의를 분석하자.
가설 설정	수열은 수를 무한히 나열하고 있다
정의 제시	수열은 수를 무한이 나열한 것이다.
특성 연구	수열은 자연수의 개수보다는 작다. 수열은 오른쪽으로 무한히 나열된다. 왼쪽으로 무한히 나열하면 수열인가? 양쪽으로 무한히 나열된 것도 수열인가? 1, 2, 3, 4,,,,,1, 2, 3, 4,,,,도 수열인가?
정의 수정	수열에 자연수의 성질을 부여하자? 여기서 자연수의 성질이란 무엇인가?

예) 38. 무한의 개념

탐구 절차	탐 구 활 동
과제 제시	무한이란 무엇인가?
자료의 수집과 분석	무한의 반대말은 무엇인가? 무한은 실재하는가? 아니면 개념인가? $n=1$일 때 어떤 상황이 주어져 있다고 하자. $n=2$일 때 어떤 상황이 주어져 있다고 하자. … $n=\infty$이 되었을 때란 말은 무엇을 의미하는가? 무한 번째 어떤 일이 일어난다는 말은 무엇을 말하는가? 무한대란 말은 무엇인가? 무한과 무한대의 차이점은 무엇인가?
가설 설정	가설 1: 무한이란 존재하지 않는다. 가설 2: 무한이란 실재다.
정의 제시	토론의 결과로부터 학습자는 적절한 정의를 제시한다.
특성 연구	각자의 정의로부터 얻은 성질을 발표하고 토론한다.
정의 수정	개개인의 오 개념을 교사가 적절히 수정한다.

예) 39. 통계적 확률(실험적 정의)

탐구 절차	탐 구 활 동
과제 제시	주사위를 계속하여 던지면 나오는 일정한 수의 개수에는 일정한 패턴이 존재하는 것 같다.
자료의 수집과 분석	주사위를 계속해서 던져서 1의 눈의 나오는 비율을 조사하자. 동전을 계속해서 던져서 1의 눈이 나오는 비율을 조사하자.
가설 설정	주사위를 계속해서 던질 때 1의 눈이 나오는 비율은 일정할 것이다.
정의 제시	주사위를 계속해서 던질 때 1의 눈이 나오는 비율을 1의 눈이 나올 확률이라고 정의하자.
특성 연구	이 정의는 일의적인가? 즉 주사위를 계속해서 던질 때 1의 눈이 나오는 비율은 확정적인가? 이 정의는 실제로 검정될 수 있는가? 실제로 확정될 수 있는 확률이란 무엇인가? 좀 더 많은 실험을 하면 일정한 수를 발견할 수 있을까? 그리고 그것이 대안이 될 수 있을까?
정의 수정	실험을 계속할 때 나타나는 일의 수 비율의 극한을 주사위를 던졌을 때 1의 눈이 나올 확률로 정의하자.

예) 40. 무게중심(실험적 정의)

탐구 절차	탐 구 활 동
과제 제시	물체를 연필과 같은 것으로 평형을 이루게 세울 수 있다는 것을 관찰에 의하여 알 수 있다.
자료의 수집과 분석	실험을 통하여 무게의 평형을 이루는 점이 존재한다는 것을 발견하였다. 삼각형의 무게중심은 실제로 그런 역할을 한다는 것은 실험을 통하여 확인된다.
가설 설정	삼각형의 무게중심의 성질을 확인한 결과 면적을 이등분하는 선의 교점이다. 이것으로부터 무게 중심은 면적의 이등분선의 교점일 것이다.

탐구 절차	탐 구 활 동
정의 제시	무게중심은 면적을 이등분하는 선들의 교점이다.
특성 연구	면적의 이등분하는 선분은 존재할까? 존재한다면 작도 가능할까? 면적을 이등분하는 두 선의 교점은 존재하는가? 존재한다면 한 개일까? 여러 개일까? 연구 결과 무게 중심은 두 개 이상 가지는 도형이 발견되었다. 예를 들면 십자가 같이 생긴 도형이다. 이것으로부터 정의의 일의성은 무너진다.
정의 수정	무게의 중심에 대한 실험을 다시 생각하자. 평형은 지레의 원리와 관련이 있었으므로 지레와 관련되어 정의하자.

예 41. 접선의 정의

탐구 절차	탐 구 활 동
과제 제시	일반적 도형에서 접선이란 무엇인가?
자료의 수집과 분석	원의 경우 접선의 성질을 조사하자. 원의 접선을 어떻게 찾았는가? 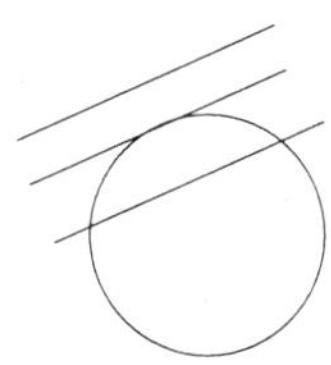 원의 접선을 어떻게 작도할 수 있는가? 원의 접선은 어떤 성질을 가졌는가? 이러한 것들은 다른 곡선에서 확장할 수 있는가?
가설 설정	원의 접선을 찾는 방식을 다른 곡선에 적용할 수 있다.
정의 제시	도형의 접선이란, 직선을 평행으로 움직여서 그 곡선과 한 점에서 만나는 경우일 때다.
특성 연구	포물선의 경우 접선을 그릴 수 있다. 주어진 접점에 대한 접선을 어떻게 그릴 수 있는가? 위의 연구에서 접선의 국소적 연구를 하자.
정의 수정	곡선의 주어진 점에서의 접선이란 그 접점을 지나는 직선으로서 그 직선을 그 점을 중심으로 약간의 회전을 하면 선의 좌우 부분에 있는 곡선의 영역이 변한다.

예) 42. (무한 급수의 개념) 이 주제는 경북대학교 영재교육원에서 실제 수업을 한 결과 아래 결과와 같이 두 가지의 가설로 양립되었다.

탐구 절차	탐 구 활 동
과제 제시	$0.\dot{9}$의 의미는 무엇인가?
자료의 수집과 분석	1. 나눗셈의 의미를 다시 보자. 2. $0.\dot{9}=1$에서 등식의 의미는 무엇인가? 3. $0.9, 0.99, 0.999, \ldots$라는 수열은 그 어느 것도 1과 같지 않다. 4. $0.9, 0.99, 0.999, \ldots$라는 수열의 각 항은 점점 1에 가까이 감으로 $0.\dot{9}$는 1일 것이다.
가설 설정	가설 1. $0.\dot{9}=1$ 가설 2. $0.\dot{9}=\delta<1$
특성 연구	각각의 경우에 대하여 추론을 하여 결과를 얻자.
정의 수정	개인적 결론에 대한 정의를 토론을 통하여 수정한다.

법칙이나 패턴을 발견하는 모형: 여러 현상으로부터 법칙을 추측하고 그 법칙의 진위를 검증하는 학습이다. 절차는 다음과 같다.

1) 과제의 제시: 과제를 제시한다.

2) 법칙의 추측: 주어진 자료를 그대로 또는 약간의 변형을 통하여 관찰하는 단계이다. 규칙 유전의 원리, 즉 규칙은 규칙을 낳는다는 원리를 적용할 수 있도록 규칙성에 유의한다.

3) 법칙의 발견: 법칙을 설정하고 그 결과를 기존 자료를 통하여 확인한다.

4) 정당화: 공식이나 정리를 증명을 통하여 정당화하는 단계이다.

예) 43. 귀납추론

탐구 절차	탐 구 활 동
과제의 제시	$1^2+2^2+\cdots+n^2$의 일반항을 구해보자.
법칙의 추측	1. 추측 : 결과는 어떤 수들의 곱으로 표시될 것이다. 2. 패턴 분석 : 초항부터 그 결과를 나열해보자. $1^2=1$, $1^2+2^2=5=1\times5$, $1^2+2^2+3^2=14=2\times7$, $1^2+2^2+3^2+4^2=30=3\times10$, $1^2+2^2+3^2+4^2+5^2=55=5\times11$ $1^2+2^2+3^2+4^2+5^2+6^2=91=7\times13$, $1^2+2^2+3^2+4^2+5^2+6^2+7^2=140=10\times14$, $1^2+2^2+3^2+4^2+5^2+6^2+7^2+8^2=204=13\times17$ 이 결과에서 1, 5, 7, 10, 11, 13, 14, 17, 19, ...으로 나타나는데 제 1항, 제 4항, 제 7항, ... 등이 나머지 항과 약간 다른 패턴이 나온다. 3. 추측 : 위의 수열 1, 5, 7, 10, 11, 13, 14, 17, 19, ...은 3, 5, 7, 9, 11, 13, 15, 17, ...과 관련이 있을 것이다. 즉 3, 5, 7, 9, 11, 13, 15, 17, ...과 연결시키기 위하여 위의 수열 1, 5, 7, 10, 11, 13, 14, 17, 19, ...을 다음과 같이 나타낼 수 있다. $\frac{1}{3}\times3$, $\frac{3}{3}\times5$, $\frac{6}{3}\times7$, $\frac{10}{3}\times9$, $\frac{15}{3}\times11$, $\frac{21}{3}\times13$, $\frac{28}{3}\times15$ 여기서 1, 3, 6, 10, 15, 21, 28, $\cdots$은 일반항이 $\frac{n(n+1)}{2}$이다.
법칙의 발견	위의 관찰에 의하여 주어진 수열의 일반항은 $\frac{n(n+1)(2n+1)}{6}$가 될 것이다.
정 당 화	수학적 귀납법을 적용하자.

예) 44. 귀납추론과 유추

탐구 절차	탐 구 활 동
과제의 제시	$\left(1-\frac{1}{4}\right)\left(1-\frac{1}{9}\right)\left(1-\frac{1}{16}\right)\left(1-\frac{1}{25}\right)\cdots$에 대하여 연구해 보자.
법칙의 추측	1. 패턴 분석 : 법칙을 추측하기 위하여 초항부터 차례로 계산한 결과를 나열하면 다음과 같이 나타난다. $\frac{3}{4}, \frac{2}{3}, \frac{5}{8}, \frac{3}{5}, \frac{7}{12}, \frac{4}{7}, \cdots$ 이 수열의 초항에서 5항까지를 공통분모로 표시해 보자. $\frac{90}{120}, \frac{80}{120}, \frac{75}{120}, \frac{72}{120}, \frac{70}{120}$ 2. 패턴 분석 : 두 항씩 공통분모로 표시하면 다음과 같다. $\frac{9}{12}, \frac{8}{12}, \quad \frac{25}{40}, \frac{24}{40}, \quad \frac{49}{84}, \frac{48}{84}, \cdots$ 3. 추측 : 여기서 짝수 항이나 홀수 항이나 같은 값으로 수렴한다.
법칙의 발견	그러므로 위의 수열의 일반항은 $\frac{(n+2)^2}{(n+2)(2n+2)}$ 로 보아도 좋을 것이다.
정 당 화	수학적 귀납법을 적용하자.

공리론적 수학 게임 모형 : 주로 공리계를 이용하여 나타날 수 있는 간단한 성질을 탐구하는 학습이다. 학생들은 이 모형으로부터 수학적 게임의 원리와 수학의 구조라는 것을 이해한다. 동시에 동형이라는 개념을 이해하고 수학의 다양성을 경험한다. 한편 공리계로부터 다양한 추측을 만들게 되나 그것을 증명하는 과제는 프로젝트 학습에서 취급한다. 이 모형의 절차는 다음과 같다.

1) 공리계 제시: 교사에 의하여 공리가 제시된다. 공리계의 제시는 헌법이나 게임의 규정집과 같은 것을 예로 들고 무정 용어의 성격과 공리계의 성격을 대략적으로 설명한다. 무정의 용어는 일상용어로 표현하는 것이 효과적이나 그 의미의 차이를 분명하게 설명해야 한다. 그렇지 않으면 학생들은 일상적인 의미 그대로 받아들이게 된다.

2) 수학적 모형 구성: 공리계를 이용하여 각자 수학적 모형을 만든 후 각자가 만든 것을 가지고 비교하여 적절성을 검사한다. 범주적 공리계의 경우는 스스로 모형을 찾도록 하고 비 범주적 공리계의 경우에는 교사가 문제를 제시하여 해결과정을 돕는다.

3) 수학적 성질 탐구: 공리계로부터 나오는 성질의 일부를 교사가 문제 형태로 제시하고 학생들은 그 문제를 규명하는데 이것을 토론 형식을 통하여 검토한다. 이 과정에서 교사는 탐구 방법에 관련된 여러 기능을 지도한다.

4) 추측과 발견: 수학적 성질 탐구절차가 종료되면 학습자 스스로 새로운 법칙을 찾게 하는 기회를 부여한다. 이 때 필요한 개념들은 스스로 제안하도록 유도하며 브레인스토밍 기법도 필요하다. 이 단계에서 학생들의 문제 발견 능력과 재정의 능력을 요구한다.

5) 정당화: 스스로 발견한 정리들을 증명한다.

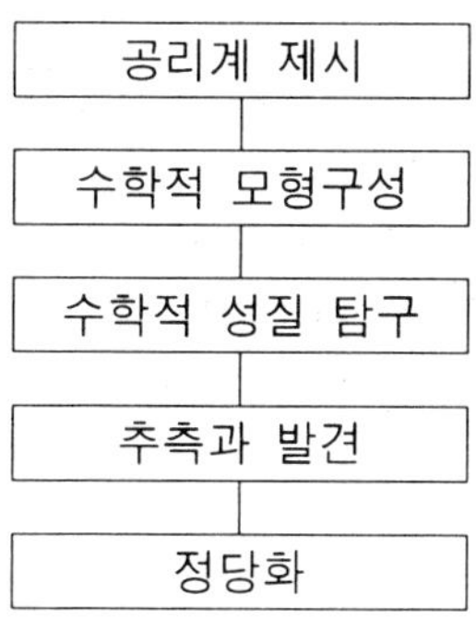

예) 45. Fano 기하학

탐구 절차	탐 구 활 동
공리계 제시	Fano 기하의 공리계 1. 적어도 하나의 선이 있다. 2. 임의의 선은 꼭 3개의 점을 품는다. 3. 모든 점이 한 선 위에 있는 것은 아니다. 4. 임의의 두 점은 꼭 하나의 선을 가진다. 5. 두 선은 적어도 하나의 점을 가진다.
수학적 모형 구성	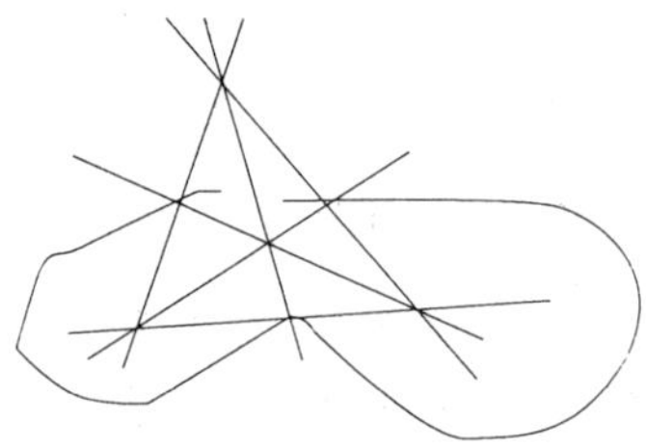
수학적 성질 탐구	1) 이 기하의 시각적 모형을 만들고 관련되는 정리를 예상하라. 2) 두 선은 단 하나의 점을 공유한다. 3) 이 기하는 꼭 7개의 선과 7개의 점을 가진다. 4) 이 기하의 두 점은 단 하나의 선을 결정한다. 5) 각 점은 꼭 3개의 선 위에 있다. 6) 임의의 한 점을 지나는 모든 선들은 모든 점을 통과한다. 7) 임의의 두 점에 대하여 이 점들을 품지 않는 꼭 한 쌍의 선이 있다.
추측과 발견	1. 삼각형을 정의하자. 위의 공리계에서 삼각형의 개수는 몇 개일까? 2. 평행선을 정의하자. 평행선은 존재할까? 그렇다면 몇 쌍의 평행선이 존재할까?
정당화	추측과 토론을 통한 개선

예 46. 군

탐구 절차	탐 구 활 동
공리계 제시	군의 공리계 제시
수학적 모형 구성	1. 원소의 개수가 1인 군을 만들어 보자. 2. 원소의 개수가 2인 군을 만들어 보자. 3. 원소의 개수가 3인 군을 만들어 보자.
수학적 성질 탐구	1. 군이 가진 공통의 성질을 추출하자. 2. 각 원소에 대한 역원은 개수에 대하여 조사하자.
추측과 발견	1. 임의의 원소를 가진 군이 존재할까? 2. 임의의 군은 어떤 원소에 의하여 생성될 수 있을까? 즉 기저라는 개념을 도입할 수 있을까?
정당화	각자 탐구에서 발견한 사실들을 증명한다.

예 47. 순서구조

탐구 절차	탐 구 활 동
공리계 제시	군$(G,*)$가 주어지고 $a, b \in P$이면 $ab \in P$ 만족하는 G의 부분집합 P가 존재한다. 항등원이 아닌 원소로서 $a \notin P$가 되는 원소의 집합을 P^*라고 할 때 $G = P \cup \{e\} \cup P^*$이고 이것은 배타적 분해이다.
수학적 모형 구성	이러한 모형의 사례를 찾아보자.
수학적 성질 탐구	1. 발견한 사례로부터 공통점을 찾을 수 있는가? 군의 개수에 관심을 가지고 이 문제를 연구해 보자. 특히 유한군과 무한군 간의 차이에서 이점을 탐구해 보자. 2. 정수의 덧셈군은 이 공리를 만족하는가? 3. 덧셈 하에서 유리수의 집합은 이런 공리를 만족하는가?
추측과 발견	이 구조에 선형순서를 도입할 수 있을까?
정당화	각자 탐구에서 발견한 사실들을 증명한다.

예) 48. 평행선 공리

탐구 절차	탐 구 활 동
공리계 제시	평행선 공리계를 변형하여 평행선이란 여러 개가 있다는 공리를 선택하자.
수학적 모형 구성	주어진 공리계에 부합되는 모형을 찾아보자.
수학적 성질 탐구	1. 먼저 이 공리계에서 직선은 측지선으로 정의한다. 삼각형을 생각하고 내각의 합을 생각하자. 삼각형의 내각의 합은 어떻게 될까? 2. 유클리드 평행선 공리의 결과와 차이점은 무엇인가?
추측과 발견	각자 모형으로부터 발견한 사실들을 발표하고 토론하자.
정당화	각자 탐구에서 발견한 사실들을 증명한다.

예) 49. 거리공리의 성질

탐구 절차	탐 구 활 동
공리계 제시	거리공간의 공리계
수학적 모형 구성	다양한 거리공간의 모형을 찾아라.
수학적 성질 탐구	1. d가 거리라면 $\frac{d}{1+d}$도 거리가 된다. 2. d가 거리라면 Kd도 거리가 된다. (여기서 K는 양의 상수이다.) 3. d_1과 d_2가 거리라면 d_1+d_2도 거리가 된다. 일반적으로 수학적 귀납법에 의하여 유한개의 거리는 거리가 될까?
추측과 발견	1. 무한개의 거리는 거리가 될까? 이것을 보완하는 방법은 없을까? d_j가 거리라고 할 때 $\sum_{n=1}^{\infty}\frac{d_n}{2^n}$은 거리가 될까? 2. 거리의 이차식은 거리가 될까?
정당화	추측한 사실들을 증명한다.

수학적 방법론의 대안적 탐색에 관련된 탐구 모형: 수학문제를 해결하기 위하여 발명된 다양한 방법론이 있다. 주어진 문제에 대하여 다양한 방법론을 적용하고 그 효율성에 대한 비교를 통하여 특성과 장단점을 논의하는 학습이다. 수학의 방법론을 비교할 때 하나의 방법론이 다른 방법론에 비하여 항상 좋다는 보장은 없으며 장단점은 문제의 성격에 따라 달라진다. 예를 들면 논증기하학적 방법이 복잡한 도형의 경우에는 해석기하의 방법보다는 다루기 힘들지만 간단한 문제를 다루는데 있어서는 매우 효과적이다. 그러므로 이 모형의 학습을 효과적으로 달성하기 위해서는 사안의 특징과 맥락을 고려한 지도가 필요하다. 이 모형의 절차는 다음과 같다.

1) 과제 제시
2) 방법론의 탐구
3) 방법론 비교와 토론

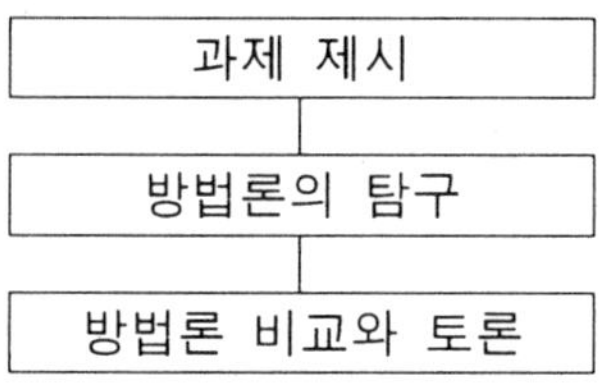

예 50. 증명의 평가

탐구 절차	탐 구 활 동
과제 제시	'이등변 삼각형의 두 밑각은 같다'의 다양한 증명을 검토하자.
방법론 탐구	1. 논증기하의 방법을 적용하자. 2. 해석기하의 방법을 적용하자.
방법론 비교 및 토론	1. 두 방법의 특징은 무엇인가? 2. 두 방법의 장단점을 논의하자. 예를 들면 표현의 간결성과 확장성에 대하여 논의하자.

탐구 절차	탐 구 활 동
과제 제시	두 점을 지나는 직선의 방정식을 좌표와 벡터의 표현법을 비교하자.
방법론 탐구	1. 논증기하의 표현으로 기술하자. 2. 벡터의 표현으로 기술하자.
방법론 비교 및 토론	1. 두 방법의 특징은 무엇인가? 2. 두 방법의 장단점을 논의하자. 예를 들면 표현의 간결성과 확장성에 대하여 논의하자.

탐구 절차	탐 구 활 동
과제 제시	길이가 일정한 사각형의 면적이 최대가 되는 것은 언제인가?
방법론 탐구	1. 해석기하의 방법을 사용하자. 2. 기타의 방법을 사용하자.
방법론 비교 및 토론	1. 두 방법의 특징은 무엇인가? 2. 두 방법의 장단점을 논의하자. 예를 들면 표현의 간결성과 확장성에 대하여 논의하자.

탐구 절차	탐 구 활 동
과제 제시	(중학교 수학 교육과정의 수준에서) x가 임의의 실수일 때 다음 함수 값의 범위를 구하라. $y = \dfrac{x^2+1}{x^4+x^2+3}$
방법론 탐구	1. 이차방정식의 이론을 이용하자. 2. 미분법을 이용하자.
방법론 비교 및 토론	1. 해결의 편리성과 장단점 비교 2. 해결방법의 확장성 비교

탐구 절차	탐 구 활 동
과제 제시	주어진 원 $x^2+y^2=1$의 주어진 점에서의 접선 방정식을 구하자.
방법론 탐구	1. 이차방정식의 이론을 사용하자. 2. 미분법의 이론을 사용하자.
방법론 비교 및 토론	1. 해결의 편리성과 장단점 비교 2. 해결방법의 확장성 비교

수학적 가치에 대한 토론 모형: 수학과 인간, 수학과 사회수학의 장래 등 수학과 인간의 상호작용 및 수학의 문화에 대한 전반적인 범위를 다양한 관점에서 조망할 수 있는 능력을 함양하기 위한 모형이다. 연구 주제로 사용할 수도 있지만 주제를 축소하여 탐구토론 수업으로 사용할 수 있다. 이 모형은 탐구 발견 과정보다 토론 과정이 부각되며 수학적 사고력보다는 보다 일반적 사고가 요구된다. 그러므로 이 모형에서 뛰어난 능력을 갖추고 있다고 하더라도 수학적 재능을 의미하는 것은 아니며 수학의 문화를 이해하기 위한 교양의 기회를 주기 위한 성격을 가지고 있다. 이 모형의 절차는 다음과 같다.

1) 과제 제시: 과제를 구체적으로 제시하여 탐구를 구체적으로 수행할 수 있는 주제를 정하거나 학생들의 다양한 관점과 기호를 탐색할 수 있는 보다 포괄적 주제를 제시한다.

2) 자료 조사: 관련된 자료를 조사할 수 있도록 필요한 자료에 대한 정보를 제공한다.

3) 토론: 교사는 사회자가 되어 토론을 주재한다.

4) 평가: 평가는 개개인에 대한 능력을 평가하는 것이 아니라 토론 전반의 흐름에 대한 평가가 되어야 하며 개선되어야 할 부분을 중점적으로 다루어야 한다.

예) 51. 수학사 연구

탐구 절차	탐 구 활 동
주제 제시	피타고라스는 수학자라고 할 수 있는가?
자료 조사	1. 문헌을 통하여 피타고라스의 생애를 연구하자. 2. 그의 수학적 업적을 분석하자. 3. 그의 사상적 배경을 연구하자. 4. 그의 사상의 영향을 연구하자.
토 론	1. 수비학은 수학이라고 할 수 있는가? 2. 수학자라면 그 근거는 무엇인가?
평 가	1. 토론의 수준과 준비상태 2. 토론의 견실성 3. 결론도출을 위한 수월성을 평가한다.

탐구 절차	탐 구 활 동
과제 제시	뉴턴 이후의 영국의 수학이 퇴조를 하게 된 상황을 연구하자.
자료 조사	1. 뉴턴의 수학적 영향을 연구하자. 2. 미분법의 발견에 관련된 영국과 대륙 간의 논쟁을 비교 연구하자. 3. 대륙의 수학과 영국의 수학 특히 미적분학을 비교 연구하자.
토 론	1. 뉴턴의 학문적 위대함이 영국의 수학에 미친 영향 2. 대륙의 수학적 기류와 영국의 수학적 기류
평 가	1. 토론의 수준과 준비상태 2. 토론 과정의 견실성 3. 결론 도출을 위한 수월성을 평가한다.

탐구 절차	탐 구 활 동
과제 제시	중세에는 수학적 진보가 없었다고 한다. 이 명제의 타당성에 대하여 논의하자.
자료 조사	1. 중세의 수학적 산출물을 연구하자. 2. 중세의 과학관을 연구하자. 3. 중세의 가치관을 연구하자.
토 론	1. 중세의 수학적 산출물의 특성을 토론하자. 2. 중세의 과학관이 수학에 미친 영향을 토론하자. 3. 중세의 가치관이 수학에 미친 영향을 토론하자.
평 가	1. 토론의 수준과 준비상태 2. 토론과정의 견실성 3. 결론도출을 위한 노력을 평가한다.

탐구 절차	탐 구 활 동
과제 제시	수학이 컴퓨터에 미친 영향을 토론하자.
자료 조사	1. 컴퓨터가 발명하게 된 동기는 무엇인가? 2. 컴퓨터 개발에 관련된 초기 연구를 조사하자. 3. 현대의 컴퓨터가 수학에 미치는 영향을 조사하자.
토 론	1. 컴퓨터 발명에 관련된 이론의 연구 2. 수학에서 컴퓨터의 영향 3. 수학과 컴퓨터 상호의존성 4. 미래수학에 대한 컴퓨터의 영향
평 가	1. 토론의 수준과 준비상태 2. 토론과정의 견실성 3. 결론도출을 위한 노력을 평가한다.

탐구 절차	탐 구 활 동
과제 제시	집합론의 모순이 수학에 미친 영향을 토론하자.
자료 조사	1. 집합론의 모순을 연구하자. 2. 집합론의 모순에 대한 해결책과 대안을 연구하자.
토 론	집합론의 모순을 해결하려는 시도에 대하여 토론하자.
평 가	1. 토론의 수준과 준비상태 2. 토론과정의 견실성 3. 결론 도출을 위한 노력을 평가한다.

탐구 발견학습에서 교사의 역할에 대하여 논의하자. 학생에게 전적으로 탐구과정을 맡기게 되면 시간낭비를 초래할 가능성이 높으므로 적절한 시기에 안내자의 역할을 해야 한다. 이 때 적절한 시기를 찾는 것이 매우 중요하다. 일반적으로 탐구토론 학습의 과정은 모호함에서 확실함으로 발전해간다. 교사는 모호함을 견디어 낼 수 있는 동기를 부여한다. 또 교사는 비계의 역할을 해야 하지만 토론을 활성화하고 토론 방향을 효과적으로 이끌기 위해서는 적극적인 중재자로서의 역할도 해야 한다.

2.2 문제해결 학습

문제해결 학습의 종류는 문제해결의 창의성 학습과 창의적 문제해결 학습으로 나눌 수 있다. 문제해결의 창의성 학습은 해결 기능의 창의적 방법을 학습하기 위한 것으로서 주로 구조화된 문제의 해결을 목표로 하며 해석적 방법, 대수적 방법, 기하학적 방법 등 특정 학문의 고유 방법론과 주어진 문제를 다른 영역으로 변환하여 해석할 수 있는 기법과 같은 인지전략과 관련된 기능들을 학습한다. 이 학습은 Polya에 의하여 비교적 상세하게 소개되어 있다. 문제해결의 창의성 학습의 절차는 다음과 같이 도식화 할 수 있겠다.

문제 제시

해 결

반 성

반면에 창의적 문제해결 학습은 주로 문제공간이 분명하지 않는 비구조화된 문제를 해결하기 위한 전략을 학습한다. 이 학습은 먼저 문제제기와 같은 문제에 대한 의식적 태도를 요구하며 자신의 인지 영역 속으로 문제를 재구조화 할 수 있는 기법을 학습한다. 사고기능으로서 유추, 귀납 등을 통하여 일반화의 방법을 학습하며 문제 발견을 위한 태도의 의식화를 훈련한다. Treffinger의 CPS와 같은 기법이 유용하다. 창의적 문제해결 학습 비구조화 된 문제해결 학습의 절차는 다음과 같이 도식화 할 수 있겠다.

패턴 또는 혼란 발견

문제 발견

문제의 재정의

문제 해결

반성

문제해결학습을 지도할 때 고급지식을 가지고 해결하려고 하는 것은 문제해결이 지식기반으로 이루어지기 때문에 사고력 기반의 문제해결로서 효과가 사라진다. 그러므로 학생들은 최소한의 지식을 가지고 접근할 수 있도록 해결에 대한 방향을 제시해야 한다. 예를 들면 미분법을 사용하지 않고 관련된 문제를 푼다거나 공식을 사용하지 않고 해보기 등의 시도를 생각하는 것이 좋다. 그러나 극소수의 수학 영재들은 문제해결을 위한 사전 지식에 대한 풍부한 스키마가 형성되어 있다는 점, 그리고 그런 학생들은 주로 전진법을 많이 사용한다는 점도 주목하자. 이런 학생들에게는 보다 수학 밖으로의 세계를 바라볼 수 있게 하는 동기를 주어 보다 다양한 경험을 갖게 하는 것이 바람직하다고 본다.

수학영재의 문제해결 기능을 계발하기 위한 교수학습 방법은 스키마 형성을 위한 학습, 유추적 사고의 신장, brainstorming을 통한 발산적 사고의 계발 등을 고려할 수 있겠다.

다음 표는 문제해결학습의 학습자 평가표이다.

해결과정에서 보이는 사고는 창의적인가?
문제 상황을 적절하게 재정의 하고 있는가?
추론은 타당하며 비약은 없는가?
적용된 자원은 효율적이며 적절하게 사용되었는가?
관련된 지식을 효율적으로 사용하는가?

문제해결학습의 사례로서 다음과 같은 것을 소개한다.

수학의 각 영역에서 문제해결을 위한 방법들이 공식과 정리를 통하여 소개되어 있다. 일반적으로 문제해결학습은 정리나 공식을 이해시키기 위한 학습이 아니며 그것들은 문제해결 과정에서 부수적으로 제공되는 것이다.

예 52. 극치문제

다음은 함수의 치역을 구하기 위한 고전적 방법인데 미적분을 적용하면 쉽게 될 수 있는 문제이지만 이차방정식의 이론을 이용하여 푼다는 것도 흥미롭다. 실제로 이차방정식의 이론을 이용한 문제해결은 미분법이 발견되기 전에 접선을 구하는 매우 유행한 전략이다.

미분법을 사용하지 않고 x가 임의의 실수일 때 다음 함수 값의 범위를 구하라.

$$y = \frac{x^2+1}{x^4+x^2+3}$$

예) 53. 문제 해결의 종합적 능력을 개발하기 위한 문제

(주차문제) 주차장에 차를 주차할 때 필요한 최소한의 주차공간을 확보하는 문제이다. 실제 문제는 앞으로 주차하는 것과 뒤로 주차하는 것의 차이점에 대한 연구였다. 학생들은 이 문제를 단순화하여 먼저 2륜 차량에 대해서 연구하고 이어 4륜 차량으로 확장시킨다. 사고실험 또는 실제 장난감 차를 이용하여 주차모의실험을 실시하고 그 결과들의 수학적 모형을 만든다. 주차 문제의 핵심은 주차 공간 설계의 문제로 구체화 되고 이 문제의 해결은 전륜과 후륜의 차이의 문제로 귀착된다. 실제 학생들이 탐구한 상황은 다음 표와 같다.

단계	문제의 구체화	학 생 활 동	교사의 역할
과제제시	주차하기 위한 최소 면적 확보를 위한 조건은 무엇인가?	· 모형 설계를 위한 변인 분석 · 주차장 설계를 위한 차량의 크기 설정 · 주차장 형태 설정	· 문제의 단순화와 관련된 조언 · 문제의 제한점 제시
문제발견	전진 주차와 후진 주차의 공간 사용의 차이점 발견	· 전진 주차와 후진 주차의 궤적 비교: 궤적을 결정하는 것은 바퀴와 바퀴 축임을 이해 · 전륜과 후륜의 기능 차이가 문제의 핵심임을 발견	· 문제해결을 위한 전략에 대한 조언 · 자동차 궤적과 열차의 궤적간의 차이 비교 · 바퀴의 공학적 특징 소개
문제해결	전진 주차와 후진 주차의 공간 차지에 관련된 면적 계산	· 2륜차의 모형 연구에서부터 4륜차의 모형으로 확대 연구하는 전략 수립 · 바퀴와 바퀴축의 모형 설정 · 궤적 설계	· 바퀴의 차량 내 위치에 대한 제한점 제시
반성	모형연구의 문제점 논의	· 모형과 실제와의 차이점은 무엇인가? · 해결책은 실제로 사용할 수 있는가?	· 모형을 연구하는 것에 따른 문제점 제시

예) 54. 유추적 수학과 발견

(나무의 모습에 관련된 수학적 패턴 연구) 풀이나 나무의 줄기가 이루는 모양은 대략적으로 비슷한 모양을 가지고 있다. 이것을 인정한다면 줄기가 뻗어 나가는 모습에는 일정한 패턴이 있다고 할 수 있다. 이 문제에 대한 적절한 문제를 제시하자.

문제해결에 있어서 영재들의 사고는 전문가-초보자 효과를 보인다. 즉 영재들이 문제를 해결하는 방식은 세련된 스키마를 사용하고 있다는 점이 관찰된다. 이것은 영재들은 수학적 지식이 구조화되어 있다는 것을 시사한다.

2.3 프로젝트 학습[9)]

프로젝트 학습의 목적은 연구기능과 절차를 학습하기 위한 것이다. 문제 발견과 문제해결의 훈련이 충분히 되어 있는 학생이라도 실제로 논문을 쓰기 위해서는 별도의 훈련을 받아야 한다. 프로젝트 학습은 답을 산출하는 과정을 중요하게 본다. 그러므로 프로젝트 학습의 주제들은 개방형이고 비구조적 문제를 제공해야 한다.

프로젝트를 수행하는 동안 전체의 과정을 조직하고 설계하며 자원을 모으는 과정이 학습자 단독 또는 협동학습의 형태로 이루어지게 된다. 이러한 과정적 지식과 동시에 수학적 사고의 계발을 목적으로 한다. 프로젝트 학습의 절차는 다음과 같다.

9) 프로젝트 학습과 관련되어 자기 주도적 학습 모형으로는 Treffinger의 모형을 참고하라. 교사 주도형과 학습자 주도형에 대한 다양한 모형과 절차가 소개되어 있다(*Teaching for Self Directed Learning* : A Priority for the Gifted and Talented, Gifted Child Quarterly, 19, p.47, 1975).

1) 주제 탐색: 관심분야에 대한 기초자료조사 과정으로서 지도교사로부터 주제 협의 및 지도 조언을 듣거나 학습자 스스로가 관심이 있다고 생각하는 과제를 찾아서 지도교사의 조언을 받아 개인 연구를 요청할 수도 있다. 과제는 강제로 부여된 것이 아니라 학습자 스스로 문제를 찾고 탐구한 것이므로 영재교육의 취지에 부합되는 국면이라고 할 수 있다. 그러므로 이러한 경우가 발생하면 학습자에게 적극적으로 도움을 줌으로서 탐구에 대한 열정을 고취시킬 수 있고 학습의 능동화를 기할 수 있다. 이러한 자기 주도적이고 능동적인 학습 성향을 가진 학생들이야말로 영재교육에서 실제로 중요한 재원이다.

2) 과제 발견: 다양한 확산적 기법 사용을 통해 과제발견을 해야 한다. 그러기 위해서는 brainstorming, scamper 등의 기법을 숙지하고 있어야 한다. 한편 기존 문제로 다양한 발견술을 통하여 기존의 문제를 확장하거나 새로운 관점으로 전개할 수 있다.

3) 연구계획 설계: 연구 방법과 연구 일정을 계획해야 한다. 연구방법과 관련된 계획 또는 지침 등이 지도교사와 협의되어야 하며 그 내용은 목록으로 만들어 수행되어야 한다. 연구 일정은 분기별로 구체화하며 실행가능성을 전제로 하며 과제의 성격에 따라서 지도교사가 일정을 강제할 수도 있다.

4) 연구방법론 설계: 중장기적이고 복잡한 프로젝트는 연구방법론이 설계되어야 하지만 간단한 것은 필요하지 않다.

5) 과제 해결: 관련 연구조사, 쟁점들의 분석, 사례연구, 통계분석, 모의실험 등을 통하여 과제를 해결하는 과정이다.

6) 보고서 작성: 보고서는 일반적으로 비슷하나 추구하는 내용의 성격에 따라 각 영역마다 특별한 기술 양식이 있으므로 기술 형식을 숙지해야 한다.

프로젝트 학습에서 지도교사의 역할은 프로젝트의 진행과정 확인과 조언과 동시에 연구 단계를 단계별로 세분화 하여 연구 활동의 세부 단계를 파악할 수 있도록 도와준다. 마지막으로 보고서 작성을 위한 조언도 포함된다. 대부분의 학생들은 전문가들의 수준의 내용을 알고 있다고 하더라도 그것을 체계적으로 조직하고 기술하는 요령을 모르는 경우가 있기 때문이다.

다음 표는 프로젝트 학습의 평가표이다.

영 역	평가 내용
주제 선정	주제는 창의적인가?
	주제는 실천가능한가?
연구계획 설계	연구계획은 합리적으로 설계되어 있는가?
	역할 담당은 합리적으로 조직되어 있는가?
	가용한 자원을 효과적으로 사용할 수 있도록 조직되어 있는가?
	지원 인력을 효과적으로 접근할 수 있는가?
연구 능력	주제를 수행할 수 있는 능력을 가지고 있는가?
결과 발표	결과물은 창의적인가?
	결과물은 파급효과를 가지고 있는가?

2.4 사사제

사사제는 영역별 전문가에 의하여 개인적으로 지도를 받는 수업형태로서 전문가 수준의 학문과 기술의 전문성을 습득할 수 있는 환경을 제공하며 관련 지식뿐만 아니라 방법론 및 지식의 가치 체계를 총체적으로 경험할 수 있다.

사사제의 형태는 절차적 지식은 충분하나 특별한 과제를 해결하기 위하여 협약하는 것과 학습상의 특별한 조건의 제약이나 기타 여러 사정으로 인하여 사사를 할 수 밖에 없는 경우가 있다. 전자는 학습자가 연구기능이나 역량을 가지고 있기 때문에 사사와 학습자간은 즉시 연구를 시작할 수 있는 상태가 되어 있는 경우다. 주로 특정문제를 해결하기 위하거나 특정기술을 습득하기 위한 것이다. 후자의 경우는 사사가 학습의 방법, 절차 및 이후에 나타나는 모든 것을 이끌어가는 과정이다. 이 경우는 사사의 인격, 습관, 사고방식 등이 학생에게 깊은 영향을 미치게 된다.

사사제의 조직 절차는 계약에 따라서 다르겠으나 대략, 과제 목표 설정, 과제 내용과 산출물의 예상과 기대치 설정, 사사 일정 수립으로 진행되겠다. 사사 일정을 구체적으로 수립하는 것은 학생들의 과제에 대한 적극성을 유도하기 위함이며 분기별로 학습자의 활동상황을 기록하여 실제 활동에 대한 조언과 역할에 대한 조정을 기한다. 사사과정의 학습자 평가표는 다음과 같다.

<table>
<tr><th colspan="6">사사 평가지</th></tr>
<tr><th colspan="2">평가 항목</th><th colspan="4">학생 명단</th></tr>
<tr><th>평가 요소</th><th>평가 내용</th><th>A</th><th>B</th><th>C</th><th>D</th></tr>
<tr><td rowspan="4">수행 능력</td><td>학습 능력</td><td></td><td></td><td></td><td></td></tr>
<tr><td>연구 능력</td><td></td><td></td><td></td><td></td></tr>
<tr><td>창의성</td><td></td><td></td><td></td><td></td></tr>
<tr><td>기획 능력</td><td></td><td></td><td></td><td></td></tr>
<tr><td rowspan="3">수행 태도</td><td>과제 집착성</td><td></td><td></td><td></td><td></td></tr>
<tr><td>근면성</td><td></td><td></td><td></td><td></td></tr>
<tr><td>조직성</td><td></td><td></td><td></td><td></td></tr>
<tr><td rowspan="2">사 회 성</td><td>의사소통</td><td></td><td></td><td></td><td></td></tr>
<tr><td>책임감</td><td></td><td></td><td></td><td></td></tr>
</table>

3. 교수학습자료의 개발

3.1 교수학습자료의 일반적 특성

영재교육에서 교수학습 자료는 먼저 일반 학교수학의 자료와 차별화 된 것을 사용해야 한다. 학습 내용이 학교수학의 그것과 유사하게 되면 우리나라의 교육과정상 선행학습으로 전락하게 될 가능성이 있다. 실제로 많은 수학 영재교육 프로그램에서 프로그램 개발능력의 부족으로 인하여 선행학습을 하고 있는 경우가 발견된다. 수학 영재 프로그램의 학습 내용들은 참여 학생들이 현재 학교수학에서 습득한 지식들이 학습의 기초 또는 시작점이 될 수 있도록 고려되어야 한다. 실제로 그들이 학교수학에서 배우는 지식을 기초로 하여 높은 수준의 수학을 경험하면서 선행학습을 피할 수 있는 학습 소재는 풍부하다. 또 학교수학의 내용이라고 하더라도 학교수학의 심층적 내용을 다루게 하면 충분한 차별화를 이룰 수 있다.

일반적으로 영재아들은 선행학습이 많이 되어 있다. 우리 교육의 실정으로 보면 부모가 자녀의 영재성에 대한 관심을 가지는 시기는 아마 유치원에 들어가기 전일 것이다. 그러나 이 시기에 영재들을 체계적으로 교육시킬 수 있는 기관이 없기 때문에 결국 부모들이 의지할 수 있는 곳은 사설 학원이다. 사설 학원에서는 속진학습을 주로 하고 있다. 그러나 여기서 배운 많은 개념들은 기계적 학습에 의하여 이루어진 것이기 때문에 개념 형성이 피상적이며 충분한 개념학습은 이루어지지 않고 있다. 따라서 지도교사는 프로그램에 참가한 영재들의 입학 전 상태에 대하여 충분한 지식이 있어야 한다.

도전감을 유발할 수 있는 문제들은 지문의 내용은 평범하되 쉽게 해결할 수 없는 것들이어야 한다. 도전감을 유발하기 위해서는 수학사나 문제에 관련된 일화를 소개함으로써 학습자 자신도 역사적으로 위대한 수학자의 일원이라는 느낌을 가지게 한다. 자신이 발견한 법칙은 자신의 이름을 부여하는 방법도 학생들에게 자부심을 갖게 하는 하나의 방법이다.

영재들은 스스로 우월감에 의하여 협동학습을 손해 보는 학습이라고 생각하는 경우가 많다. 특히 수학 과목과 같이 수렴적 사고가 많은 영역은 협동학습에 대한 중요성을 인식하기 어렵다. 그러므로 협동학습에 의한 과제수행에 관한 과제 선정을 고려해야 한다. 협동학습이 성공적이 되기 위해서는 역할에 대한 임무와 책임에 대한 분명한 경계가 주어져야 한다.

학년이 올라갈수록 다양한 환경과 학습의 다양성으로 인하여 그들이 가진 지적 능력의 차이는 커진다. 그러나 대부분의 영재교육기관은 학년 중심 학급으로 편성되어 있기 때문에 개인차를 고려한 학습자료의 개발이 있어야 한다.

영재교육은 주로 주말이나 주중의 방과 후에 이루어진다. 수업주기가 빠르면 학생들의 부담이 그만큼 많아진다는 점을 고려하여야 한다. 학습자료의 난이도를 설정할 때 수업실시 시간과 수업주기를 고려하여야 한다.

3.2 설계시 고려사항

학습 내용은 인지활동의 지평을 확장하기 위하여 다양한 영역이 포함되어야 한다. 수학적 능력은 주로 대수적 능력과 도형적 능력으로 대별할 수 있다. 최근의 관찰결과에 의하면 초등 영재의 경우 대수적 능력은 우수하나 기하학적 영역은 그렇지 않다는 점이 발견되었다. 이러한 경향은 초등학교의 교육과정에서 기하영역의 수준이 낮다는 점을 반영하고 있으나 한편 우수한 학생이라도 기하학적 표상을 하지 않는 경향이 있다는 것도 보고되어 있다.

설계는 전체적으로 볼 때 다음의 3가지 원칙이 필요하다·

수학화의 원리: 도형적인 문제에서 대수적인 문제로 이행한다.

- **구성주의의 원리** : 구체적 조작에서 추상적 개념화로 이행한다.
- **간학문적 원리** : 수학 영재 교육이 수학자의 양성에 있는 것은 아니라 기성 과학자가 되었을 때 수학적 사고력을 발휘할 수 있도록 준비하는 과정이다. 간학문적 과제들은 일반적으로 비구조화 된 것들이 많기 때문에 학생들의 사고의 질을 높일 수 있는 것들이며 통합적 학습주제들은 수학의 힘을 확인하게 한다.

3.3 수업과제의 조직

수업과제란 실제로 학생에게 제공할 학습 활동으로서 학습 내용이 구체적으로 명시되어 있다. 수업과제는 주로 학교 수학 밖의 것을 선호하고 있는데 이렇게 하는 이유는 학생들의 경험을 새롭게 하는데 있다. 그러나 학교수학의 내용은 수학에서 가장 중요하고 포괄적인 내용을 선별한 것이다. 가능하면 학교수학에서 가볍게 다룬 내용들을 심도 있게 재구성하는 것도 좋다.

수업과제의 제작 절차는 먼저 문제해결의 영역에서 계발될 수학적 힘에 관계된 능력들을 요소화 하여 과제에 포함시켜야 한다. 절차는 다음과 같다.

- **주제 선정** : 수학 영역에서 선택된 내용이다.
- **과제 제시** : 학습자가 실제적으로 수행할 구체적인 문제가 제시된다. 좋은 과제의 특성은 먼저 도전적인 문제가 되어야 하며 해결을 위하여 다양한 전략을 사용할 수 있는 문제이며 새로운 지식이나 방법론을 구성할 수 있는 문제가 되어야 한다. 문제해결의 일차적 목적은 문제해결의 수월성이지만 문제해결의 성공적 경험만으로 충분한 것은 아니다. 가장 이상적인 문제해결은 이론을 정립하고 그 이론에 의하여 문제를 해결하는 것이다. 동시에 학생의 학습 능력 결과에 부합되는 문제가 되어야 한다. 너무 어렵거나 학생이 해결할 수 없는 결정적 개념들을 포함하는 문제는 인지적 도움을 줄 수 없다.

교수학습 선정방법: 제시된 문제를 학습하는 방법을 제시한다.

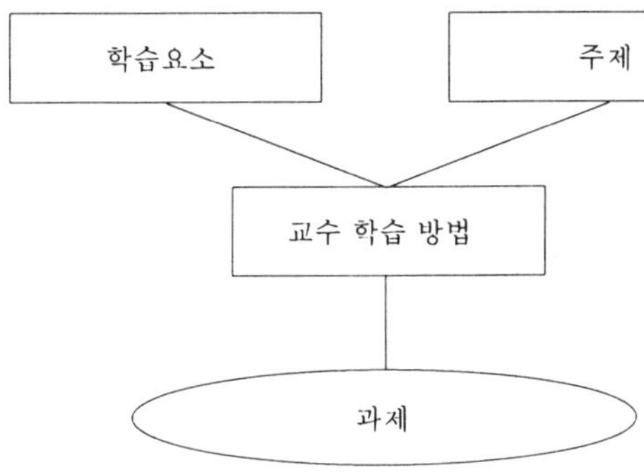

부록에서 다양한 수업과제를 제시하였다. 적절히 수정하여 사용할 수 있을 것이다.

3.4 수업에서 보이는 학생들의 모습과 교수학습자료의 조직

문제해결에서 보이는 학생들의 인지방식과 태도에서 차이가 있다. 태도면에서 뛰어난 수학 영재들은 문제를 탐구할 때 고도의 집중력을 보인다는 점이다. 지난 몇 년 동안에 관찰 결과 이러한 특징은 분명히 관찰된다. 또 이런 학생들의 수준은 중학생인데도 불구하고 대학생의 수준을 넘보고 있다는 점이 관찰되었다. 이러한 점은 지도교사의 선정에서 중요하게 고려될 점이다. 또 이런 수학 영재들이 문제를 풀 때는 문제해결에서 나타나는 일반적인 전략 즉 수단-목표 분석법에 의존하는 것이 아니라 전진법을 사용하고 있다는 점에서 전문가들에게 보이는 전략을 사용하고 있다는 점이 보인다. 수학과 같이 위계성이 높은 분야에서 특징적으로 보이는 문제해결 전략은 주로 문제와 관련된 스키마의 사용에 의존하는 것 같다. 교수학습 자료는 이런 점을 고려해야 할 것 같다.

수학영재를 양성한다고 해도 그 학생들을 수학자로 양성한다는 의미는 아니다. 단지 그들이 장차 세계에 대한 사고의 지평을 보다 일찍이, 보다 넓게 확대하자는 의미로 받아들여야 할 것 같다. 따라서 교수학습자료는 관련 영역의 지식 뿐만 아니라 학제 간 과제, 더 나아가 인문 사회 영역에 대한 호기심을 유발할 수 있도록 다양하게 조직해야 한다. 특히 독서토론, NIE 등 다양한 자원을 이용해야 할 것 같다. 수학 영재 교육은 학문의 성격에 의하여 주로 수렴적 사고를 지향하는데 이러한 방법의 학습은 그들에게 다양한 경험과 확산적 사고를 가질 수 있게 해 줄 것이다.

3.5 자료의 평가

다음은 교수학습자료의 평가를 위한 표이다.

정합성	프로그램 목적과 목표에 부합하는 내용으로 조직되어 있는가?
	학생수준을 고려하는가?
	프로그램의 단계를 고려하여 조직되어 있는가?
	학습유형별로 조직되어 있는가?
	자료의 내용은 수학의 전범위에 걸쳐서 분산되어 있는가?
차별화	일반 학교 수업자료와 차별화 되어 있는가?
	영재성을 계발할 수 있는 것인가?
	고등 사고력을 계발할 수 있는 것인가?
	독자적으로 학습할 수 있도록 구체화 되어 있는가?
	간학문적 내용이 포함되어 있는가?
접근성	교수학습 방법과 연계되어 있는가?
	구체적으로 조직되어 있는가?
	계열화 되어 있는가?
	학습시간에 맞도록 조직되어 있는가?
	수업 후 스스로 학습할 수 있기 위한 장치가 제공되는가?
	자료의 출처와 참고자료를 제시하고 있는가?
	자료는 주기적으로 개편 증보하는가?
	교사들이 실제로 사용하는데 어려움이 없는가?

4. 영재교육 지도교사

4.1 지도교사의 조건

영재교육에서 지도교사는 영재의 인지적, 정의적 특성을 파악하고 그들의 능력을 신장시키는 효과적인 방법을 숙지하고 있어야 한다. 지도교사의 이러한 책무는 일반 교사와 차별화 되는데 이를 위하여 영재교육 지도교사는 특별한 교육과 연수를 통하여 소정의 자격을 가지도록 하고 있다.

수학 영재 지도교사는 다음과 같은 능력을 가지고 있어야 한다.

- 영재에게 주어져야 할 능력은 수학적 지식을 많이 가지게 하는 것이 아니라 수학 문제해결을 위한 고등 사고력이다. 수학적 지식은 수학에만 국한될 수 있으나 문제해결을 위한 고등 사고력은 수학을 기반으로 하는 다양한 영역에서 필수적이기 때문이다. 그러나 실제로 수학 교사들이 본질적인 고등 사고력을 가지고 있는 것이 아니라 전형적인 문제에 대한 풀이방법을 기계적으로 기억하고 있는 수준이거나 그것으로부터 약간 발전된 형태이다.
- 수학적 지식이 풍부해야 한다. 수학 영재교육의 학습 내용은 일반적으로 높게 책정되어 있고 학생들의 학습 성취 속도도 매우 높다. 그러므로 수업만족도를 유지하기 위해서는 교사는 수학에 대한 전문성을 가지고 있어야 한다. 교사의 담당과목에 대한 학문적 전문성이 지도교사의 자질 중에서 대부분을 차지할 만큼 교사의 전문성 확보는 중요하다. 특히 최고 수준의 학생들을 지도할 경우에는 수학적 지식과 사고력이 가장 중요한 요소이다.
- 문제해결에 대한 전략을 사용할 수 있는 지식을 가지고 있어야 하며 그러한 전략들이 조직적으로 사용될 수 있는 시범을 보일 수 있어야 한다.
- 지도 교사는 사회적으로 원숙함을 보여야 한다. 상대방에 대한 배려, 포용

감 등이 실제 수업에서 나타나야 한다.

■ 영재의 창의성을 신장시킬 수 있는 방법에 대한 지식을 가지고 있어야 한다.

다음 표는 창의성을 촉진하기 위한 지도방법이다.

자기 주도적 학습 환경 조성	참 고
동기유발	내적 동기의 유발이 보다 효과적이다.
협동학습 권장	협동학습의 장단점을 고려하여 조직한다.
학생의 의견 존중	
학생 자신의 내적 평가 강조	
질문에 대한 신중함	대부분의 교사들이 빠뜨리기 쉬운 영역이다. 수업에 있어서 교사의 역할은 주로 질문자의 역할이다.
다양한 자료를 활용한다.	경험의 폭을 넓힌다.
다양한 사고기술을 활용한다.	귀납, 유추, 분석 등 다양한 사고기술의 함양이 필요하다.
다양한 발문기술	창의성을 돕거나 비판적 사고를 돕는 발문기술을 말한다.
실수에 대한 관용	
적절한 격려	

반면에 창의성을 저해하는 것은 다음과 같다. 빈칸에 적절한 답을 제시해 본다.

유 형	실 례	결 과
교사의 사고 강요		
조급함		
일방적 지도		
정확함의 강조		
외적 평가		
질문을 허용하지 않는 수업		
진도 위주의 수업		

다음은 영재지도교사의 자질 검사지이다.

1. 다양한 교수법을 숙지하고 있다.
2. 수학문제해결에 대한 다양한 전략을 숙지하고 있다.
3. 학생들의 특수성을 이해하고 있다.
4. 영재아를 위한 상담기술을 가지고 있다.
5. 영재교육의 취지와 목적을 긍정적으로 이해하고 있다.
6. 수업지도를 위하여 특별히 연구를 한다.
7. 영재교육에 관련된 서적을 지속적으로 읽는다.
8. 영재교육 프로그램 조직에 능동적으로 참여할 수 있다.
9. 영재교육에 대한 연구 논문을 쓴 경험이 있다.
10. 영재교육의 평가에 대하여 잘 알고 있다.
11. 영재교육에 대한 이론적 공부를 하였다.
12. 영재들을 지도할 때 보람을 느낀다.
13. 고등사고법을 함양시키기 위한 발문법을 평소에 활용한다.
14. 수업의 충실화를 위한 다양한 교육공학적 기술을 가지고 있다.
15. 영재들의 학업을 자극할 수 있는 기술을 알고 있다.
16. 수학적 지식을 충분하게 가지고 있다.
17. 판별에 관한 지식을 가지고 있다.
18. 판별 절차를 개발할 수 있다.

4.2 지도교사의 훈련

지도교사는 영재교육 프로그램 개발과 교육과정의 조직과 실천의 수월성을 위하여 적절하게 훈련되어야 한다. 영재교육 전문지식과 전문훈련을 가지지 않은 교사들에게 나타나기 쉬운 현상들은 영재교육을 수월성 교육으로, 영재교육을 지식 중심의 교육으로, 수학경시대회를 영재교육의 최종평가 도구로 간주하는 경향이 있으며, 수업내용은 일반 학교 수학보다 더 어려운 것이면 충분하다고 생각하며, 학습강도를 중요시하며 특히 영재와 우등생을 동일시하는 경향이 있다.

한편 지도교사들이 고민하는 부분은 자료개발에 관련된 것들이다. 지도교사들이 고민하는 부분은 주로 수업자료 개발, 수업설계 등인데 전자는 많은 자료들이 이미 개발되어 있기 때문에 문제가 되지 않는다고 본다. 단지 지도교사들이 일반 학교에서 타성화 된 수업방식으로는 곤란하다는 것을 느끼고 있는데 이것은 연수를 통하여 개선된다고 본다.

6 학생, 학부모 그리고 환경

1. 학생

학생들의 지도교사에 대한 기대감은 일반 학교에 비하여 매우 강한 편이며 지도교사의 행동이나 말에 깊은 영향을 받는다. 특히 지도교사의 권위에 매우 의존하는 경향을 보이고 있다. 학생의 수업지도에서 무엇보다도 중요한 것은 그들을 인정하고 용기와 격려를 주는 것이다. 영재들은 과제수행의 결과에 대하여 강한 자부심을 가지고 있다. 학생들이 제출한 과제 또는 일상 수업에서 그들을 격려하는 것은 지식의 전수보다 월등한 가치가 있다. 사안이 미미한 것이라도 학생들이 예상하지 않았던 일을 통하여 그들에게 자극을 주는 것은 때로 효과적이다. 한편 영재프로그램에 참가하는 학생들은 학교수업보다 영재교육프로그램에 대하여 많은 관심과 흥미를 가지고 있어서 학교수업은 무관심하고 영재수업만 고대하는 경우도 있다. 그러므로 이러한 학생들의 기대감을 충족시켜 주어야 한다.

1.1 수학적 지식 검사

영재들은 보다 높은 성취기준을 설정하고 있기 때문에 그들이 받는 스트레스도 평균보다 높다. 이러한 스트레스는 적절하게 처치된다면 성장을 돕게 된다. 다음 표는 스트레스를 확인하기 위한 것과 사회성을 검사하기 위한 표이다.

영재의 스트레스 검사

1. 내가 영재라고 판정되었을 때부터 대인관계가 이상해졌다.
2. 나는 다른 사람보다 수학문제를 잘 풀어야 한다.
3. 수학시험은 항상 일등이어야 한다.
4. 나는 수학영재가 아닌 것 같다.
5. 다른 사람이 수학문제를 풀어달라고 할 때 부담이 간다.
6. 내가 수학에 재능이 있는지 확실히 모르겠다.
7. 나를 특별하게 보는 것이 거슬린다.
8. 부모가 나에게 기대하는 것이 크다.
9. 친구들이 나를 수학영재라고 할 때 부담이 간다.
10. 영재교육원에서 수업을 받는 것이 남이 알면 곤란하다.
11. 내가 영재라는 이유 때문에 소외되는 것 같다.
12. 학교 수학시험 성적에 신경이 쓰인다.
13. 진학에 대하여 고민할 때가 있다.
14. 수학외의 과목에서 고민되는 것이 있다.
15. 전체 석차에 문제가 있다.
16. 이공계가 적성이 맞는지 의문스럽다.
17. 영재교육원에 다니지 않는 학생인데도 나보다 수학성적이 좋은 학생이 있어서 부담이 간다.
18. 수학은 잘하는데 과학은 그렇지 않아서 고민이다.
19. 학교 수학시험에서 실수를 자주 한다.

학생들의 사회성 분석검사 예시: 이 검사는 감사자 자신에 대하여 적용할 수도 있다. 그 결과는 다른 학생이 보는 시각과 비교할 수 있다.

관련 문항에 가장 합당한 학생의 이름을 3명 쓰시오	학 생 명 단		
1. 타인의 설명에 관심을 가지고 있다.			
2. 문제해결에 도움을 주려고 한다.			
3. 생산적 제안을 한다.			
4. 협동심이 강하다.			
5. 항상 주도적이다.			
6. 사교성이 강하다.			
7. 타인에 대한 배려심이 강하다.			
8. 상대방에게 친근감을 준다.			
9. 믿음성이 있다.			
10. 남의 의견을 잘 수용한다.			
11. 희생정신이 강하다.			
12. 책임감이 강하다.			
13. 같이 활동하고 싶은 학생이다.			

1.2 영재들이 가지는 고민

조기 교육의 열풍으로 인하여 영재들은 자신이 정말 영재인지 조기교육의 결과로 인하여 영재처럼 보이는지에 대하여 많은 의구심을 가지고 있다. 비록 이러한 의구심은 판별검사를 통과한 후라도 그렇게 느끼고 있다.

우리나라와 같은 경우 학년이 올라갈수록 영재들이 스스로 탐구할 시간을 빼앗기게 된다. 진학문제로 인하여 수학과목을 제외하더라도 다른 과목을 방과 후에 계속 지도 받는다. 이러한 학습량의 과도함으로 인하여 그들의 창의성은 기계적 학습에 의하여 사라지게 된다.

학교에서 수학성적이 탁월하다고 해도 다른 과목도 마찬가지라는 것은 아니다. 성적에 대한 고민은 대체적으로 영재교육원에서의 성적과 학교에서의 성적이다. 영재교육원에서의 평가는 학교에서의 평가방식과는 다르지만 수업내용을 이해하지 못하는 상태가 많아지면 스스로 부담을 가지게 된다. 더욱이 대부분의 영재교육원에서는 성적이 부진한 경우 참여를 제한하는데 이 상황을 받아들이는 학생의 심적 고통은 예상외로 높다. 그들은 이 상황을 학교에서의 퇴학과 같은 것으로 생각하는 경향이 있으므로 영재교육 프로그램의 참여제한의 경우 매우 신중한 조처를 취해야 한다. 그들이 영재교육 프로그램에 부적격이라는 판단은 판별의 실수에 기인할 수도 있고 프로그램의 부적절함에 기인할 수도 있다.

학교수학의 내용은 쉽고 단순하지만 학교수학의 평가는 수학적 사고에 대한 평가가 아니라 문제풀이에서 실수에 대한 평가이다. 문제가 쉬워도 실수는 있게 마련이다. 만약 학교성적이 부진할 경우 주변에서 보는 따가운 시선을 견디기가 어렵다는 이유로 영재프로그램에 참여하는 학생들도 학교수학을 위하여 부수적인 공부를 한다.

학교수학의 평범함에 의한 부적응 사례도 발견된다. 수학 영재들이 학교수학을 너무 가볍게 생각하는 경향이 있다. 중학교에 입학한 후 질문이나 토론 등에 적극성을 보인다. 그들은 영재교육원에서 배운 사실도 학교에서 질문하게 된다. 그런데 영재교육원의 내용 수준은 매우 높기 때문에 학교에서 그런 문제에 대하여 교사가 만족할만한 답변을 해주기 어렵다. 교사에게 질문했을 때 만족할 수 없는 답변을 듣게 되는 상황이 자주 일어나면 분위기를 알아차리고 스스로 질문을 자제한다는 현상도 관찰되었다. 이 때 자신의 우월감이나 학교수학에 대한 과소평가로 인하여 학교수학에 관심을 가지지 않게 되는 상황이 발생하고 이런 현상이 지속되면 결과적으로 학교수학의 성적이 떨어지게 되는 현상이 나타난다. 이것은 영재의 저성취도 현상의 하나이다. 그러나 영재들은 학교수학의 평가방식을 이해하지 못하는 경우가 많으므로 학교수학 성적의 하락에 의하여 자신의 정체성에 혼란을 가져오게 된다.

학교에서의 평가가 항상 점수에 의한 선형평가이다 보니 실수는 용서될 수 없는 것이 학교수학이다. 수학 영재는 항상 시험이 만점이 되어야 한다는 부담감을 가지고 있다. 수업시간이나 시험에서 실수를 하여 성적이 떨어지게 되면 또래들은 그에게 영재이면서 그것도 모르니 등으로 놀리게 되고 이것은 불안감으로 이어진다. 이런 이유로 영재들이 가장 짜증내는 것은 학교 성적 평가의 조잡함이다.

또래나 부모들이 영재들에게 대한 기대 중의 하나가 완벽함이다. 수학영재를 단순히 시험 잘 치는 능력을 가진 사람 또는 수학성적이 탁월한 사람 정도로 인식하는 또래 학생들이나 영재성에 대한 충분한 지식이 없는 부모들은 영재에 대한 기대감도 매우 높다. 그러나 그 기대감에 부응하지 못했을 때 나타나는 반응에 대하여 영재들은 심리적 부담을 가지고 있다.

주변의 사람들은 영재에 대하여 긴장관계를 가지고 있는 경우가 많다. 학교에서 제기하는 답변하기 힘든 질문들, 영재들이 가진 반사회적 성향들에 의하여 심지어 교사들도 그들을 보는 시각이 곱지만은 않다. 뿐만 아니라 또래들이나 형제들이 보는 시선도 긴장감을 유발한다. 영재교육프로그램에 참가하고 있는 대부분의 학생들은 자신이 영재 교육 프로그램에 참가하고 있다는 사실을 또래에게 말하지 않거나 감추고 있다. 사고력은 우수하더라도 정서적인 것은 여전히 어린 아이의 수준이라면 사회적 부적응을 야기한다. 그들은 또래보다 성인과 대화하는 것을 좋아하게 되는데 영재의 도전적 성격 때문에 반대로 성인들은 이런 아이들과 이야기하는 것을 좋아하지 않는다. 조기 졸업이나 조기 입학 등이 야기하는 정서적 불균형 문제는 학업수행의 장애를 야기한다.

영재교육 프로그램의 학습강도에 대한 불안도 관찰된다. 지식 중심의 학습내용은 학습 내용의 수준을 올리는 방법으로 차별화하는 경향이 강하다. 그 결과 학생들은 학습내용의 어려움으로 인하여 프로그램의 참여를 두려워하게 되는 경향이 있다. 일반적으로 우리나라의 학습부담은 높은 편이며 더욱이 영재교육의 학습량은 매우 높은 수준을 요구하는데 이것은 창의성을 저해할 수 있다.

다음 표는 자신이 영재라는 것을 확인하기 위한 구체적 질문지이다.(Delisle)

1. 언제 영재라고 판별되었는가? 영재라는 것에 대한 설명을 들었는지 그리고 어떤 내용을 설명 들었는지 기억하는가? 영재성이란 무엇이라고 생각하는가?
2. 똑똑한 사람과 영재와의 차이가 있다고 생각하는가? 있다면 그 차이는 무엇인가?
3. 여러분의 선생님이 영재성에 대해 이해하고 있다고 생각하는가? 그렇다면 혹은 그렇지 않다면 그 이유는 무엇인가?
4. 영재라는 말 때문에 불편했거나 거북했던 적이 있는가? 누구 혹은 어떤 일 때문에 그러했는가?
5. 사람들이 영재들에 대해 어떤 오해를 하고 있다고 생각하는가? 이 오해를 바로 잡기 위한 방법은 무엇이라고 생각하는가?
6. 여러분에 대해 가장 기대가 큰 사람은 누구인가? 그리고 어떤 기대를 하고 있는가?
7. 영재들은 이미 너무나 똑똑하기 때문에 특별한 지도나 수업이 필요없다고 말하는 사람이 있다면 어떻게 대답해 주고 싶은가?
8. 선생님이 어떤 태도를 보이고 어떤 행동을 할 때 학습에 도움이 되는가? 그리고 방해가 될 때는 어떤 경우인가?
9. 여러분 자신, 다른 사람들, 그리고 이 세계에 대해서 어떤 희망과 꿈과 목표를 가지고 있는가?
10. 선생님이나 다른 이들에게 묻고 싶은 것이 있는가?

2. 학부모

영재교육에서 학부모의 역할은 무엇인가? 다음은 학부모의 역할에 관한 것이다.

교육의 일관성 유지: 가정에서의 학습은 영재교육의 연장선 위에 있다. 따라서 영재교육의 효과를 지속적으로 유지하기 위해서는 가정은 영재교육기관의

연장선이 되어야 한다. 학부모는 이를 위하여 영재교육 전반에 대한 적절한 교양이 필요하다.

- **학습활동의 지속성 유지** : 영재교육 프로그램의 학습활동은 교육원에서보다 가정에서 더 많은 시간을 요할지도 모른다. 그러므로 가정에서 그들의 과제수행을 도와줄 사람이 필요하며 학부모는 일차적으로 책임을 가진다. 특히 영재교육이 주말 반으로 운영되는 경우라면 영재아들이 영재교육원 프로그램에서 부여된 과제를 일주일의 공백시간 동안 지속적으로 수행할 수 있도록 도와주어야 한다.
- **교육수준에 따른 배려** : 영재아들이 학교에서 공부하는 일반 학과 시간과 영재교육에 참가하는 시간을 비교하면 영재교육 프로그램에 할당된 시간은 미미할 정도로 작다. 그러나 영재교육 프로그램에서 제공되는 학습의 질과 수준은 비교할 수 없을 만큼 강도가 높다. 그러나 학교수업의 과제는 직접적 성적으로 반영되나 영재교육 프로그램에서 주어진 과제는 내적 보상을 우선하는 평가시스템을 많이 적용하기 때문에 영재프로그램에서 주어진 과제를 등한시 하는 상황이 자주 나타난다. 이 경우 영재교육의 주어진 목적을 달성할 수 없게 되고 학생들의 참여는 피상적으로 이루어지게 된다. 그러므로 학부모는 영재교육 프로그램에서 부과되는 학습량과 일반 학교수업에서 부과되는 학습량 분배에 대하여 적절한 균형감을 가지고 있어야 한다.
- **과제집착력에 대한 배려** : 영재들이 과제집착력이 강하다는 것을 고려한다면 영재들은 교육프로그램에서 부여된 과제를 발전시키는 경우가 많이 나타난다. 그런데 가정에서 다른 공부로 인하여 학습시간이 할당되지 않으면 그들의 과제 집착성이 서서히 사라질 수 있다.
- **학습 활동의 모니터링** : 학습에 관련된 여러 문제점을 상시 모니터링 체제를 구축하여 발생하는 상황의 여러 문제를 지도교사와 의논할 수 있어야 하며 학생의 정의적 문제를 면밀히 관찰하고 문제점이나 이상이 있을 경우에는 지도교사에게 즉시 보고하여야 한다.

한편 학부모가 주는 관심과 영향을 보면 다음과 같은 것으로 나타난다.

- **대학입시에 대한 관심**: 학부모들이 자신의 자녀가 영재교육을 통하여 얻고자 하는 것은 영재의 자아실현이 아니라 대학입시의 유리한 고지를 점하기 위한 것이다. 이 점에 대해서는 시간이 갈수록 확실해지고 있다. 학년이 낮을 때는 영재교육을 순수하게 지켜보다가 시간이 가면 다른 과목에도 관심을 가지게 되고 그 결과 학생들은 과도한 사교육에 시간을 빼앗기게 된다. 더구나 과학고에 가기 위해서는 학교의 성적이 최우수의 단계를 유지하지 못하면 시험을 치를 기회도 없기 때문에 사실 영재교육에 대한 관심은 학년이 높아질수록 서서히 사라진다. 특히 중학교 3학년에서 실시하는 사사과정은 영재교육의 결과를 종합하는 시기임에도 불구하고 진학이 더 중요한 현안이 되어버리기 때문에 공교육이 정상화되지 않는 한 구조적으로 개선되기는 힘든 상황이다.

- 영재교육 프로그램의 각 학기가 종결될 때 많은 학부모들은 자녀의 성적에 대한 문의를 하는데 이 때 통상적으로 자녀의 질적 성장을 문의하는 것이 아니라 교육원 내의 서열을 묻는 경우가 허다하다.

- 영재반 수업을 위하여 과외 지도를 받는 경우가 많다. 그러므로 영재교육을 지식의 학습으로 간주하고 시험성적에 의하여 평가한다면 사교육의 개입을 저지할 수 없게 된다.

- 영재교육 프로그램에 참가하는 이유에는 학부모의 허영심도 작용한다. 영재교육기관에서 배우게 되면 영재가 아니라도 영재가 될 것이라고 생각한다.

- 진학을 위한 정보교환과 정보수집의 필요에 의하여 입학시키는 경우가 많다. 영재교육을 받고 있는 학생들 중에서 같은 계열로 진학하는 학생들의 부모들이 필요로 하는 정보는 진학대상 학교와 관련 학생에 관한 정보이다. 여기서 진학하려는 학생에 관한 정보는 영재교육원에서 가장 쉽게 얻을 수 있기 때문에 영재교육원에 입학하려고 한다.

- 한국과학영재학교에 입학하고자 하는 학생들은 대개의 경우 두 세 번의 시도를 한다. 이렇게 하는 이유는 입학시험의 유형을 알기 위한 의도이거나 또는 입학을 미리 준비하고자 하는 의도가 있다. 재수가 가능한 것은 영재의 잠재력을 검사하는 것이 아니라 영재의 학습 성취도를 검사하기 때문이다.
- 영재교육기관에 대한 기대감은 학년이 올라갈수록 낮아진다. 이것은 학년이 올라갈수록 자아 개념과 진학에 대한 관심이 더 높아지고 있다는 것을 시사한다.
- **다른 학부모에 대한 우려**: 영재교육에 참가하는 부모 사이에도 다양한 의견을 가지고 있으며 그것을 파악하고 있어야 한다. 많은 영재교육기관에서 영재교육을 이공계 진학을 위한 준비교육으로 간주하고 있는데 많은 학부모들은 이러한 생각에 대하여 대립되는 의견을 가지고 있음을 주시해야 한다.

영재를 둔 학부모의 고민은 대략 다음과 같이 요약된다.

- **직업진로**: 많은 학부모들은 자신의 자녀들이 이공계로 선택하기를 바라지 않는다. 이 점은 학생과 학부모의 갈등을 야기하는 부분이다. 영재교육 프로그램에 참가한 후 시간이 갈수록 학부모들은 진학에 대하여 구체적으로 생각하게 되고 그 결과 학년이 높아갈수록 그 생각은 구체화되고 있으며 학생의 진로선택에 깊이 개입한다.
- **진학문제**: 초등반이나 중학교 1학년 때는 진학문제를 심각하게 고려하지 않거나 고려해도 외부적으로 표현하지는 않는다는 것이 관찰되었다. 그러나 학년이 올라갈수록 과학고와 일반계열로의 선택에 대하여 심각한 갈등을 표출하고 있다.
- **영재성에 대한 확신**: 영재교육에 참여하고 있는 많은 학생의 학부모들은 자녀의 영재성에 대하여 확신을 가지지 못하고 있다. 그들의 자녀들에게 영재교육에 참가하기 위하여 열심히 공부시켰고 그 결과 시험을 잘 쳐서 영재교육

을 받게 된 것이 아닐까하는 의구심을 가지고 있다. 부모에게 자녀의 능력을 객관적으로 이해시키는 것은 장래의 직업선택에서 중요한 변수가 되므로 영재교육에 참가하게 되면 그러한 의구심을 풀어주어야 한다.

- **영재교육원에서의 부적응** : 일반적으로 영재교육을 받기 전에 학생들이 가진 학습 습관은 간단한 문제풀이에 국한되어 있다. 이런 습관에 익숙해진 학생들은 집중적이고 장시간의 사고를 요하는 문제에 대하여 적응하지 못하는 경우가 생긴다. 한편 영재교육 프로그램에서 제공하는 문제들은 그들이 과거에 경험하지 못한 고난도의 문제가 주를 이루고 있기 때문에 이런 문제를 처음 접하게 되면 대부분 좌절감을 경험하게 된다.

- **가정에서의 학습지도** : 영재들은 지적 호기심에 의하여 질문이 많다. 가정에서의 영재들의 질문에 대하여 정확한 답을 내리고 적절한 지도를 한다는 것은 부모로서 무리다. 이 경우에 어떻게 대처해야 되는가에 대한 고민이 많다. 그런데 이 문제에 대한 대부분의 경우의 대처 방식은 사교육에 의존한다는 것이다.

- **컴퓨터에 대한 탐닉** : 컴퓨터의 탐닉은 이제 보편화 되어 있다. 학생들이 컴퓨터에 빠지게 되면 많은 시간을 그 속에서 낭비하게 된다. 실제로 영재교육에 참여한 학생들이 컴퓨터 게임에 빠져서 학습 문제를 일으키는 경우는 자주 관찰된다.

- **부모와의 갈등** : 진학문제로 인하여 부모와의 갈등을 보이고 있는 경우가 학년이 올라갈수록 더 많이 관찰된다.

Clark(1989), 문정희와 하종덕(1999, 재인용)에 의하면 창의적인 아동의 가정과 그렇지 않는 가정의 차이를 다음과 같이 열거하고 있다. 이 조건들은 외국의 가정을 바탕으로 조사한 것인데 창의적이지 못한 가정의 경우를 보면 우리나라의 가정과 많은 것이 닮아 있다는 것을 알 수 있다. 이어 창의적인 아동의 가정의 특성을 다음과 같이 열거하고 있다.

부모의 태도

(1) 자녀의 의견을 존중하고 생각을 자유롭게 표현하도록 격려한다.
(2) 아동들도 생각하고 공상하고 때로는 빈둥빈둥 놀기도 해야 한다고 생각다.
(3) 아동이 스스로 많은 것을 결정하도록 한다.
(4) 부모와 자녀가 함께 다정하고 친밀한 시간을 가진다.
(5) 사물에 대한 호기심, 의문을 언제든지 나타내도록 격려한다.
(6) 아동들이 노력하고 성취한 것이 부모가 인정한다는 것을 자녀가 알도록 확신시킨다.

어떤 것을 가르치고자 할 때의 부모의 행동

(1) 자녀를 격려한다.
(2) 다정하고 지지적이다.
(3) 자아를 존중하는 태도로 자녀를 대한다.
(4) 자녀와 함께 있는 것을 즐거움으로 여긴다.
(5) 칭찬한다.
(6) 자녀와 좋은 동반자 관계를 성립한다.
(7) 독립적으로 일하도록 격려한다.

창의적이지 못한 아동의 가정

(1) 일정한 형식을 가르치고 잘못했을 때는 벌을 준다.
(2) 부모 앞에서 자녀는 절대로 화를 낼 수 없게 한다.
(3) 부모 자신들의 견해와 다른 생각을 갖고 있는 학생과는 가까이 지내지 못하게 한다.
(4) 아동은 눈에 보이는 것만 믿어야 한다고 생각한다.
(5) 부모의 결정에 의문을 제기하는 것을 허락하지 않는다.
(6) 그 일을 지나치게 구체적으로 설명하는 경향이 있다.

(7) 부모가 그 일을 직접 지시하는 경향이 있다.
(8) 일에 대한 구체적인 해결책을 제시하는 경향이 있다.
(9) 자녀를 비난하며 그들의 생각이나 제안을 거절한다.
(10) 자녀에 대한 자랑스러움이 부족하다.
(11) 자녀와 힘겨루기를 한다.
(12) 어려움이 있으면 뒤로 물러나고 포기한다.
(13) 과제를 하도록 압력을 행사한다.
(14) 자녀에게 화를 낸다.

영재교육을 효과적으로 성취하기 위한 학부모의 조건

영재교육원의 목표를 알고 있다.
영재교육의 목적을 알고 있다.
영재교육원의 조직과 역할에 대한 정보를 가지고 있다.
수시로 자녀의 학습과 생활에 대한 정보를 요청한다.
수업 후에 배운 것에 대하여 자녀와 의견 교환을 한다.
교육원에서 주관하는 다양한 교육에 적극적으로 참여한다.
학교 담임과 상의하는 경우가 많이 있다.
자녀와 이야기를 많이 한다.
독서 또는 다양한 경험을 제공하려고 노력한다.

3. 환경의 역할

어린 시절에 있던 영재성이 나이가 들수록 사라지는 것은 그만큼 영재성을 보존하기 어렵다는 것을 의미한다. 실제로 창의적 산출물은 개인의 내적 잠재성과, 환경, 산출물이 나올 시점에서의 기회 등이 복합적으로 작용한 결과이며 그 어느 하나라도 결여되어 있다면 산출물이 나타나지 않는다. 반면에 현 우리 교육은 입시제도와 단순 성적에 의한 평가 결과에 의하여 영재의 다양성은 무시당한 채 줄 세우기 식의 환경에 적응하도록 강요받고 있다. 이 결과에 의하여 내재된 능력은 활성화 될 기회를 가질 수 없는 상황이다. 영재교육이 활성화되기 위해서는 무엇보다도 교육기회와 방법의 다양성이 존중되어야 한다.

현재 국내의 영재교육 기관은 지식중심 영재교육이며 참가하고 있는 학생들의 정의적, 사회적 문제를 고려할 정도로 전문화 된 곳이 아니다. 그리고 담당교사들도 주로 지식중심의 교육을 하다 보니 전체적으로 진학 준비기관으로 인식되고 있는 실정이다. 평가에 있어서도 창의성을 평가하는 것이 아니라 지필시험에 의한 학습 성취도를 평가하고 있고 이 결과를 이용하여 승급심사에 적용하고 있다. 이러한 교육환경은 영재교육을 조금 더 높은 난이도의 학교수학을 하는 것으로 인식된다.

여기서 영재교육에 영향을 주는 환경 요소들은 학교와 학부모가 대표적이다. 영재교육기관에 다니는 것이 학교생활에서 부담이 될 수 있다. 참가하지 않는 학생들에 의한 비아냥거림을 참아야 하고 학교에서 실수는 스트레스의 원인이 되기도 한다. 학부모는 영재교육에 일차적으로 관심을 가지고 있다. 학부모는 그들의 성적에 관심을 가지고 과외학습에 결정권을 가지고 있다. 그러므로 학부모의 관심은 영재교육에 영향을 주는 가장 주된 요인이다.

4. 종합

영재교육이란 일반 교육과는 멀리 있는 특별한 것도 새삼스러운 것이 아니다. 영재들을 함께 모아두었기 때문에 교육적 접근에서 약간 다른 방법을 사용할 필요가 있다는 점을 유념한다면 영재교육도 보다 자연스러워진다. 그들에게 부과되는 과제들에 수학적 수준이 너무 높게 책정되는 것은 바람직하지 않다. 수학 영재들은 스스로 문제풀기를 좋아하기 때문에 그들에게 별도로 부과할 내용은 실제로 없다고 봐도 된다. 오히려 학습 내용 수준을 높이는 것보다는 수학을 넘어 다양한 세계의 경험이 필요한데 이점을 매우 중요하다. 이러한 이유는 수학이란 세계에 너무 빠지게 되면 사고가 수렴적으로 빠질 우려가 있는데 이것은 바람직한 태도 형성이 아니다. 세상은 수학적으로 이해될 수 없는 다양한 실재가 존재한다. 수학 영재들이 그러한 비수학적 실재의 조기 경험은 이후 성인이 되었을 때 그러한 영역에 대한 접근성이 보다 수월할 수 있게 된다. 영재가 수만 명을 살린다는 것은 이러한 능력을 가진 영재에게 기대할 수 있다. 단지 하나의 지식에 매몰된다는 것은 특히 수학과 같이 기초과목은 자신이 어떤 태도를 가지는가에 따라서 지식의 기능공으로 전락할 수도 있다는 점을 유의해야 한다.

영재교육을 실제로 경험하고 프로그램을 만든 경험자로서 독서의 필요성은 아무리 강조해도 지나치지 않다고 본다. 수학 문제풀이로 일관된 영재교육이라면 그러한 프로그램에 참가하기를 권하고 싶지 않다. 그것은 정말 수학 기능공을 기르는 방법이다. 그런 시간 동안 차라리 가정에서 독서를 통한 세계에 대한 지적 여행이 바람직하다. 실제로 주변에서 특별한 방법은 없는 가운데도 뛰어난 영재들이 나타나고 있는 것을 이러한 사실을 방증한다. 영재가 영재답게 자라기 위해서는 학교나 영재교육기관의 프로그램보다 가정환경이 더 중요하다. 자녀에 대한 사려 깊은 부모의 태도, 가정의 전통 등이 영재들에게 간접적이지만 그들의 성장에 이정표를 제공하고 세계에 대한 긍정적 태도를 갖게 한다.

자녀가 영재라고 해도 자랑스러울 것은 없다. 그들이 실제 능력이 평가받게 되는 시점은 적어도 대학을 졸업한 후일 것이다. 한편 그들이 평가받기 전까지 그들은 영재이기 때문에 일반학생들보다 더 많은 정보를 처리할 수 있는 능력에 의하여 엄청난 경험을 축적한다. 그러나 그 경험은 모두 좋은 것은 아니기 때문에 그러한 경험들이 장차 그들의 인생에 어떻게 작용할지는 아무도 모른다. 다만 이제까지의 삶의 경험을 통하여 약간의 짐작은 할 수 있을 것이다. 그런 면에서 직접 교육보다는 환경의 중요성을 보다 강조하고 싶다.

참고문헌

구자억, 김홍원, 박성익, 안미숙, 이순주, 조석희(2002). 동서양 주요 국가들의 영재교육. 문음사.

김영채(1999). 창의적 문제해결. 교육과학사.

김정휘, 주영숙, 문정화, 문태형(2004). 영재학생을 위한 교육. 박학사.

박성익, 조석희, 김홍원, 이지현, 윤여홍, 진석언, 한기순(2003). 영재교육학원론. 교육과학사.

임선하(1993). 창의성에의 초대. 교보문고.

전경원(2000). 영재교육학. 학문사.

A. F. Osborn(1953). Applied Imagination. Scribner's. New York.

A. Karnes, M. Susanne, & M. Bean(2001). Methods and Materials for Teaching the Gifted. Prufrock Co.[영재교육의 방법과 자료. 이화국 외 옮김. 대교/한국교육평가센터. 2003].

B. A. Hennessey and T. M. Amabile(1988). The role of environment in creativity In R. J. Sternberg(Ed), The nature of creativity: Contemporary psychological perspectives(11-38). Cambridge University Press. New York.

B. Clark(1997). Growing up gifted: Developing the potential of children at home and at school (5th ed.), Merrill. Columbus, OH.

D. Hocevar & P. Bachelor(1989). A taxonomy and critique of measurement used in the study of creativity. In J. A. Glover, R. R. Ronning, & C. R. Reynolds(Eds.). 53-76. Handbook of Creativity. Plenum. New York.

D. S. Schubert(1973). Intelligence as necessary but not sufficient for creativity. Journal of Genetic Psychology. 122, 45-47.

D. Tall(1991). Advance Mathematical Thinking. Kluwer Academic Publisher [고등 수학적 사고, 류희찬, 조완영, 김인수 역].

D. Treffinger(1975). Teaching for the self-directed learning. A priority for the gifted and talented, The Gifted Child Quarterly. 19, 46-49.

E. P. Torrance(1977). Creativity in the classroom. Washingtom, DC. National Educational Association.

E. D. Gagne, C. W. Yekovich, & F. R. Yekovich(1993). The cognitive psychology of school learning. [인지심리와 교수학습. 이용남 외. 교육과학사. 2005].

F. Barron & D. M. Harrington(1981). Creativity, Intelligence, and Personality. Annual Review of Psychology. 32, 439-476.

G. A. Davis & S. B. Rimm(1998). Education of the gifted and talentd.(4th ed.). Allyn & Bacon. Needham Heights., MA.

G. A. Davis [영재교육의 이론과 방법. 이경화 옮김. 학문사].

G. Wallas(1926). The Art of Thought. Harcourt Brace. New York.

Gary D. Borich(2000). Effective Teaching Methods. Prentice-Hall.

H. E. Brodgen & C. W. Taylor(1950). The Theory and Classification of Criterion Bias, Educational and Psychological Measurement. 10, 159-186.

H. Poincare(1921). The Foundation of Science. Science Press. New York.

J. Baer(1991). Creativity and divergent thinking: A task-specific approach. Erlbaum. Hillsdale., New Jersey.

J. F. Fedhusen & P. B. Kolloff(1986). The Purdue three-stage enrichment model for the gifted education at the elementary level. In J. S. Rezulli(Ed.), System and models for developing programs for the gifed and talented. Creative Learning Press. Mansfield Center, CT.

J. Mason, L. Burton, & K. Stacey(1982). Thinking Mathematically. Addison-Wesley. London.

J. R. Hayes(1989). Cognitive Process in creativity. In J. A. Glover, R. R. Ronning, & C. R. Reynolds(Eds.), Hand book of creativity(pp.135-146). New York. Plenum.

J. S. Hadamard(1945). The Psychology of invention in the mathematical field. Princeton University Press. Princeton. N. J.

J. S. Renzulli & R. K. Gable(1976). A factorial study of the attitudes of gifted students toward independent study. The Gifted Child Quarterly. 20, 91-99.

J. S. Renzulli(1977). The enrichment of triad model: A guide for developing defensible programs for the gifed and talented. Creative Learning Press. Mansfield Center, CT.

J. C. Cropley. Kraetivitaet und Erziehung. [교육과 창의성, 김선 옮김. 집문당. 1995].

Lyn D. English & G. Halford(1995). Mathematics Education: Models and Processes. Lawrence Erlbaum Associates, Inc.

M. D. Mumsford, M. I. Mobley, C. E. Uhlman, R. Reiter-Palmon, & L. M. Doares (1991). Process analytic models of creative capacities. Creativity Research Journal. 4(2), 91-122.

N. Colangelo & G. A. Davis(2003). Handbook of gifted education(3rd ed.). Pearson Eucation.

R. D. Tennyson & O. C. Park(1980). The teaching of concepts: a review of instructional design research literature. Review of Educational Research. 50, 55-70.

R. J. Sternberg & T. I. Lubart(1991). An investment theory of creativity and its development. Human Development. 34, 1-31.

R. J. Sternberg(1985). Beyond IQ: A triarchic theory of human intelligence. New York, Cambridge University Press.

R. J. Sternberg(1988). The triarchic mind: A new theory of intelligence. Viking. New York.

R. M. Gagne(1976). The Conditions of Learning and Theory of Instruction.

R. J. Sternberg(2003). Cognitive Psychology(3rd ed). Wadsworth Publishing.[인지심리학. 김민식, 손영숙, 안서원 옮김. 박학사. 2005].

S. A. Mednick & M. T. Mednick(1967). Examiner's Manuals: Remote Associates Test. Houghton Mifflin. Boston. MA.

T. M. Amabile(1983). The Social Psychology of Creativity. Springer-Verlag, N.Y.

자료집

여기에 있는 문제들은 교사를 위한 문제들이다. 교수학습방법은 교사의 취향이나 학습목적을 위하여 다르게 의도할 수 있다. 난이도에 따라서 중·고등 영재용 자료로 활용할 수 있으나 초등학교용으로는 별도로 고려하지 않았다. 관련되는 도서와 심화를 원하는 학생에게 도움이 될 참고서는 마지막에 소개하였다.

다음에 소개하는 과제들은 교사에 의하여 해결된 것을 이해하는 것이 아니라 스스로 해결하도록 지도되어야 한다. 여기서 필요한 추론들은 주로 귀납, 유추, 분석, 해석기하학적 방법, 대수적 방법, 조합적 방법과 그 방법들의 상호변환 기법을 체험할 수 있도록 지도되어야 한다고 본다.

일부는 직접 탐사하고 모델링을 해야 이해할 수 있는 문제도 있다. 그런 문제는 프로젝트 학습에 유용할 것이라고 판단된다.

1 집합을 정의하시오.

가. 집합은 사물의 모임이라고 정의한다. 이 정의를 보다 분명하게 진술하자.

나. 집합과 그 집합에 속하는 원소를 구별할 수 있는가?

다. 모든 집합의 모임은 집합이 되는가? 그것을 U라고 표시하자. 그러면 $U \in U$가 된다고 할 수 있는가?

라. $U \notin U$가 되는 집합들이 있을까? 그런 집합들의 모임을 R이라고 하자. 그러면 $R \in R$이라고 할 수 있을까?

2 공집합은 왜 집합이 될까?

가. 공집합이 집합이 되어야 할 필연적인 이유가 있을까?

나. 공집합을 집합으로 간주하지 않으면 어떤 문제가 생길까? 집합의 정의의 문제

다. 자신이 자신의 원소가 되는 집합을 말해보자. 즉 $A \in A$가 되는 집합을 찾아보자.

라. $A \in A$가 되는 원소를 모은 것을 R이라고 알 때 R은 집합이 되는가?

마. R이 집합이라면 $R \in R$이 될까 아니면 $R \notin R$이 될까?

3 집합 X의 부분집합으로 구성된 집합 $\mathfrak{I}$를 다음과 같이 정의한다.

1) $A \in \mathfrak{I}$은 항상 3개의 원소를 가진다.

2) $\bigcup_{A \in \mathfrak{I}} A = X$이다.

3) $A, B \in \mathfrak{I}$이고 $A \neq B$이면 $A \cap B$는 단 한 개의 원소를 가진다.

4) $x, y \in X$이고 $x \neq y$이면 $\{x, y\}$를 포함하는 유일한 $A \in \mathfrak{I}$가 존재한다.

가. X가 3개의 원소를 가지면 위의 조건을 만족함을 보여라.

나. X가 7개의 원소를 가지면 위의 조건을 만족함을 보여라.

다. 역으로 X의 원소가 3개이거나 7개이면 위의 조건을 만족하는 집합 $\mathfrak{I}$이 존재함을 보여라.

4 일렬로 나열된 집합 X가 다음과 같은 성질을 만족할 때 정렬집합이라고 한다. 임의의 공이 아닌 부분집합은 항상 최소원소를 가진다. 즉 임의의 $A \subset X$에 대하여 $A \neq \varnothing$이면 A는 최소원을 가진다.

가. 이러한 성질을 만족하는 집합을 찾아보자. 자연수의 집합은 이러한 성질을 만족하는가? 정수의 집합은 이러한 성질을 만족하는가?

나. 일렬로 나열된 집합에 순서를 재구성하여 정렬집합으로 만들 수 있을까? 유리수의 집합에 대하여 시도해보자.

5 어떤 가방에 당구공이 많이 들어 있다. 여기서 모든 당구공이 같은 색깔임을 증명해 보자. 먼저 $n=1$일 때 분명히 같은 색깔이다. 다음 n개일 때 같은 색깔임을 가정하자. $n+1$개의 당구공을 꺼내어 바구니에 담아두자. 꺼낸 $n+1$개의 당구공에서 한 개를 따로 두고, 그 이름을 P라고 하자. 그러면 나머지 n개의 당구공은 귀납의 가정에 의하여 같은 색깔이다. 다음 그 n개의 당구공에서 한 개를 빼내어 그 이름을 Q라고 하자. 대신 처음에 따로 두었던 공 P를 그 바구니에 넣는다. 그렇게 되면 바구니에는 여전히 n개의 공이 된다. 그럼 귀납의 가정에 의하여 그 바구니 속 n개의 공은 같은 색깔이다. 따라서 공 Q의 색깔은 바구니에 담겨져 있는 다른 공의 색깔과 같고 또 P도 다른 색깔과 같으므로 결국 $n+1$개의 공의 색깔은 모두 같다. 위의 논증에서 무엇이 잘못되었는가?

6 $a<x<y<b$이면 $f(x)<f(y)$를 만족하는 일대일 대응함수 $f:\{1,2,3,\cdots\} \to \{\cdots,3,2,1\}$가 존재할까? 앞의 두 집합은 보이는 순서로 배열되어 있다.

7 모든 자연수의 공이 아닌 부분집합은 최소원을 가진다. 이것을 자연수의 정렬공리(well-ordering axiom)라고 한다. 이것을 수학적 귀납법으로 증명할 수 있을까?

8 크레타인의 패러독스의 논리적 결함에 대하여 발표해보자.

가. 이 패러독스와 유사한 문장을 찾아보자.

나. 이 장의 문제점을 토론하자.

9 모든 자연수 n에 관한 명제 $P(n)$의 참을 증명하기 위해서 다음과 같은 절차를 시행한다. 명제 $p(100)$이 참이 되기 위해서는 $P(99)$가 참이고 $P(99) \to P(100)$이 참임을 보이면 될 것이다. 또 $P(99)$가 참인 것을 보이기 위해서는 $P(98)$이 참이고 $P(98) \to P(99)$이 참인 것을 보이면 될 것이다. 이렇게 계속해서 나가면 $P(1)$이 참인 것을 보이고 $n = 1, 2, 3, \cdots 98$에 대하여 $P(n) \to P(n+1)$이 참인 것을 보이면 충분할 것이다. 그러면 이러한 논법이 모든 자연수에 대하여 성립함을 보여주기 위해서는 무엇을 해야 할까? $P(n) \to P(n+1)$이 참인 것을 보이려고 하는 것은 $P(n)$가 참일 때 $P(n+1)$가 참임을 보여주는 것으로 충분할까?

10 n은 자연수이고 $P(n)$은 다음 명제와 같다. a와 b가 $\max(a, b) = n$이 자연수이면 $a = b$이다. 이것을 다음과 같이 수학적 귀납법으로 증명했다. 무엇이 잘못되었을까?

가. $n = 1$이면 참인 것은 분명하다.

나. $n = k$가 참이라고 하고 a와 b를 $\max(a, b) = k+1$을 만족하는 두 자연수라고 하자. 여기서 $p = a-1$, $q = b-1$이라고 두면 $\max(p, q) = k$이므로 귀납의 가정에 의하여 $p = q$이다. 따라서 $a = p+1 = q+1 = b$이다. 따라서 모든 자연수 n에 대해서 $P(n)$은 참이다.

11 10개의 자연수가 배열되어 있다. 이 중에 연속된 몇 개의 합은 반드시 10으로 나누어지는 것을 보여라.

12 n개의 편지를 모두 다른 주소가 적힌 봉투에 넣을 경우의 수를 구하라. 이 문제에 대한 점화식을 만들어보자.

13 토너먼트 형식의 게임 횟수를 구해보자.

가. n팀이 토너먼트를 했을 때 결승까지 가기 위한 최대 게임 수를 말하라.

나. 주최 측에서 n팀 게임의 토너먼트를 하기 위해서는 몇 개의 게임을 치러야 할까?

다. n개의 팀에 대한 다양한 토너먼트 방식을 생각해 보고 그 횟수를 비교하자. 여기서 $n = 1, 2, 3, 4 \cdots$의 각각의 경우에 대하여 가능한 토너먼트의 방식을 생각해 보자.

14 1, 3, 5, 7, 9, 11, 13, 15 중에서 몇 개의 숫자를 선택하려고 하는데 적어도 한 쌍의 합이 7이 되기 위해서는 적어도 몇 개의 숫자를 택해야 하는가?

15 $S \subset \{1, 2, 3, \cdots, 2n\}$이고 S의 원소의 개수는 $n+1$이다. 이 경우에 S에는 어떤 두 원소가 있어서 하나가 다른 것의 약수가 된다. 이것을 증명하라.

16 임의의 2이상의 자연수 n에 대하여 $\sum_{k=1}^{n} \frac{1}{k}$은 자연수가 될 수 없다는 것을 보여라.

17 $4m+3$ 형태의 자연수는 무수히 많음을 보여라.

18 $6m+5$ 형태의 자연수는 무수히 많음을 보여라.

19 $\frac{(2n)!}{(n!)^2}$은 짝수일까?

20 다음 수열에서 이웃하는 두 수는 서로 소일까?

1) $2!+1, 2!+1, 4!+1, \cdots, n!+1, \cdots$

2) $2!-1, 2!-1, 4!-1, \cdots, n!-1, \cdots$

3) $2+1, 2^2+1,\ 2^4+1,\ 2^8+1 \cdots$

4) $2-1, 2^2-1,\ 2^4-1,\ 2^8-1 \cdots$

가. 먼저 귀납적으로 조사하자.

나. 이와 같은 패턴의 수열을 생각해 보고 해결책을 구하자.

21 어떤 자연수 약수의 합이 그 자연수보다 작을 때 그 수를 부족수라고 하고 같을 때 완전수라고 하며 클 때 과잉수라고 한다. 각각의 예를 찾아보자.

가. p가 소수일 때 p^n은 어떤 수인가?

나. 완전수의 모든 약수의 합은 얼마일까?

다. 과잉수의 배수는 어떤 수일까?

라. 2^n-1이 소수이면 $2^{n-1}(2^n-1)$은 완전수임으로 보여라.

마. 짝수인 완전수는 모두 $2^{n-1}(2^n-1)$ 형태임을 보여라.

22 임의의 자연수 $n \geq 2$에 대하여 $\sum_{k=2}^{n} \frac{1}{k}$은 자연수가 될 수 없음을 보여라.

23 $6p+5$형의 소수는 무수히 많음을 증명하라.

24 a와 b가 동시에 0이 아닌 정수라고 하자. $d=ap+bq$를 $ax+by(x, y$는 정수) 모양의 최소의 양수라고 할 때 d는 a와 b의 최대 공약수임을 보여라. 이 문제를 보다 일반적인 경우로 확장하라.

25 (Wilson의 정리) p가 소수일 때, $(p-1)! \equiv -1 (\mathrm{mod}\ p)$가 성립한다는 것을 보여라.

가. 임의의 3 이상의 소수 p에 대하여 $a^p + (p-1)!a$는 p의 배수임을 보여라.

나. 임의의 3 이상의 소수 p에 대하여

$1^2 \cdot 3^2 \cdot 5^2 \cdots (p-2)^2 \equiv (-1)^{\frac{p+1}{2}} (\mathrm{mod}\, p)$임를 보여라.

26 $\displaystyle\sum_{k=1}^{n} \frac{k}{\frac{n(n+1)}{2} - k} \geq \frac{n}{n-1}$를 증명하라.

가. 이 문제를 다음과 같이 일반화 할 수 있을까? 즉, $a_1, \cdots, a_n$을 양수라고 할 때

$$\frac{a_1}{a_2 + a_3 + \cdots + a_n} + \frac{a_2}{a_1 + a_3 + \cdots + a_n} + \cdots + \frac{a_n}{a_1 + a_2 + \cdots + a_{n-1}} \geq \frac{n}{n-1}$$

가 될 수 있을까?

27 n개의 양수 $a_1, \cdots, a_n$이 $a_1 \cdots a_n = 1$을 만족할 때

$$(1 + a_1)(1 + a_2) \cdots (1 + a_n) \geq 2^n$$

을 만족한다. 이 문제를 귀납적 방법으로 조사하자.

28 어떤 자연수의 약수 산술평균과 조화평균의 곱은 그 수와 같다는 것을 보여라.

가. 간단한 경우에 대하여 생각하자.

나. 보다 복잡한 경우로 일반화 하자.

29 임의의 자연수 m, n에 대하여 아래 부등식이 성립한다는 것을 보이자.

$$\left(\frac{1}{1+m}\right)^{\frac{1}{n}} + \left(\frac{1}{1+n}\right)^{\frac{1}{m}} \geqq 1$$

30 두 수열 $a_1 \leqq a_2 \leqq \cdots \leqq a_n$과 $b_1 \leqq b_2 \leqq \cdots \leqq b_n$에 대하여,

$$a_1 b_n + a_2 b_{n-2} + \cdots + a_n b_1 \leqq a_1 c_1 + a_2 c_2 + \cdots + a_n c_n \leqq a_1 b_1 + a_2 b_2 + \cdots + a_n b_n$$

이 성립한다. 여기서 $c_1, \cdots c_n$은 $b_1, \cdots b_n$을 임의로 재배열한 수열이다.

가. 두 수열 $a_1 \leqq a_2 \leqq \cdots \leqq a_n$과 $b_1 \leqq b_2 \leqq \cdots \leqq b_n$에 대하여,

$$(a_1 + a_2 + \cdots + a_n)(b_1 + b_2 + \cdots + b_n) \leqq n(a_1 b_1 + a_2 b_2 + \cdots + a_n b_n)$$

이 성립한다.

나. 참고 : $n=2$의 경우에는 쉽게 증명될 것이다. $n=2$의 경우를 이용하면 다음과 같은 기하학적 관찰에 의하여 쉽게 일반적인 경우도 확장될 것이다. 다음 그림에서 각 격자는 $a_i b_j$를 표시한다. 진한 부분이 $a_j b_j$이고 연한 부분이 $a_{n-j} b_j$를 표시한다. 이 그림은 n이 홀수인 경우다. 각각의 격자의 값을 1, 2, 3, 4, 5와 a, b, c, d, e로 표시하였다. 여기서 $n=2$의 경우를 이용하면 $1+5 \geqq a+e$, $2+4 \geqq b+d$라는 것을 알 수 있다(3과 c는 같은 값이다).

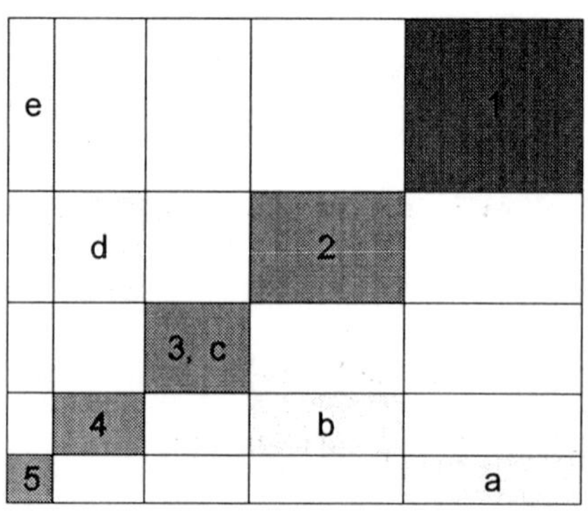

n이 짝수인 경우에는 다음 그림에 의하여 자명하다.

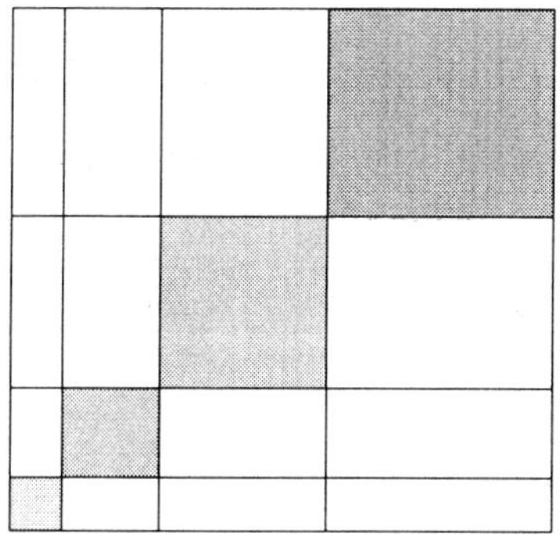

31 차이가 1보다 큰 두 양수 사이에는 자연수가 있음을 보여라.

32 원소 (e, a, b, c)를 가지는 군이 $ab = c$를 만족한다. 단, 여기서 e는 항등원이다. 이러한 군은 어떠한 것이 존재할까? 연산표를 만들어 위의 조건을 만족하는 구조를 찾아보자.

33 다음 두 군 $(G, *)$의 구조와 군 $(H, ※)$의 구조를 비교할 때 어떤 차이점과 공통점이 있는가?

*	e	a	b
e	e	a	b
a	a	b	e
b	b	e	a

※	0	1	2
0	0	1	2
1	1	2	0
2	2	0	1

가. 군 $(G, *)$의 구조와 군 $(H, ※)$의 구조를 비교할 때 전자의 정보는 후자의 정보를 이해하는데 어떤 도움을 주는가?

나. 이러한 사례를 발표해보자.

34 폐구간 $[a, b]$와 개구간 (a, b)의 차이점을 열거해보자.

가. 원소의 갯수에 관련지어 차이가 있는가?

나. 원소의 순서에 관하여 차이가 있는가? 즉 $a < x < y < b$이면 $f(x) < f(y)$를 만족하는 일대일 대응함수 $f : (a, b) \to [a, b]$가 존재할까?

다. 수열에 관련지어 차이점을 분석해보자.

35 다음 문제를 풀어라.

1) 두 유리수 사이에는 적어도 하나의 무리수가 있음을 보여라.

2) 두 무리수 사이에는 적어도 하나의 무리수가 있음을 보여라.

3) 두 무리수 사이에는 적어도 하나의 유리수가 있음을 보여라.

36 세제곱수가 아닌 임의의 양수 s에 대하여 $\sqrt[3]{s}$는 무리수일까?

37 음의 정수의 집합과 양의 정수의 집합에서 순서를 유지하면서 일대일 대응이 가능할까?

38 수의 구조

가. 유리수가 자연수와 다른 대수적 구조를 말해보자.

나. 자연수와 정수의 순서구조의 차이점을 말해보자.

다. 유리수와 정수의 순서구조의 차이점을 말해보자.

39 J는 폐구간이고 A는 J의 무한부분집합이다. 이 때 임의의 자연수 n에 대하여 $A \cap \left(p - \frac{1}{n},\ p + \frac{1}{n}\right)$은 무한집합이 되게 하는 점 p가 존재할까?

가. J와 A를 구체적으로 설정하여 위의 문제를 생각하자.

나. 적절한 예와 반례를 찾아보자.

40 임의의 정수 p, $q(q \neq 0)$에 대하여 $\left|\sqrt{2}-\frac{p}{q}\right| > \frac{c}{q^2}$를 만족하는 $c>0$이 존재한다. 이 문제를 일반적인 무리수 $\sqrt{a}$에 대해서도 생각해보자.

41 z가 복소수일 때 $z^n+\frac{1}{z^n}$을 $z+\frac{1}{z}$의 n차 식으로 표시할 수 있을까?

42 용기 A에는 10%의 소금물 500g, 용기 B에는 5%의 소금물 200g이 들어 있다. A, B로부터 각각 50g의 소금물을 떠서 A의 것은 B에 넣고 동시에 B의 것은 A에 넣는 시행을 n회 실행한다. 이런 시행의 결과 A의 용기는 a_n%의 소금물, B의 용기는 b_n%의 소금물이 되었다. 이 때, a_n과 a_{n-1}의 관계식과 b_n과 b_{n-1}의 관계식을 구하라.

43 수열 $x_n=\left(1+\frac{1}{n}\right)^{1+n}$은 감소수열임을 보여라. 수열 $x_n=\left(1+\frac{1}{n}\right)^n$은 증가수열임을 보여라.

44 $c>0$이고 $n \geqq 2$일 때 다음 점화식

$$x_n=\frac{1}{2}\left(x_{n-1}+\frac{c}{x_{n-1}}\right)$$

은 감소수열임을 보여라.

45 $\max_x \min_y F(x, y)=\min_y \max_x F(x, y)$가 될까?

가. 구체적인 값을 통하여 위의 등식을 검사하자.

나. 위의 식에 관한 일반적인 (부)등식이 존재할까? 예와 반례를 찾아보자.

46 $[0, 1]$에 한 점을 x_1이라고 하고 0과 x_1의 중점을 y_1, y_1과 1의 중점을 x_2, x_2와 1의 $0<x_1<2$이고 임의의 $n=1, 2, 3, \cdots$에 대하여 x_{n+1}

$= \sqrt{x_n + 2}$ 을 만족하는 수열 $\{x_n\}$은 임의의 $n = 1, 2, 3, \cdots$에 대하여 $0 < x_n < x_{n+1} < 2$를 만족한다는 것을 보여라.

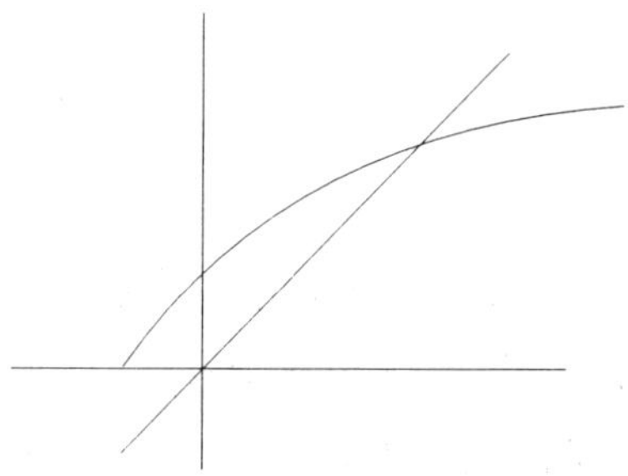

47 $0 < y_1 < x_1$이라고 하고 임의의 $n = 1, 2, 3, \cdots$에 대하여 $x_{n+1} = \dfrac{x_n + y_n}{2}$, $y_{n+1} = \sqrt{x_n y_n}$ 라고 하자.

가. 임의의 $n = 1, 2, 3, \cdots$에 대하여 $0 < y_n < x_n$이 됨을 보여라.

나. 임의의 $n = 1, 2, 3, \cdots$에 대하여 $y_n \leqq y_{n+1}$이 됨을 보여라.

다. 임의의 $n = 1, 2, 3, \cdots$에 대하여 $x_n \geqq x_{n+1}$이 됨을 보여라.

라. 임의의 $n = 1, 2, 3, \cdots$에 대하여 $0 < x_{n+1} - y_{n+1} < \dfrac{x_1 - y_1}{2^n}$을 보여라.

48 $x_0 = 1$, $y_0 = 0$이고 임의의 $n = 1, 2, 3, \cdots$에 대하여 $\begin{pmatrix} x_n \\ y_n \end{pmatrix} = \begin{pmatrix} 1 & 2 \\ 1 & 1 \end{pmatrix} \begin{pmatrix} x_{n-1} \\ y_{n-1} \end{pmatrix}$로 정의한다. 이 때 임의의 $n = 1, 2, 3, \cdots$에 대하여 $x_n^2 - 2y_n^2 = \pm 1$이 됨을 보여라.

49 $x_0 = 2\sqrt{3}$, $y_0 = 3$이고 임의의 $n = 1, 2, 3, \cdots$에 대하여

$$\frac{2}{x_n} = \frac{1}{x_{n-1}} + \frac{1}{y_{n-1}}, \quad y_n = \sqrt{x_n y_{n-1}}$$

로 정의한다. 이 때 임의의 $n=1, 2, 3, \cdots$에 대하여는 감소수열이고 $\{y_n\}$는 증가수열임을 보여라.

50 $x_0=1$, $y_0=0$, $p>0$, $q>0$이고 임의의 $n=1, 2, 3, \cdots$에 대하여

$$\begin{pmatrix} x_n \\ y_n \end{pmatrix} = \begin{pmatrix} 1-p & q \\ p & 1-q \end{pmatrix} \begin{pmatrix} x_{n-1} \\ y_{n-1} \end{pmatrix}$$

라고 하자. x_n과 y_n을 p, q, n의 식으로 표시하라.

51 S^1는 원이고 p는 주어진 실수일 때 함수 $f_p(x)=x+2\pi p$를 만족하는 함수 $f_p : S^1 \to S^1$에서 정의되어 있다. 이 함수의 행동을 p의 값과 관련시켜 탐구하자.

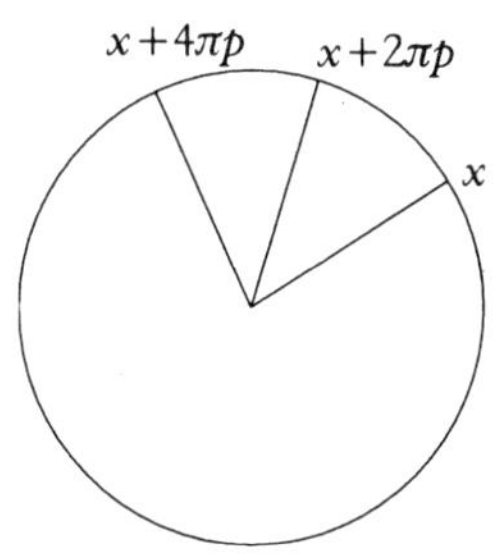

가. $f_p \circ f_p(x)=x+4\pi p$의 위치를 구해보자.

나. n개의 합성함수 $f_p \circ f_p \cdots \circ f_p(x)=x+n\pi p$의 위치를 구해보자.

다. p가 유리수일 때 임의개의 함수의 합성 $f_p \circ f_p \cdots \circ f_p(x)$의 값을 구해보자. 그 값들은 원주위에서 어떤 양상을 보이는가?

라. p가 무리수일 때 임의개의 함수의 합성 $f_p \circ f_p \cdots \circ f_p(x)$의 값을 구해보자. 그 값들은 원주위에서 어떤 양상을 보이는가?

52 제논의 아킬레스와 거북이의 패러독스에 대하여 논의하자.

53 무한대란 무엇일까?

가. 무한대란 무엇일까? 각자 나름대로 발표해보자.

나. 무한대는 변하는 것일까?

다. 무한대는 수일까?

라. 무한이란 무엇인가? 무한의 예를 들어보자. 예로부터 무한이란 개념을 정의하자.

54 '가까이 간다.'라는 말에 대한 의미를 살펴보자.

가. $\lim_{n\to\infty}\left(\frac{1}{n}-\frac{1}{n+1}\right)$에 대하여 말해보자.

나. $\sum_{n=1}^{\infty}\frac{1}{n}$에 대하여 말해보자.

55 수의 구조

가. 폐구간과 개구간의 차이점을 말해보자.

나. 유계폐구간과 무계폐구간의 차이점을 말해보자.

56 피보나치 수열의 일자리 수의 패턴이 $1, 1, 2, 3, 5, 8, 3, 1, 4, \cdots 7, 2, 9, 1, 0$ 으로 반복되는 것을 보여라.

57 $0.1122123124125126 12\cdots$는 유리수가 아님을 보여라.

58 급수의 항의 바꿈은 어떤 결과를 가질까?

가. $1-\frac{1}{2}+\frac{1}{3}-\frac{1}{4}+\frac{1}{5}-\frac{1}{6}-\cdots$의 값과 $1-\frac{1}{2}-\frac{1}{4}+\frac{1}{3}+\frac{1}{5}-\frac{1}{6}-\cdots$의 값은 같을까?

나. 급수의 항을 바꿈으로서 극한값이 달라지는 사례를 만들어라.

다. 급수의 항을 바꿈으로서 극한값이 달라지지 않는 사례를 만들어라.
라. 달라지는 것과 달라지지 않는 것의 차이는 무엇일까?

59 $0.\dot{9} = 1$이 성립할까?

가. $0.\dot{9}$의 의미는 무엇인가?
나. 9를 9로 나누는 방식을 말해보자.

60 $\frac{1}{10}+\frac{1}{10^3}+\frac{1}{10^6}+\frac{1}{10^{10}}+\frac{1}{10^{15}}+\cdots$는 유리수가 아님을 보여라. 이와 유사한 문제를 생각하고 결론을 추측하자.

61 n개의 양수의 곱이 1이라고 할 때 이 양수에 1씩 더해서 곱한 결과는 2^n 이상임을 보 n개의 양수의 합이 1이라고 할 때 이 양수의 역수에 1씩 빼서 곱한 결과는 $(n-1)^n$ 이상임을 보여라.

62 임의의 자연수 n과 양수 h에 대하여 $(1+h)^n \geq 1+nh$를 증명하라.

63 초등방법을 사용하여 $x \geq 0$이고 $n \geq 2$의 자연수일 때, 부등식 $x^n - 1 \geq n(x-1)$을 증명하라. 위의 과제를 보다 일반적인 경우로 확장하자.

64 코시-쉬바르츠의 부등식을 진술하고 증명하자. 이 문제를 복소수의 경우로 확장하자.

65 $n=2, 3, 4, 5, \cdots$에 대하여 $\sin\frac{\pi}{n}\sin\frac{2\pi}{n}\sin\frac{3\pi}{n}\cdots\sin\frac{(n-1)\pi}{n}=\frac{n}{2^{n-1}}$가 성립함을 보여라.

66 $\sum_{k=1}^{n}\sin(\theta+kp)$를 간단한 형으로 고쳐라. $\sum_{k=1}^{n}\cos(\theta+kp)$의 경우도 생각해보자.

67 집합 $\left\{\frac{1}{2}, \frac{1}{2^2}, \cdots, \frac{1}{2^n}\right\}$의 공집합을 제외한 모든 부부집합에 있는 최대 원소의 합을 구하라.

68 $1+\cfrac{1}{1+\cfrac{1}{1+\cfrac{1}{1+\cfrac{1}{1+\cdots}}}}$를 a라고 하면 $a=1+\frac{1}{a}$라고 할 수 있는가?

69 $1-1+1-1+1-\cdots$라고 쓸 때 이것의 의미는 무엇인가?

70 1보다 작은 유리수를 10진법으로 전개할 때 순환소수가 된다고 한다. 유리수를 10진법이 아닌 다른 진법으로 전개하면 그 결과가 어떻게 될까? 이진법의 경우에 대하여 이 문제를 생각하라.

71 점화식 $x_{n+1}=f(x_n)$, $x_1=a$의 극한을 구하는 기하학적 방법을 생각한다.

가. $f(x)=x$를 만족하는 점을 f의 부동점이라고 한다.

나. f가 연속일 때 위의 점화식이 수렴한다면 어디에 수렴할까?

다. 부동점 주위에 점화식의 변화에 대하여 조사한다. 이 그래프에서 점화식의 극한은 어디에 수렴하는가? a가 p의 오른 쪽에 있을 경우에도 점화식의 극한은 같은 값에 수렴하는가?

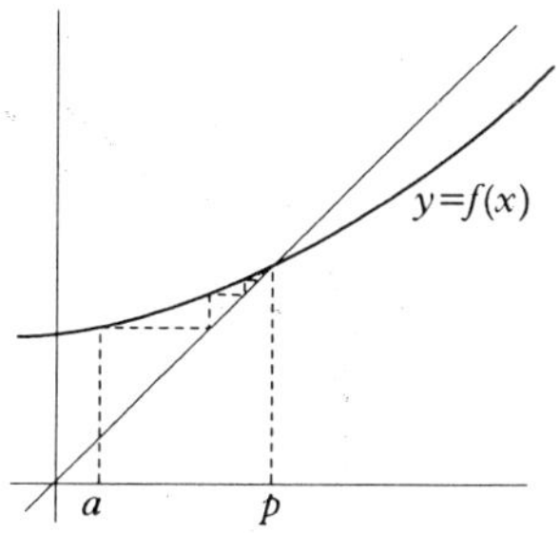

라. 다음 그래프에 대하여 점화식의 극한을 생각해보자. 발산하는가?

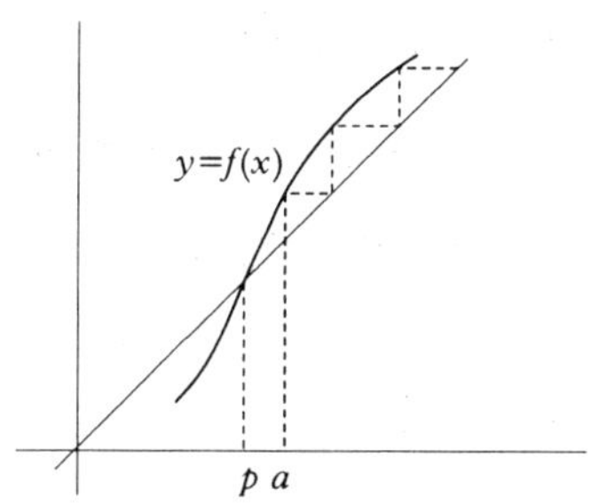

마. 수렴과 발산의 변화는 어디에 있다고 보는가?

바. 특히 $f(x) = \mu x(1-x)$에서 μ의 여러 가지 양수 값에 대한 점화식의 극한에 대하여 그래프 분석을 해보자.

72 플라톤 다면체 한 변의 길이를 1이라고 할 때 내접하는 원의 반지름을 구하라. $x_1 = 1$, $n \geq 1$일 때 $x_{n+1} = x_n + \dfrac{1}{x_n}$로서 정의된 수열은 $n \geq 2$일 때 $x_n \geq \sqrt{n}$임을 보여라.

가. $y_n = \sqrt{n}$을 만족하는 2항간 점화식을 만들자.

나. 두 점화식 $x_{n+1} = f(x_n)$과 $y_{n+1} = g(y_n)$이 주어졌을 때 임의의 x에 대해서 $f(x) \geq g(x)$가 성립할 때 점화식 $\{x_n\}$과 $\{y_n\}$을 비교해보자.

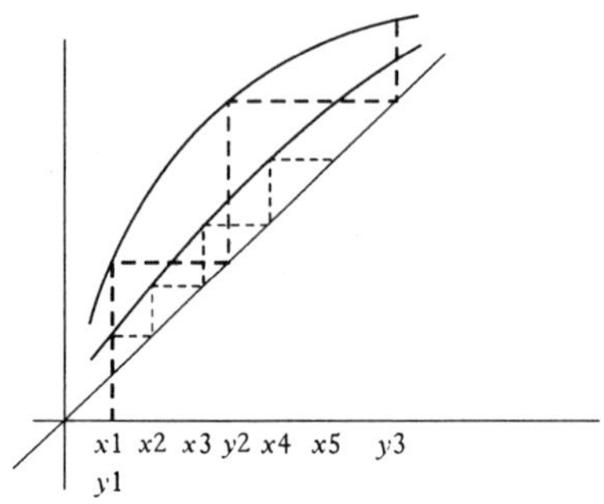

73 어떤 벡터 $\vec{x}$를 두 벡터 $\vec{a}$와 $\vec{b}$로 분해하자. $\vec{x}=\vec{a}+\vec{b}$. 여기서 $k=\frac{|\vec{a}|}{|\vec{b}|}$는 임의로 정할 수 있다. $\vec{x}$, $\vec{a}$, $\vec{b}$의 방향각을 각각 θ, θ_1, θ_2라고 하고 크기를 각각 x, a, b라고 하면 $x\sin\theta = a\sin\theta_1 + b\sin\theta_2$이고 $x\cos\theta = a\cos\theta_1 + b\cos\theta_2$가 된다. 그러므로 $\tan\theta = k\tan\theta_1 + \tan\theta_2$가 된다. 여기서 k는 임의의 값을 취할 수 있으므로 결국 $\tan\theta = \tan\theta_2$가 된다. 무엇이 잘못되었는가?

74 직선과 선분의 비를 보존하는 평면상의 변환의 성질을 탐구하자.

가. 직선을 직선으로 변환하는 함수는 어떤 모습일까? 더욱이 이 변환이 내분점과 외분점을 보존한다고 할 때는 어떻게 되어야 할까? 그런 함수의 일반형은 무엇일까?

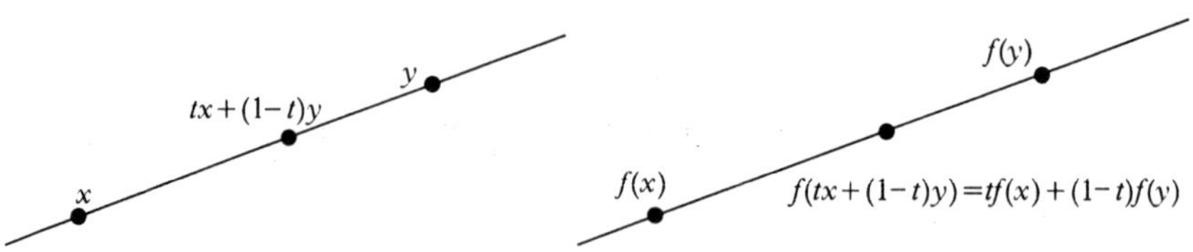

정의 함수 $f: R^2 \to R^2$가 임의의 벡터 x, y와 실수 k에 대하여 $f(x+y) = f(x)+f(y)$이고 $f(kx) = kf(x)$을 만족할 때 f를 **선형변환**이라고 한다. 특히 이 변환이 1-1 대응일 때 **정칙 선형변환**이라고 한다.

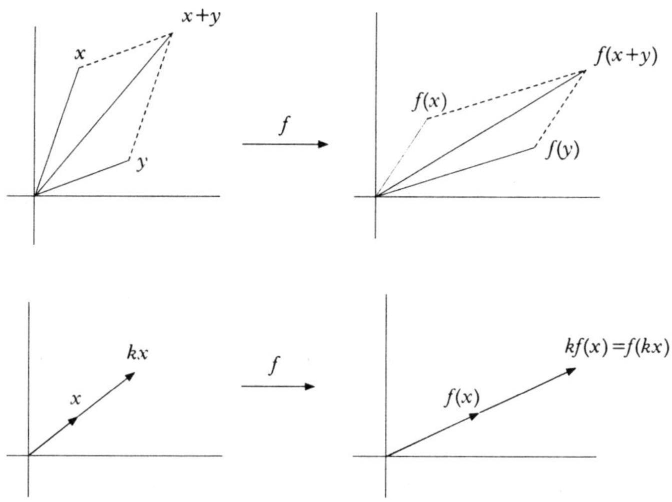

나. 여러 가지 선형변환 $f: R^2 \to R^2$의 예를 만들어 보자.

다. 선형변환 $f: R^2 \to R^2$가 주어졌을 때 $f(O)$는 무엇인가?

라. 다음 그림과 같은 삼각형의 다음 변환 f, g, h에 의한 상을 각각 구하라. 또 어느 변환이 선형변환인가? 1-1 변환을 정칙 변환이라고 한다. 어느 변환이 정칙 선형변환인가? 정칙 선형변환을 판정할 수 있는 방법을 생각하자. 또 정칙 선형변환의 역변환을 구하라.

a) 변환 $f: R^2 \to R^2$, $f(x, y) = (2x, 3y)$
b) 변환 $g: R^2 \to R^2$, $g(x, y) = (2x - y, x + 3y)$
c) 변환 $h: R^2 \to R^2$, $h(x, y) = (x - y, 0)$
d) 변환 $p: R^2 \to R^2$, $p(x, y) = (x - 2y, x + 2)$
e) 변환 $q: R^2 \to R^2$, $q(x, y) = (x - y, x^2)$
f) 변환 $k: R^2 \to R^2$, $k(x, y) = (0, 0)$

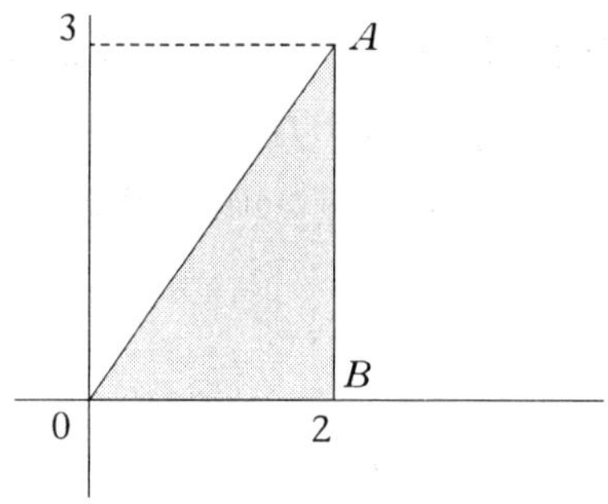

집합 $D=\{x: R^2 : y=x^2\}$의 다음 변환에 의한 상을 구하라. 어떤 선형변환이 1-1 대응인가?

a) 변환 $f: R^2 \rightarrow R^2$, $f(x, y)=(2x, 3y)$

b) 변환 $g: R^2 \rightarrow R^2$, $g(x, y)=(2x-y, x+3y)$

c) 변환 $h: R^2 \rightarrow R^2$, $h(x, y)=(x-y, 0)$

마. 주어진 정칙 선형변환 $f: R^2 \rightarrow R^2$에 의하여 변하지 않는 성질, 즉 S가 성질 P를 가질 때 $f(S)$가 역시 성질 P를 가질 때 P를 f-불변량이라고 한다. 또는 그 성질이 f에 의하여 보존된다고 한다. 불변량을 구하라.

75 선형변환 $T: R^3 \rightarrow R^3$이 $\| T(p)-T(q) \| = \| p-q \|$을 만족할 때 길이보존 변환이라고 하고 어떤 성질 P에 대하여 성질 $T(P)$도 P가 될 때 P는 T의 불변량이라고 한다.

가. 길이는 불변량이다. 각은 불변량일까?

나. 불변량을 모두 열거해 보자.

76 선형변환 $T: R^3 \rightarrow R^3$이 $T(p)=cp$, (c는 일정한 양의 상수)을 만족할 때 닮음 변환이라고 한다.

가. 길이는 불변량일까? 각은 불변량일까?

나. 불변량을 모두 열거해 보자.

77 선형변환 $T: R^2 \to R^2$이 $T = \begin{bmatrix} 1 & 2 \\ 0 & 1 \end{bmatrix}$와 같다.

가. 정사각형의 꼭지점의 좌표 $(0, 0)$, $(0, 1)$, $(1, 0)$, $(1, 1)$은 각각 T에 의하여 어디로 가는가?

나. 위의 정사각형의 T에 의한 상의 모습을 그려보자.

다. 불변량을 모두 열거해보자.

78 다음 선형변환에 의한 불변인 것은

$$\begin{pmatrix} 1 & k \\ 0 & 1 \end{pmatrix}\begin{pmatrix} x \\ y \end{pmatrix}$$

여기서 $k > 0$이다.

가. 이 변환에서 정사각형의 상이 어떻게 나타나는가를 조사하자.

79 다음 변환에서 정사각형의 상이 어떻게 나타나는가를 조사하자.

$$\begin{pmatrix} k & 0 \\ 0 & 1 \end{pmatrix}\begin{pmatrix} x \\ y \end{pmatrix}$$

여기서 $k > 0$이다.

가. 이 변환에서 정사각형의 상이 어떻게 나타나는가를 조사하자.

나. 이 변환에 의한 불변인 것을 조사하자.

다. 이 변환에 의하여 원의 상이 어떻게 나타나는가를 조사하자.

80 다음 변환에서 정사각형의 상이 어떻게 나타나는가를 조사하자.

$$\begin{pmatrix} -1 & 1 \\ 0 & 1 \end{pmatrix}\begin{pmatrix} x \\ y \end{pmatrix}$$

가. 이 변환에서 정사각형의 상이 어떻게 나타나는가를 조사하자.
나. 이 선형변환에 의한 불변인 것을 조사하자.
다. 이 변환에 의하여 원의 상이 어떻게 나타나는가를 조사하자.

81 다음 변환에 의한 불변인 것은

$$\begin{pmatrix} \cos\theta & \sin\theta \\ -\sin\theta & \cos\theta \end{pmatrix}\begin{pmatrix} x \\ y \end{pmatrix}$$

여기서 $\theta \neq 0$이다.

가. 이 변환에서 정사각형의 상이 어떻게 나타나는가를 조사하자.
나. 이 선형변환에 의한 불변인 것을 조사하자.
다. 이 변환에 의하여 원의 상이 어떻게 나타나는가를 조사하자.

82 다음과 같은 방정식으로 표시된 두 직선 $ax+by+c=0$과 $cx+dy+e=0$의 교점을 지나는 직선들은 어떠한 식으로 표시될까?

가. 직선 $ax+by+c=0$와 직선 $cx+dy+e=0$을 결정하는 수치들의 기하학적 의미를 생각해보자.
나. 이 문제로부터 원의 방정식의 경우에 대하여 유추하자.

83 다음 삼각형의 호수에 배가 한 척 있다. 이 배의 위치를 나타낼 수 있는 방법을 말해보자.

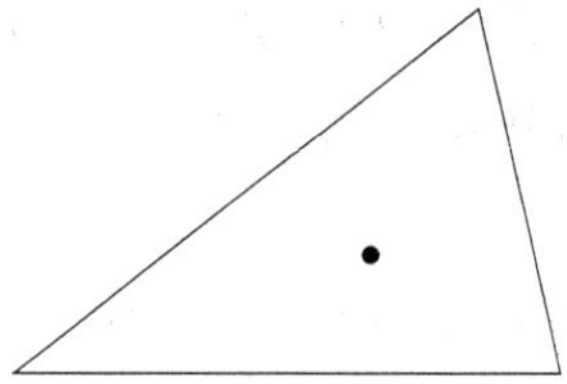

84 3점 A, B, C가 만드는 위치벡터를 각각 e_1, e_2, e_3라고 하고 삼각형 위의 임의의 점 P를 e_1, e_2, e_3의 일차 결합으로 표현해보자. 즉

$$P = ae_1 + be_2 + ce_3$$

여기서 (a, b, c)를 점 (A, B, C)에 관한 질량좌표계(barycentric coordinates)라고 한다. 특정한 점에 대한 질량 좌표를 구해보자.

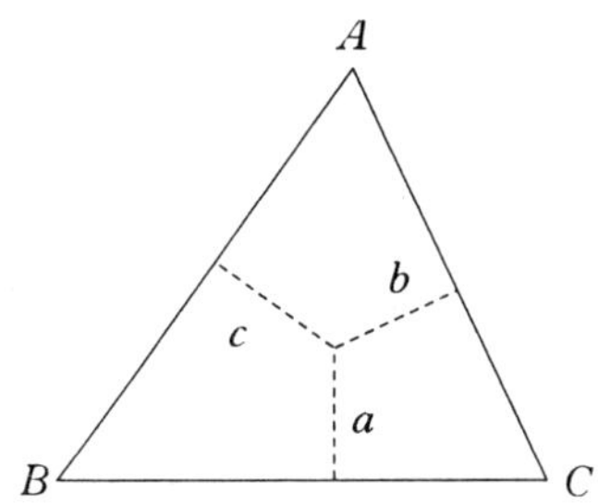

가. 선분 AB위의 점의 질량좌표는 어떻게 표시될까? 삼각형의 각 변위에 있는 점의 질량 좌표를 구해보자.

나. 삼각형의 내부의 점의 질량좌표를 구해보자.

다. 질량 좌표계라고 하는 이유를 알아보자.

85 다음 삼각형의 넓이를 1이라고 하자. 다음 그림과 같이 변 AB, BC, CA를 각각 $r:1$, $p:1$, $q:1$로 내분하고 그 내분점을 각각 N, L, M이라고 하자.

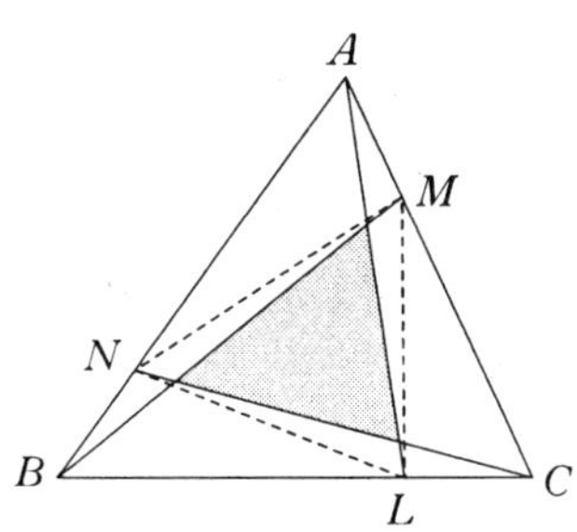

이 때 선분 AL, BM, CN에 의하여 만들어지는 삼각형의 면적은

$$\frac{(pqr-1)^2}{(pq+p+1)(qr+q+1)(rp+r+1)}$$

이 됨을 보여라. 또 삼각형 MNL의 면적은

$$\frac{pqr+1}{(p+1)(q+1)(r+1)}$$

이 됨을 보여라.

가. 이 문제를 직각 이등변 삼각형의 경우에 대하여 조사하자. 즉 $A=(0,1)$, $B=(0,0)$, $C=(0,1)$로 두고 선분 AL, BM, CN이 만드는 교점들의 좌표를 생각하자.

나. 아핀변환의 불변성을 이용하자.

86 곡선의 길이는 어떻게 정의하면 좋을까?

가. 원의 둘레의 길이는 어떻게 구했는가? 원 둘레는 길이라고 할 수 있는가?

나. 보다 일반적인 곡선의 길이는 어떻게 정의할까?

다. 길이란 무엇일까?

라. 길이의 속성은 무엇이 되어야 할까?

87 면적을 어떻게 정의할까?

가. 원의 면적은 어떻게 구했는가? 원 넓이는 면적이라고 할 수 있는가?

나. 보다 일반적인 도형의 면적은 어떻게 정의할까?

다. 면적이란 무엇일까?

라. 면적의 속성은 무엇이 되어야 할까?

88 ‘이등변 삼각형의 두 밑각은 같다’의 파푸스의 증명을 토론한다.

가. $\triangle ABC$와 $\triangle ACB$에서 $AB = AC$, $AC = AB$이고 $\angle BAC = \angle CAB$ 이므로 $\triangle ABC \equiv \triangle ACB$가 된다. 그러므로 두 밑각은 같다.

나. 이 증명과 전통적인 증명에서 장단점을 논하자.

89 접선이란 무엇인가?

가. 원의 접선의 성질을 연구하자.

나. 원의 접선으로부터 주어진 곡선에 대한 접선을 정의하자.

다. 각자 정의한 정의는 원의 접선을 일반화하는가?

라. 각각 제안된 정의는 사례를 가지는가? 또는 반례를 가지는가?

마. 제안된 정의는 일의적인가?

바. 각자 정의한 접선을 비교하자. 각자의 제안한 정의들의 특징을 비교하자. 어느 정의가 포괄적인가?

사. 각자가 제안한 정의를 다양한 방법으로 재정의하자. 즉 기하학적으로 또는 대수적으로 정의해보자.

90 삼각형을 정의해보자.

91 삼각형의 무게 중심 찾기

가. 정삼각형에 대하여 생각해보자.

나. 직각 이등변 삼각형에 대하여 생각해보자.

다. 이등변 삼각형에 대하여 생각해보자.

라. 직각 삼각형에 대하여 생각해보자.

마. 일반 삼각형에 대하여 생각해보자.

바. 사각형의 경우에 대한 연구

사. 다각형의 경우에 대한 연구

92 같은 길이의 폐곡선에 둘러싸인 가장 큰 면적 구하기

가. 최대의 면적을 가진 도형은 볼록 도형이고 선대칭이다.

나. 선대칭이므로 대칭되는 선에 의하여 반으로 자르자.

다. 반으로 자른 도형은 원호의 일부가 되어야 할 것이고 이 도형도 역시 볼록이다.

라. 이 도형을 아래 왼쪽 그림이라고 하자.

마. 이 도형의 호에 임의의 점을 P라고 하고 선분 AP와 BP를 그리자.

바. 여기서 각 $\angle APB$을 생각하자.

사. 각 $\angle APB$이 직각보다 작다고 하면 직각이 되도록 각을 벌리자. 이때 $PB = PB'$가 되도록 한다.(오른쪽 그림 참고)

아. 오른편 그림은 호의 길이가 왼쪽의 그것과 같지만 전체 도형의 넓이는 커진다.

자. 그러므로 도형의 면적은 각이 직각일 때 가장 커진다.

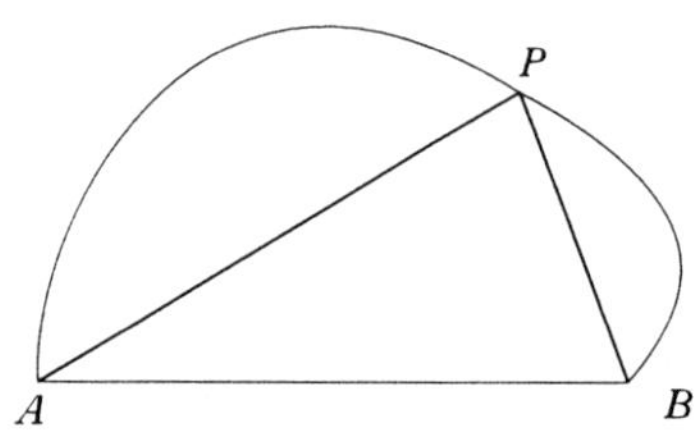

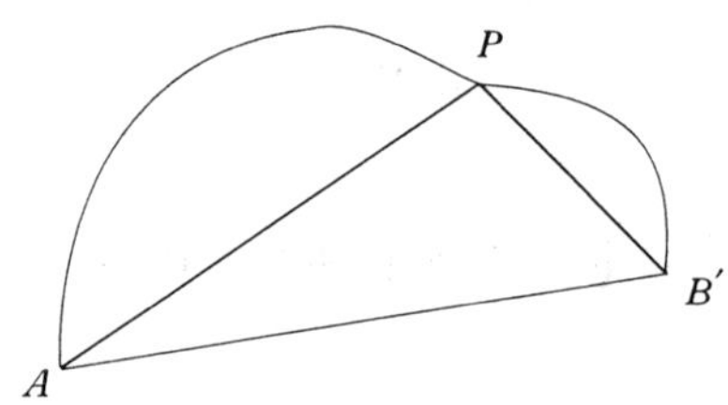

93 다음 도형의 면적을 이등분하라

가. 먼저 주어진 도형에서 삼각형과 활꼴을 각각 2등분하자. M은 AB의 중점이고 N은 호 AB의 중점이다.

나. 선분 PN을 긋고 선분 PN에 평행이고 점 M을 지나는 선분이 선분 AP와 만나는 점을 L이라고 하면 $\triangle LNP$와 $\triangle MNP$는 같은 면적을 가진다.

다. 그러므로 선분 LN은 이 도형의 면적을 이등분한다.

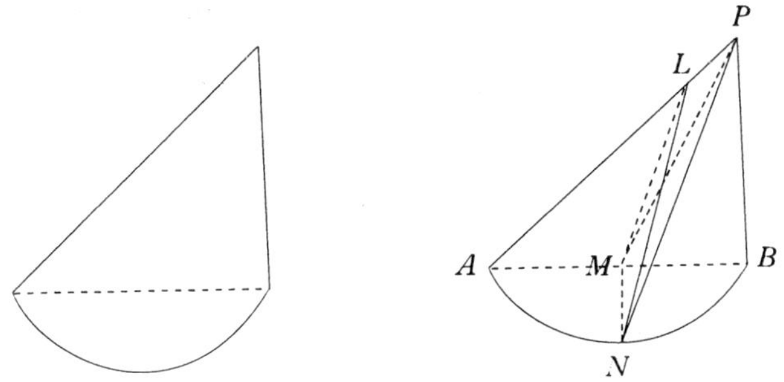

94 세 점 A, B, C를 잇는 도로를 건설하려고 한다. 도로의 길이가 최소가 되도록 설계하려면 어떻게 하는 것이 좋을까? 다음 그림이 문제의 해결에 도움을 줄 것이다. 이 문제를 사변형의 꼭지점으로 확장하자.

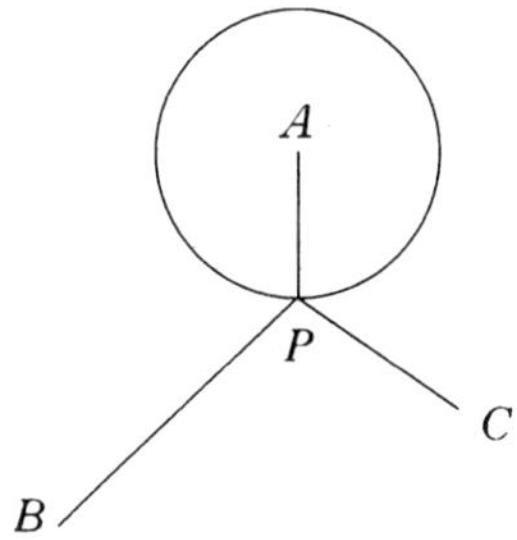

95 어떤 도형 S의 면적을 구하기 위하여 다음과 같은 방법을 사용한다. S_n을 임의의 자연수 n에 대하여 $S_n \subset S_{n+1} \subset S$을 만족하는 집합열이라고 하자. 만약 $S_n \to S$이면 $|S_n| \to |S|$가 될 것이라는 것을 착안하여 아르키메데스는 원의 넓이를 구하기 위하여 S_n을 내접 정다각형으로 사용하였다. 이 생각을 다음과 같은 문제에 적용시킨다.

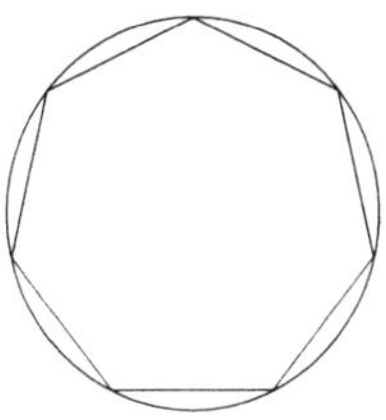

가. 정삼각형 $\triangle ABC$의 두 변 $|AC|+|BC|=|AB|$를 증명한다. 아래 그림과 같이 정삼각형의 중점을 연결하여 톱니 같은 도형을 만들고 그것을 L_n이라고 하자. 그러면 $L_n \to AB$이 될 것이다. 따라서 위의 생각과 같이 $|L_n| \to |AB|$이 될 것이다.

나. 그런데 $|L_n|=|AC|+|BC|$이므로 결국 $|AC|+|BC|=|AB|$이 성립한다.

다. 위의 결론에서 무엇이 잘못되었는가?

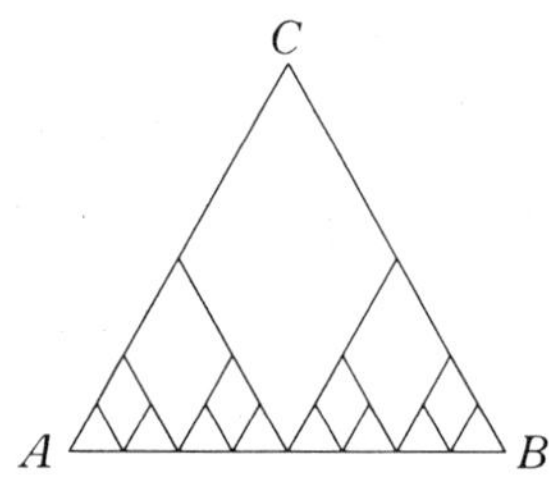

96 원의 넓이를 다음과 같이 생각하여 구했다. 원이란 아주 작은 밑변을 가진 삼각형이 무수히 모인 것이다. 그러므로 원의 넓이는 그러한 삼각형의 넓이의 합이다. 그런데 넓이는 $\sum \frac{Sr}{3}$이 되고 이것을 계산하면

$$\sum \frac{Sr}{2} = \frac{r}{2}\sum S = \frac{r}{2}2\pi r = \pi r^2$$

이 된다.

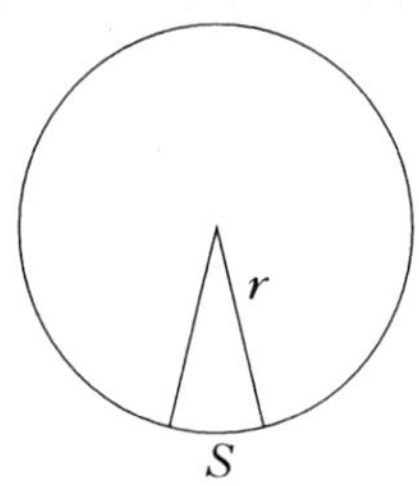

가. 이것으로 구의 체적으로 구해보자.

나. 이 생각을 이용하면 4차원 구의 체적을 구할 수 있는가?

다. 평면에서 자연수 값으로 구성된 5개의 점이 있다. 이들 점 중에서 적어도 한 쌍의 점의 중점의 좌표가 자연수로 이루어짐을 보여라.

97 원 위의 한 점 (p, q)를 지나는 접선의 방정식은 $px+qy=1$이 된다. 이것을 이용하여 타원의 경우에 대하여 유추하라.

가. 타원의 방정식을 $\frac{x^2}{a^2}+\frac{y^2}{b^2}=1$라고 하자.

나. 여기서 $X=\frac{x}{a}$, $Y=\frac{y}{b}$라고 두자. 이렇게 두면 $(x, y)\rightarrow(X, Y)$는 1-1 선형변환인가?

다. 선형변환은 접선을 보존하는가?

라. 위의 관찰로부터 결론을 유도하자.

98 다음 그림과 같이 각 변이 a와 b인 직사각형이 있다. 이 직사각형과 같은 넓이는 가지는 정사각형을 작도하라.

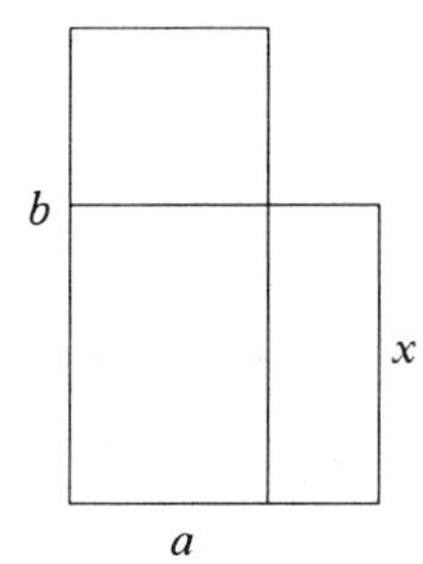

99 다음 두 그림은 원소들 간의 어떤 순서를 말한다. 위에 있는 것일수록 앞에 있다고 할 때, 두 그림에서의 차이를 말해보자.

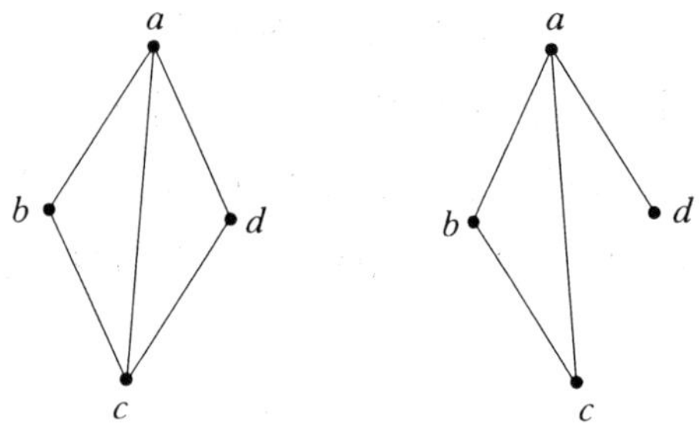

100 두 변 a와 b를 가진 삼각형의 면적이 가장 클 때는 어떤 경우인가?

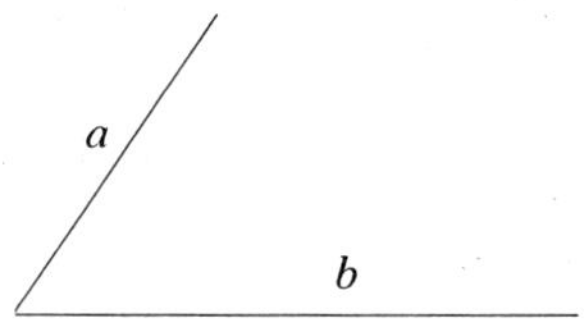

101 공간위에 주어진 직선 L과 두 점 A와 B가 있다. $PA+PB$가 최소가 되는 L상의 점 P의 위치는 어떻게 되는가?

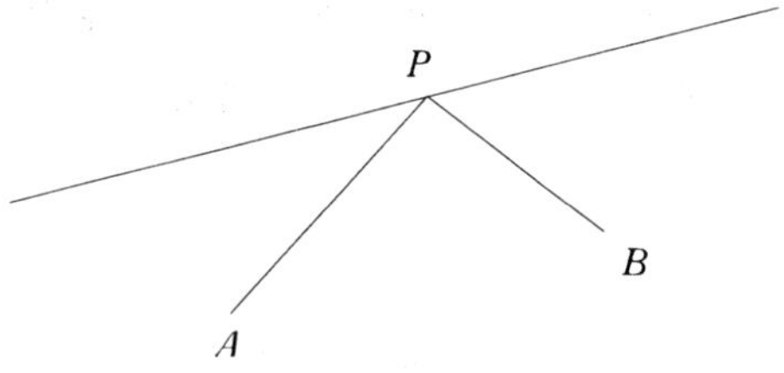

102 평면위에 주어진 직선 L과 그 위에 있지 않는 두 점 A와 B가 있다. $|PA-PB|$가 최대가 되는 L상의 점 P의 위치는 어떻게 되는가?

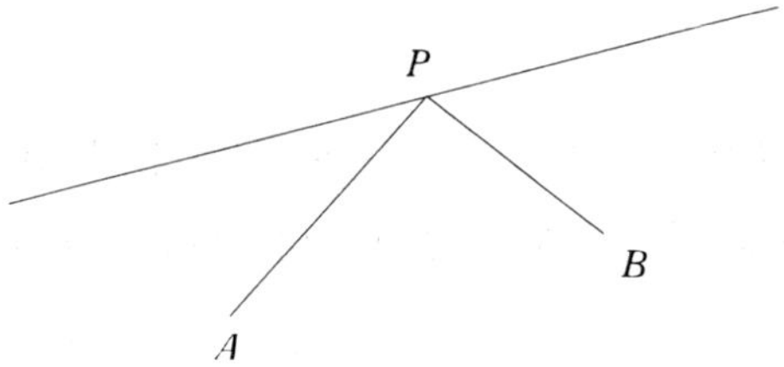

103 주어진 폐곡선 C와 점 A가 있다. 점 P를 AP가 최소가 되는 C상의 점이라고 할 때 P를 지나는 접선은 AP에 수직임을 보여라.

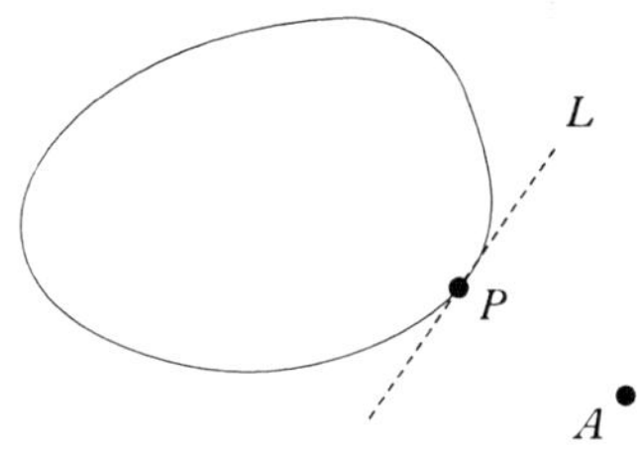

104 직선 L을 경계로 하여 상층부와 하층부는 다른 물질이 들어 있어서 통과하는데 저항이 다르다. 상층부는 시속 V_1의 속도로 갈 수 있고 하층부는 시속 V_2의 속도로 갈 수 있다. A에서 B로 가는데 있어서 가장 빨리 가려면 어떠한 경로를 택해야 하는가? 층이 3개인 경우에 대하여 이 문제를 해결해보자.

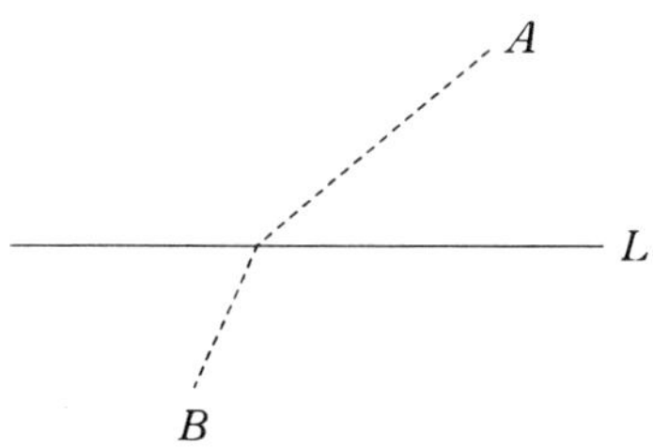

아래 도형에서 대응되는 선의 길이는 같다고 할 때 면적이 같다고 할 수 있을까.

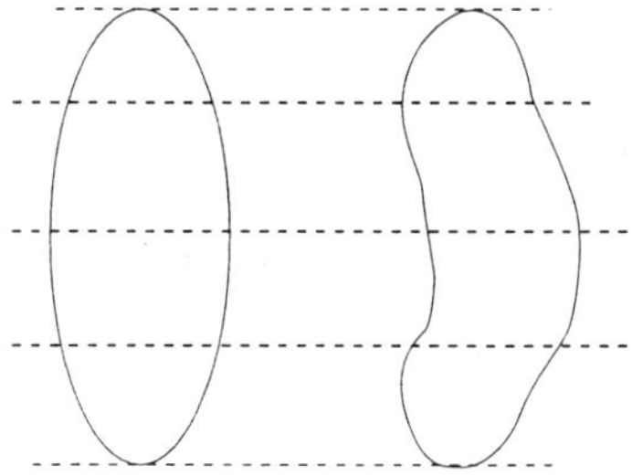

105 아래 왼쪽 도형에서 카발리에리 원리를 적용한다면 두 곡선의 길이가 같다고 할 수 있을까? 또 아래 우측 도형에서 두 단면의 길이가 같다면 표면적이 같다고 할 수 있을까? 카발리에리 원리의 유추가 잘못된 이유는 무엇인가?

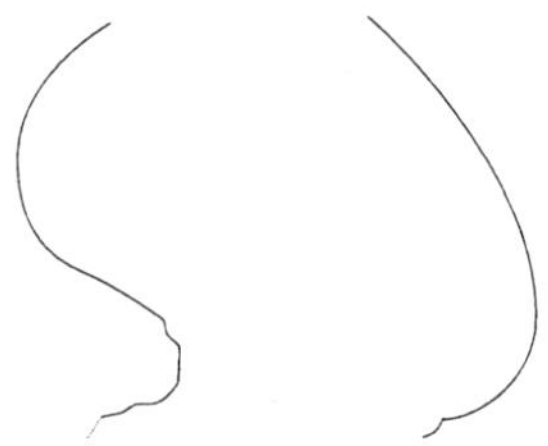

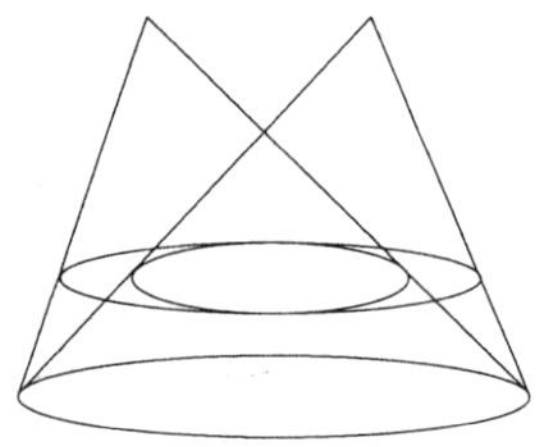

106 원환체의 체적을 구하는 공식의 정당성

가. 원환체의 체적은 아래 점선의 길이와 단면의 곱으로 주어진다고 한다.

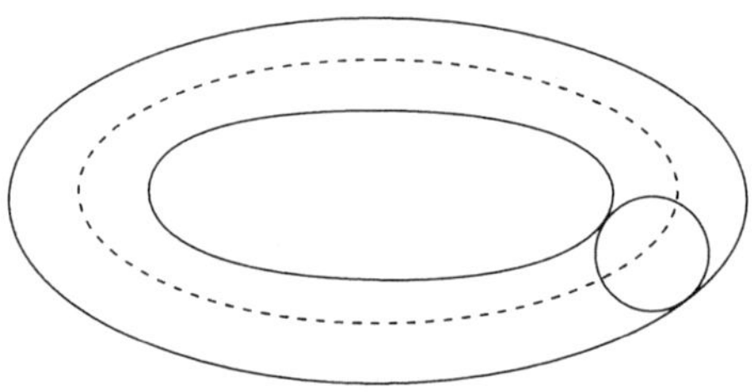

나. 타당한 근거를 진술하라.

107 어떤 도형을 연속변환에 의하여 불변인 성질을 찾아보자.

108 원 위에 등간격으로 진행하는 수열을 생각한다. 이 수열이 수렴하지 않고 그 치역이 원주위에서 조밀할 조건을 구하라. 원주를 n등분할 때의 결과를 두고 생각하자.

109 원점을 지나는 직선이 자연수 격자점으로 된 제 1사분면 위로 진행한다.

가. 직선이 격자점과 만날 조건은 무엇인가?

나. 직선이 격자점과 만나지 않을 조건은 무엇인가?

110 정사면체에 내개의 공이 내접하고 있다. 구의 한 변의 길이를 구하라.

111 상사 변환의 불변량 찾기. 다음 그림은 사각형의 투영이다. 불변인 성질을 찾아보자.

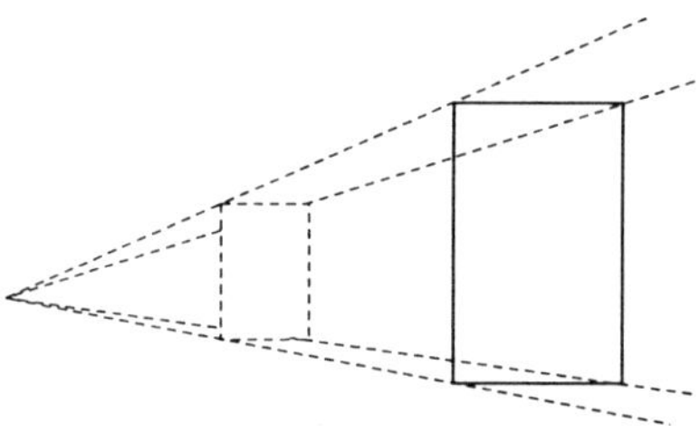

112 주어진 함수에서 면적이 가장 작게 되는 선형 함수의 그래프를 연구하자.

가. 그래프의 꺾은 점이 단 하나인 경우

나. 그래프의 꺾은 점이 두 개 이상인 경우

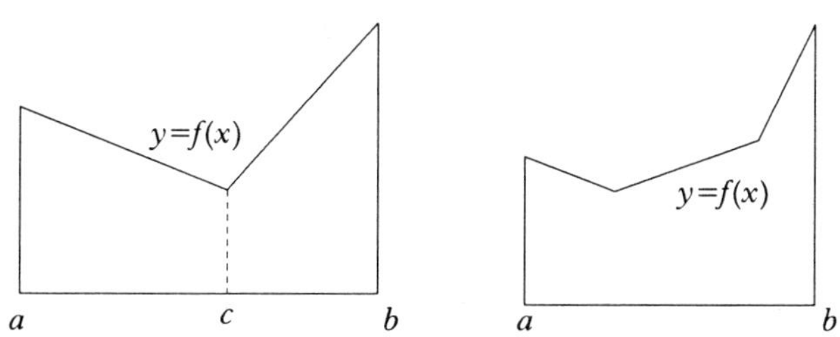

113 고정된 세 점이 있고 그 점들을 연결하는 실이 3개 주어져 있다. 면적이 가장 작게 되는 선형 함수의 그래프를 구하자.

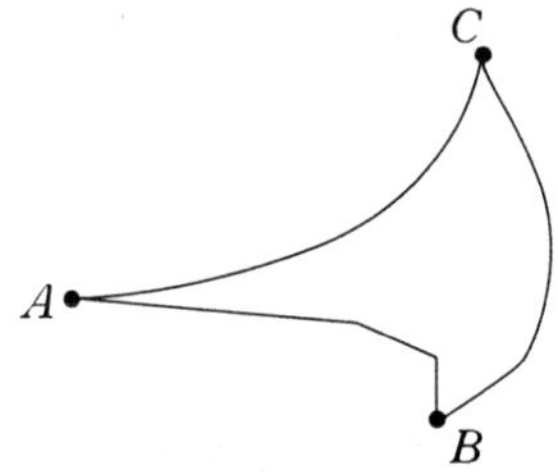

114 두 원이 서로 떨어져 있다. 이 도형의 무게중심을 작도하라.

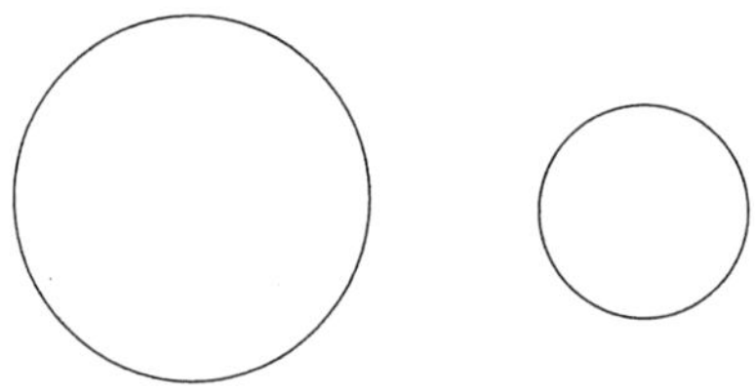

115 삼각형에 수직인 선분의 교점을 K라고 할 때 이 선분 합의 변화는 어떻게 될까?

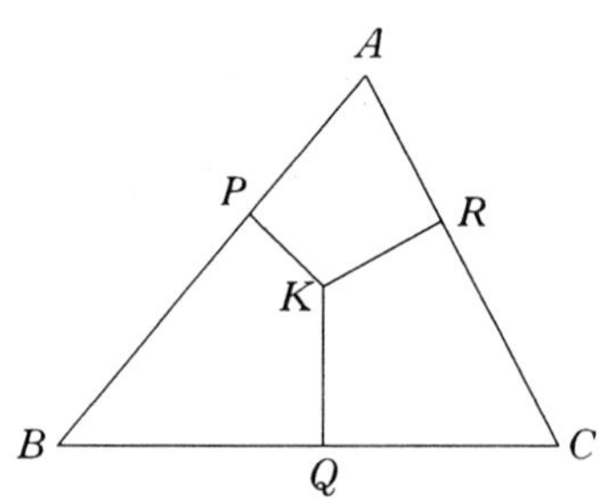

116 다음 원 내부는 풀로 가득 차 있다. 염소를 원주 위의 한 점에 끈으로 매어 놓았다. 이 염소가 원의 내부 면적의 1/2을 돌아다니게 하기 위해서는 끈의 길이를 얼마로 해야 할까?

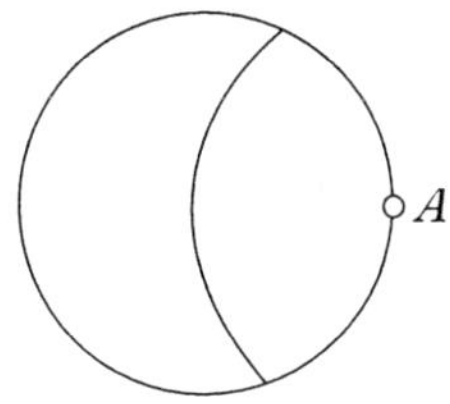

117 직선과 유계도형이 주어졌을 때 이 직선에 수직인 두 지주선 사이의 거리를 이 직선에 따르는 도형의 폭이라고 한다. 모든 방향으로 같은 폭을 가진 도형을 등폭도형이라고 한다. 등폭도형을 구성하라. 삼각형을 이용하여 구성하고 일반적인 경우로 확대하라.

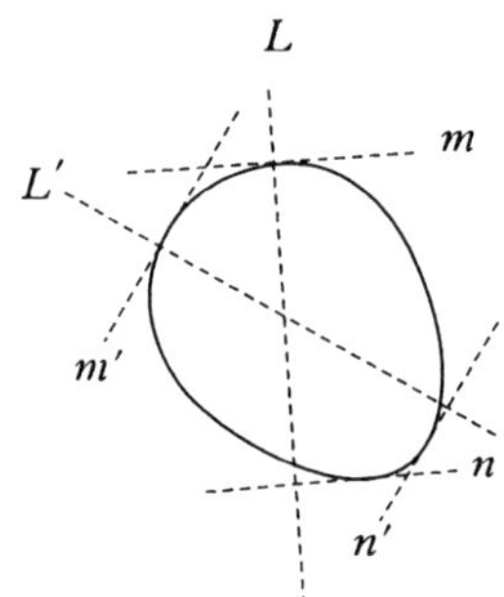

118 격자점 위에 꼭지점을 가지는 단일 다각형의 넓이는 $\frac{p}{2}+q-1$임을 보여라. 여기서 p는 경계점 격자의 개수이고 q는 내부의 격자점 개수이다.

119 $K_1, \cdots, K_N$을 평면상의 볼록집합들이라고 하자. 여기서 $N \geqq 3$이다. 만약 이 집합들 중에서 어느 세 개도 공통부분을 가진다면 이 모든 집합들의 공통부분은 존재한다. $N=4$인 경우의 적절한 사례를 구하여라.

120 삼각형에서 각 변위에 놓인 한 점들이 공선을 이룬다면

$$\frac{AP}{PB} \cdot \frac{BQ}{QC} \cdot \frac{CR}{RA} = -1$$

가 성립한다. 여기서 각 변은 방향을 고려한 것이다.

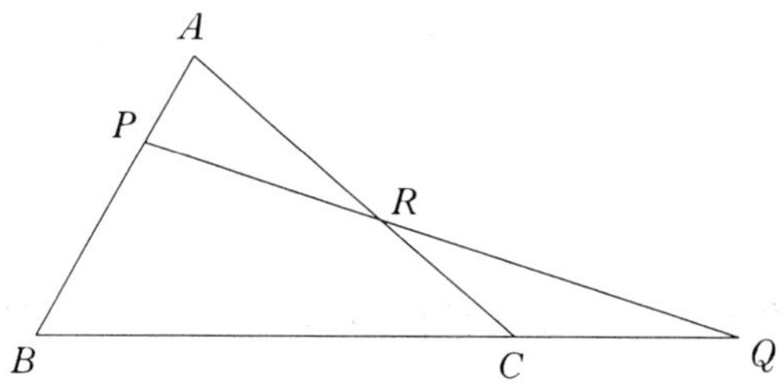

가. 위의 사실을 증명하자.

나. 위의 그림과 다른 경우를 생각하자.

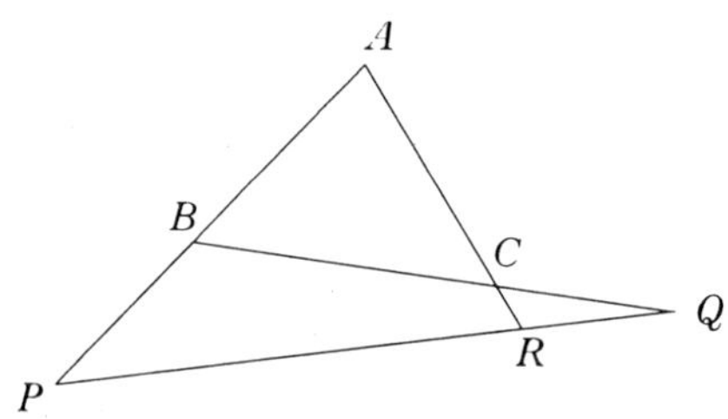

121 삼각형에서 각 꼭지점에서 대변에 내린 선이 한 점에서 만나면

$$\frac{AF}{FB} \cdot \frac{BD}{DC} \cdot \frac{CE}{EA} = 1$$

이 성립한다.

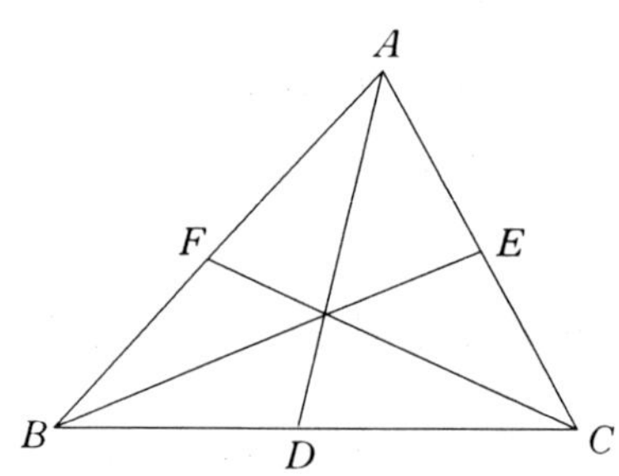

가. 이 정리를 증명하라.

나. 다음 그림과 같이 삼각형의 각 꼭지점에서 대변위에 있는 내접원의 접점을 연결한 선분은 한 점에서 만나는 것을 보여라.

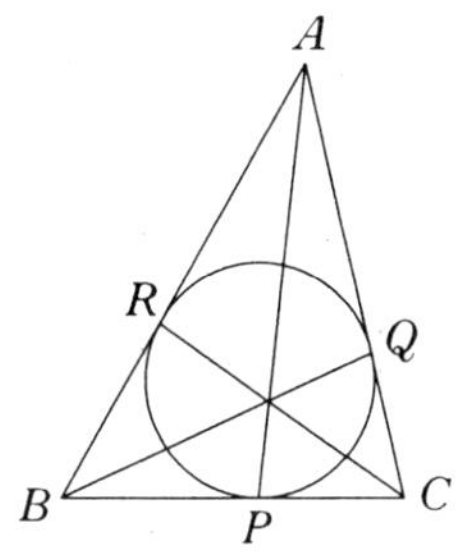

122 단위원 O가 주어져 있다. 동일 직선위에 있는 세 점 O, P, Q가 $OP \cdot OQ = 1$을 만족할 때 P와 Q는 원 O에 대하여 반사되어 있다고 한다.

가. 원의 반사 이미지는 무엇일 될까?

나. 두 원의 내부에 내접하는 원을 그림과 같이 서로 접하도록 여러 개 넣는데 가능한 경우에서는 원의 크기와 관계없다는 것을 보여라.

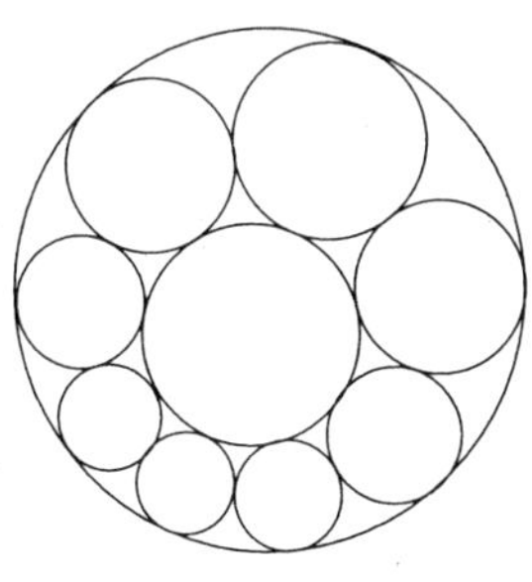

123 삼각형 ABC의 외심을 O, 무게중심을 G라고 하고 수심을 H라고 하면 이 세 점은 동일 직선위에 있다는 것을 증명하라. 이 선을 오일러선이라고 한다.

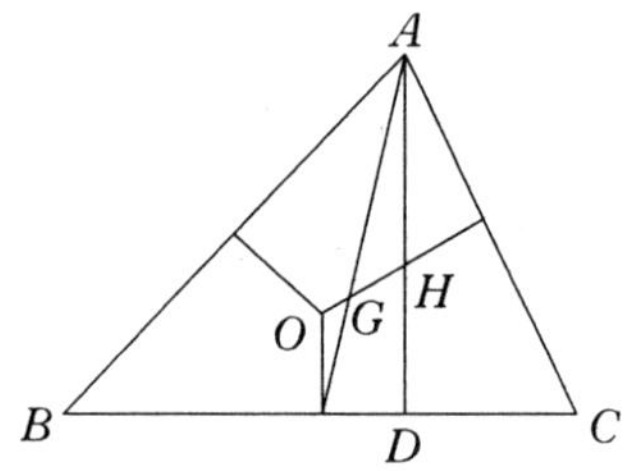

가. $OG : GH = 1 : 2$가 됨을 보여라.

나. OH가 BC와 평행이면 $\tan B \cdot \tan C = 3$임을 보여라.

124 삼각형 ABC에 내접하는 삼각형 중에서 둘레가 가장 작은 삼각형을 작도하라.

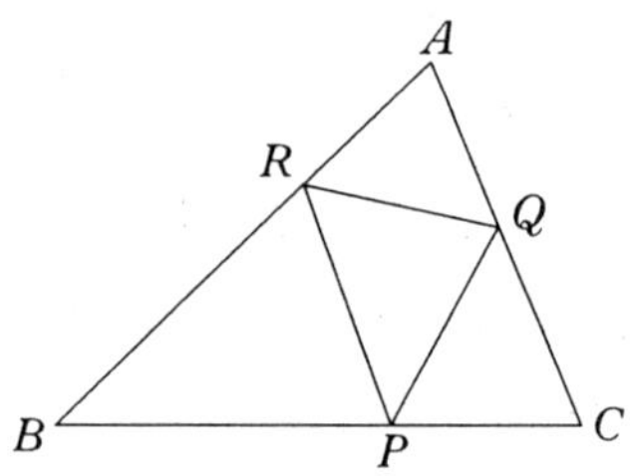

125 어떤 점 P를 중심 O에 대하여 회전을 한다. n을 자연수라고 하고 회전각을 $\frac{360}{n}$도라고 하면 정확히 원주를 n회 움직이고 난 후 원래의 위치로 돌아온다. 여기서 $n = \frac{p}{d}$ (p, d는 자연수)라고 하면 그 결과는 어떻게 될까?

가. 주어진 점이 움직인 점을 차례로 선으로 연결해보자.

나. d의 역할은 무엇인가?

다. p의 역할은 무엇인가?

126 삼각형 ABC의 각 변을 한 변으로 하는 정삼각형을 만들고 각 정삼각형에 외접하는 원을 그리면 그 세 원은 이 삼각형 ABC의 페르마 점에서 만난다.

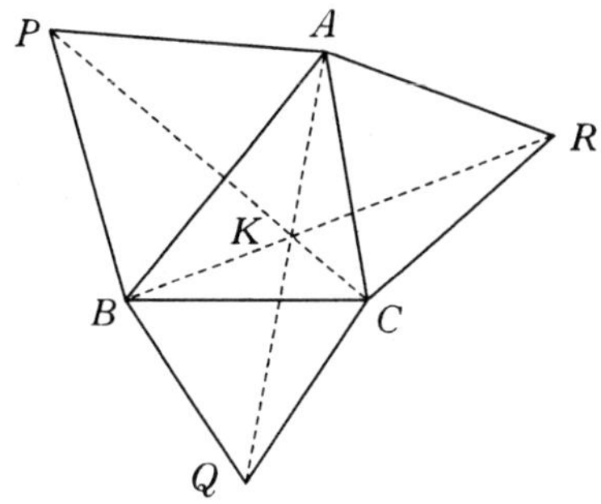

127 평면위에 구를 올려두고 그 구의 북극점 N에서 평면상의 점 P를 잇는 선분이 구면과 만나는 점을 P'라고 하자. 구면상의 점 P'가 움직이면 그에 대응하는 평면상의 점 P의 움직임에 대하여 조사하자.

가. 구면에서 움직이는 점이 구면위에서 원을 그린다면 대응하는 점의 모양은 어떻게 될까?

나. 특히 구면상에서 자오선을 따라 움직이면 대응하는 자취는 어떻게 될까?

다. 평면상에서 두 점간의 최단거리는 구면에서 어떻게 표현될까?

라. 구면상이 두 선의 교각은 평면에서 어떻게 될까?

마. 이 변환의 다양한 성질들을 연구해보자.

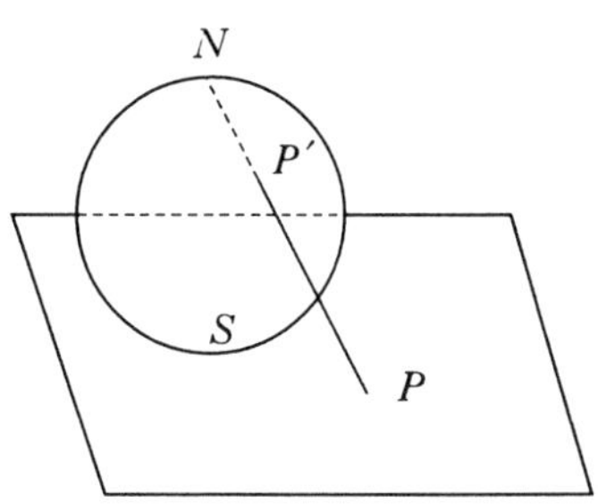

128 평면상에서 같은 모양의 도형으로 빈틈없이 채우는 것을 정칙 테셀레이션이라고 한다. 정칙 테셀레이션은 몇 가지가 될까?

가. 먼저 p각형의 타일로 빈틈없이 채운다고 하자. p각형의 둘레에 q개의 p각형이 둘러싸고 있을 것이다. 이 관찰로부터 p와 q의 관계를 구성하자. 이렇게 생긴 도형을 $\{p, q\}$라고 표기한다.

나. 앞의 관찰에서 $(p-2)(q-2)=4$를 얻을 것이다. 이 방정식을 풀면 결과는 어떻게 될까?

다. 이 결론으로부터 정칙 테셀레이션은 무엇이 되는가?

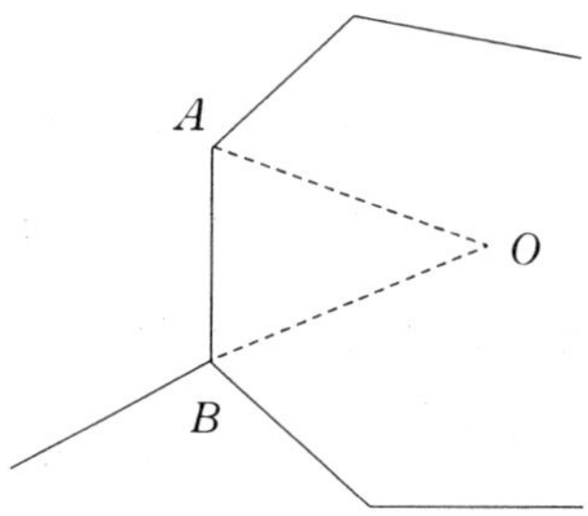

129 같은 모양의 면으로 둘러싸인 입체를 플라톤 입체라고 한다. 이러한 입체는 어떤 것이 있을까?

가. 같은 모양의 면을 $\{p, q\}$이라고 하고 변의 개수와 꼭지점의 개수의 관계를 생각해보자. 한 꼭지점을 둘러싸고 있는 도형의 개수가 q개이므로 $qV=2E$가 성립함을 알 수 있는가?

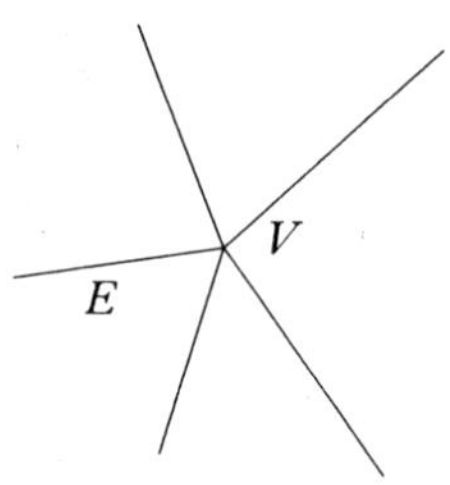

나. 같은 모양의 면을 $\{p, q\}$이라고 하고 면의 개수와 꼭지점의 개수의 관계를 생각해보자. $pF=2E$가 성립함을 알 수 있는가?

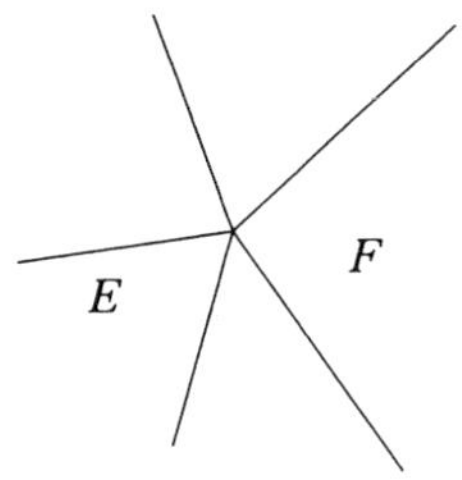

다. 오일러 정리 $V-E+F=2$로부터 다음 식을 얻는다.

$$\frac{V}{1/q}=\frac{E}{1/2}=\frac{F}{1/p}=\frac{V-E+F}{1/q-1/2+1/p}=\frac{4pq}{2p+2q-pq}$$

라. 여기서 분자는 양이므로 $2p+2q-pq>0$이 되어야 한다. 한편 임의의 꼭지점에서 q개의 면으로 둘러싸여 있으므로 각의 합은 $q\left(1-\frac{2}{p}\right)\pi$가 되고 둘레의 합은 2π보다 작으므로 결국 $q\left(1-\frac{2}{p}\right)\pi<2\pi$가 성립한다. 이 조건은 실제로 $2p+2q-pq>0$와 같다. 이것을 풀면 가능한 p, q의 조합은 {3,3}, {4,3}, {3,4}, {3,5}, {5,4}가 된다. 이것은 각각 정4면체, 정6면체, 정8면체, 정20면체, 정12면체가 된다.

마. 이것으로 논의는 완전한가?

130 다음 도형에 같은 글자끼리 연결하되 교차하지 않도록 한다. 가능할까?

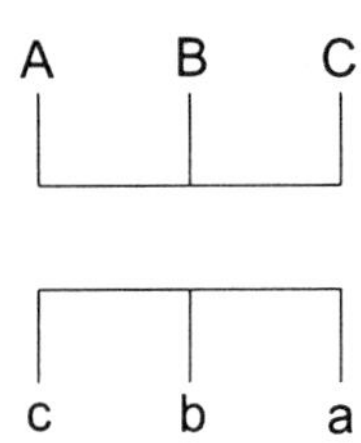

131 다음 당구대에서 공을 A와 D를 맞게 해서 다른 공을 맞추려고 한다. 어떻게 하면 될까?

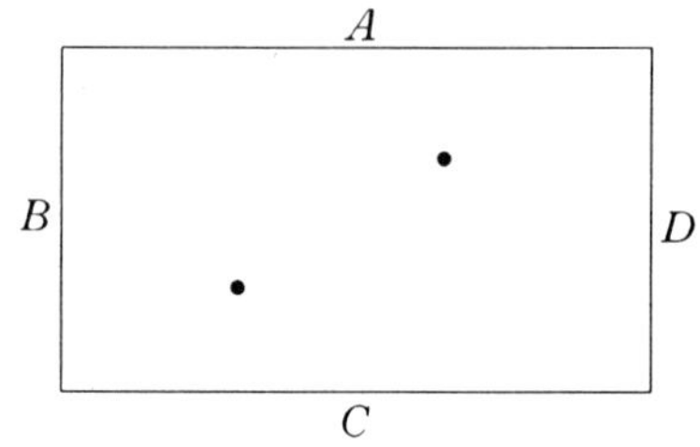

132 다음 정6각형을 두 개의 선분을 그어 면적을 3등분 하여라.

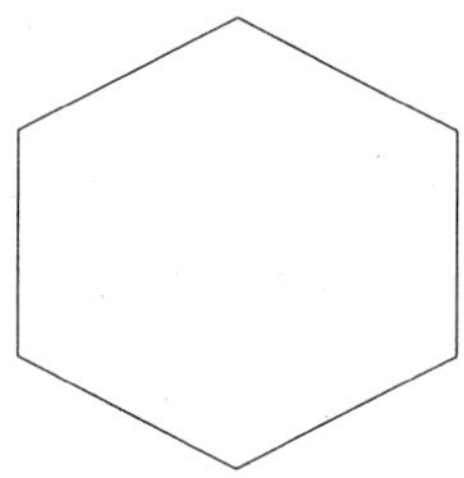

133 삼각형 ABC에서 $\angle BAD = \angle CAE$가 될 때 선분 AD와 AE를 등각 선분이라고 하고 하나를 다른 것의 공액 등각 선분이라고 한다. 삼각형의 중선의 공액 등각선분을 공액중선이라고 한다. 삼각형의 세 선분의 교점이 한 점에서 만난다면 그 공액 등각 선분의 교점도 한 점에서 만난다는 것을 보여라.

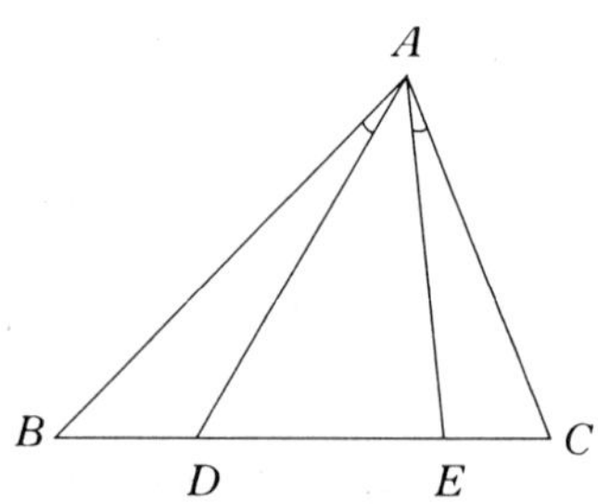

134 삼각형의 외접원상의 한 점 P에서 이 삼각형의 각 변 또는 그의 연장선에 내린 수선의 발은 일직선 위에 있다.

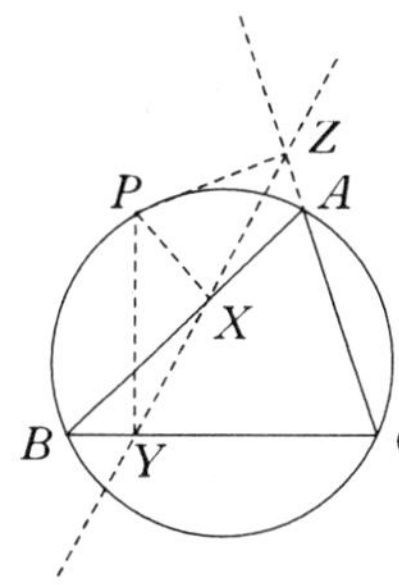

135 다음 그림과 같이 해안선에 고정된 두 점 A와 B가 있고 이 두 점을 연결한 밧줄이 있다. 이 밧줄로 면적이 가장 큰 도형을 만들려면 어떤 도형이 되어야 하는가?

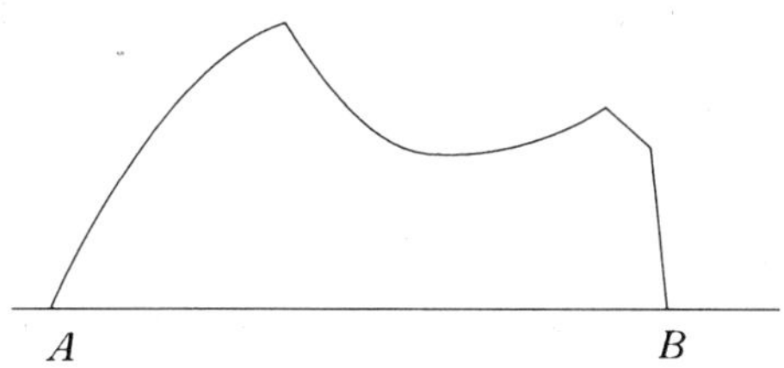

가. 먼저 가장 면적이 큰 도형은 볼록집합이 되어야 한다는 것을 보여라.

136 삼각형 ABC에서 AN을 중선 AM의 공액 중선이라고 하자. 어떤 원에 내접 사각형 $BCDE$에서 $DP = PE$가 됨을 보여라.

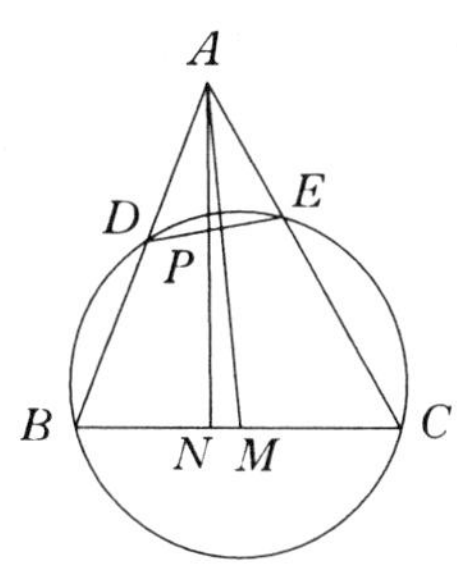

137 카메라에는 펜터프리즘이라고 하는 5각형 유리가 있다. 이 유리는 A에서 빛이 들어와 그림과 같이 반사되어 B로 나간다. 여기서 들어올 때는 수직으로 들어오고 나갈 때는 수평으로 나가기 위해서는 거울의 각도를 어떻게 설계를 해야 할까? 최적의 반사경을 설계하라.

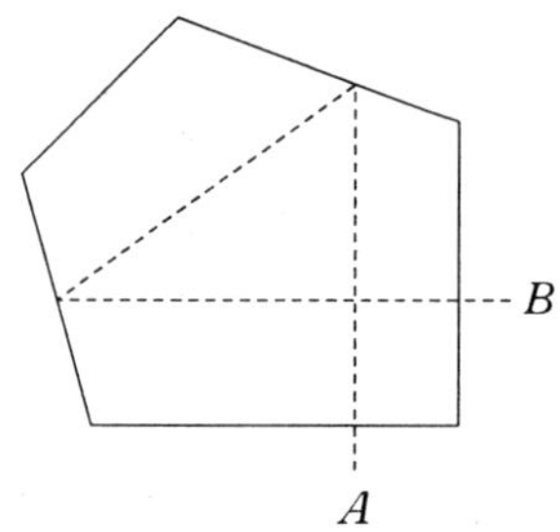

138 A는 물체이고 B는 렌즈의 위치이고 C는 렌즈의 초점이며 D는 A의 상이 맺히고 있다. $a = AB$이고 $f = BC$이며 $b = CD$이다. 렌즈의 공식은 $\frac{1}{a}+\frac{1}{b}=\frac{1}{f}$라고 한다.

가. 초점 길이가 짧을수록 상의 크기는 어떻게 될까?
나. 초점 길이가 짧을수록 보이는 면적은 어떻게 될까?

139 4차원 입방체의 꼭지점, 모서리, 면, 입체의 개수 탐구

가. 사차원 입방체의 꼭지점, 모서리, 면, 입체의 개수를 구하려고 한다. 다음과 같은 관찰을 하자.
나. 아래 그림으로부터 4차원 입방체를 상상해보자. 다음 3개 그림의 각 꼭지점을 0과 1을 사용하여 좌표로 나타내자.
다. 좌표에 의한 꼭지점, 모서리, 면은 좌표에 의하여 어떠한 성질을 가지고 있는가?
라. 이 결과를 4차원 초입방체에 적용하여 보자.

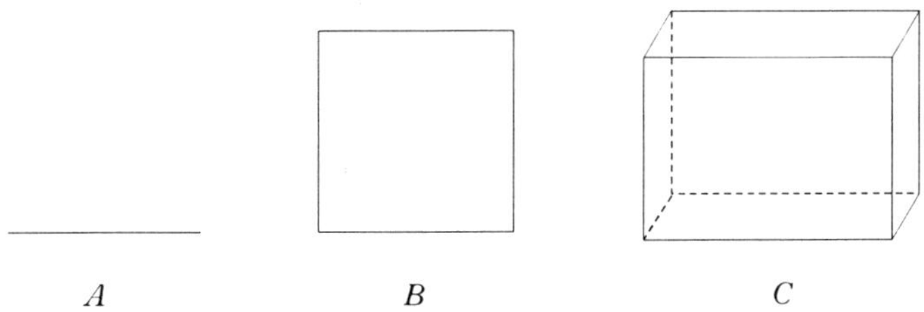

140 구에 내접하는 사면체중 부피가 가장 큰 것은 무엇일까?

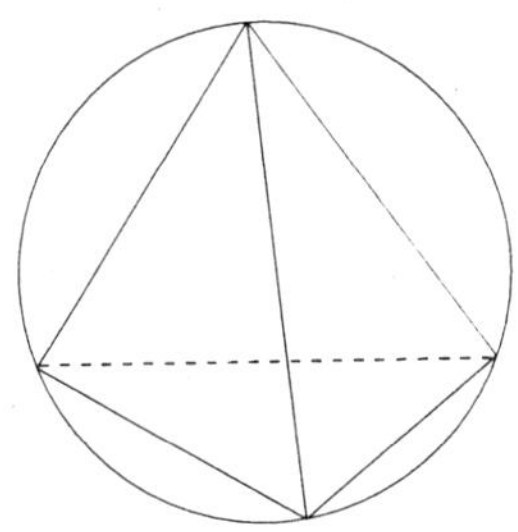

141 아래 그림과 같이 두 개의 꼬인 직선 m과 n이 있다. 여기서 정점 P에서 각 직선에 내린 점을 Q와 R이라고 하자. 이 때 삼각형 PQR의 넓이가 가장 작아지는 경우에 대하여 조사해보자.

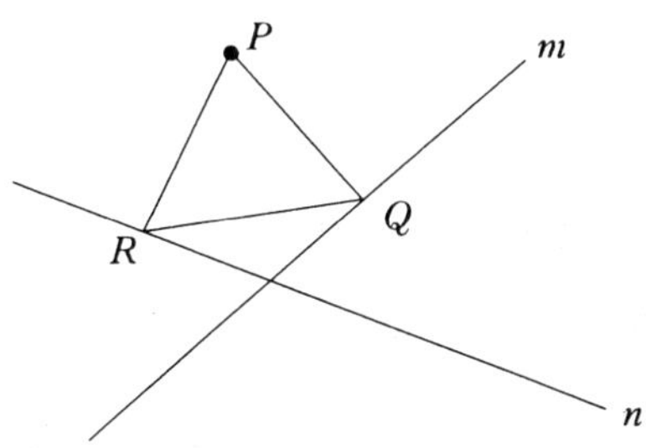

142 주어진 점 P를 끝점으로 하는 선분 a, b, c가 있다. 이 선분을 모서리로 하는 삼각뿔 중에서 부피가 가장 큰 것은?

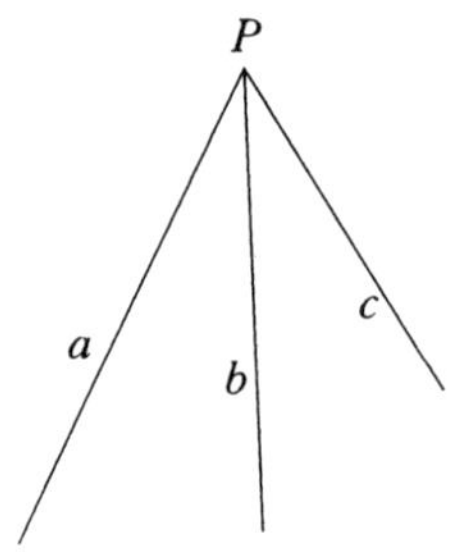

143 한 직선과 그 위에 있지 않는 두 점 A와 B가 있다. 이 직선위의 임의의 점을 X라고 할 때 $AX+BX$가 최소가 되는 X를 찾아라.

144 만나지 않는 세 원이 서로 밖에 위치해 있다. 각각의 원 위의 점을 P, Q, R이라고 할 때 삼각형 PQR의 둘레가 최소가 되는 점 P, Q, R의 위치는?

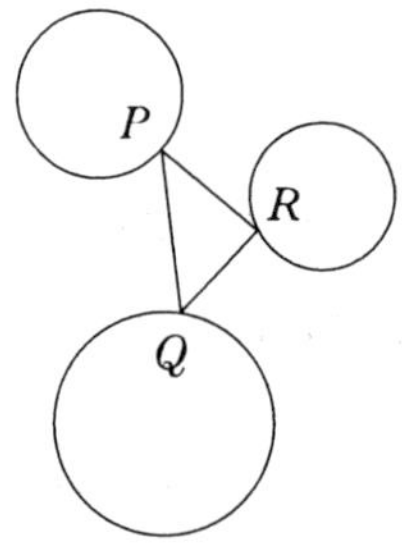

145 사면체의 각 면 위에 있는 임의의 점을 A, B, C, D라고 하자. 이 때 $PA+PB+PC+PD$의 합이 최소가 되는 점 P의 위치를 찾아라.

가. 삼각형의 면적이 최소가 되는 경우를 생각해보자.

나. 위의 과제를 3차원의 경우로 확장해보자.

146 그림과 같이 주어진 선분의 길이를 가지는 절선이 있다. 이 절선의 끝점이 주어진 직선위에 있을 때 면적이 최대가 되는 경우는 언제인가?

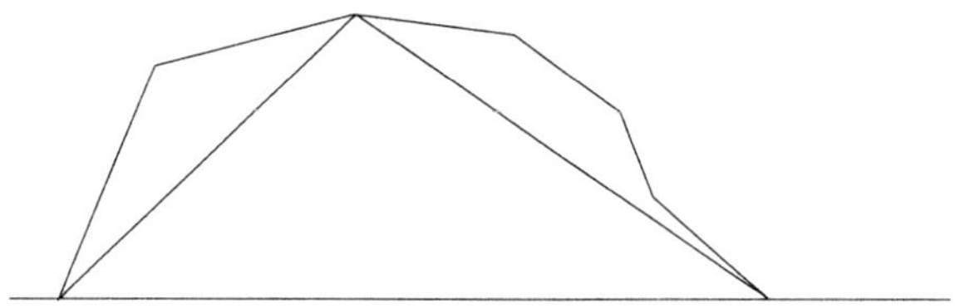

147 평면의 분할, 공간의 면에 의한 분할

가. 평면은 선에 의하여 몇 개의 영역으로 분할되는가?

나. 공간은 면에 의하여 몇 개의 영역으로 분할되는가?

다. 이것들은 어떠한 관계가 있는가를 알아보기 위하여 다음과 같은 실험을 하자.

요소의 개수	분할된 공간의 개수	분할된 면의 개수	분할된 선분의 개수
0	1	1	1
1	2	2	2
2	4	4	3
3	8	7	4
4		11	5
5			6
6			7

148 삼각형의 면적을 이등분하는 선을 찾되 꼭지점을 지나지 않는 이등분선을 찾아라.

149 양수 $a = BE$가 주어져 있고 다음 그림과 같이 각 변이 $b = AB$와 $c = BC$인 직사각형이 있다. 다음 방정식 $ax = bc$을 만족하는 x를 작도하라.

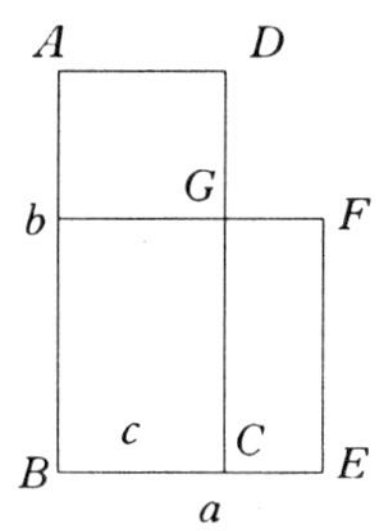

150 타원의 내부를 2등분하는 선분 길이의 최소값은 어떻게 될까?

151 a가 완전제곱수가 아니라면 $\sqrt{a}$는 무리수이다.

152 p와 q가 실수이고 $0 \leqq p < q$라고 하면 $p < \frac{a}{10^b} < q$를 만족하는 자연수 m과 n이 존재한다.

가. p와 q를 구체적인 실수라고 가정하고 이 경우에 대하여 위의 조건을 만족하는 m과 n을 찾아보자.

153 다음 그림에서 점 R, P, Q는 변 AB, BC, CA를 $1:3$으로 내분한 것이다. 삼각형 $\triangle PQR$과 $\triangle ABC$의 면적비는 얼마인가?

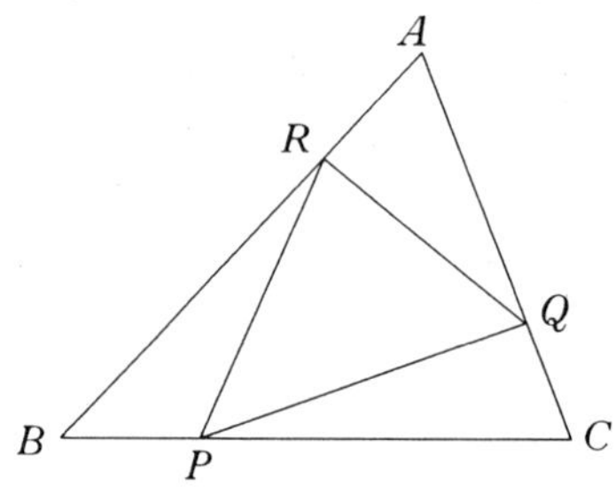

가. 다음 그림은 위의 삼각형의 꼭지점 C를 이동하여 변 AC가 변 BC에 수직이 되도록 하였다. 삼각형 $\triangle PQR$과 $\triangle ABC$의 면적비의 관계를 생각하자.

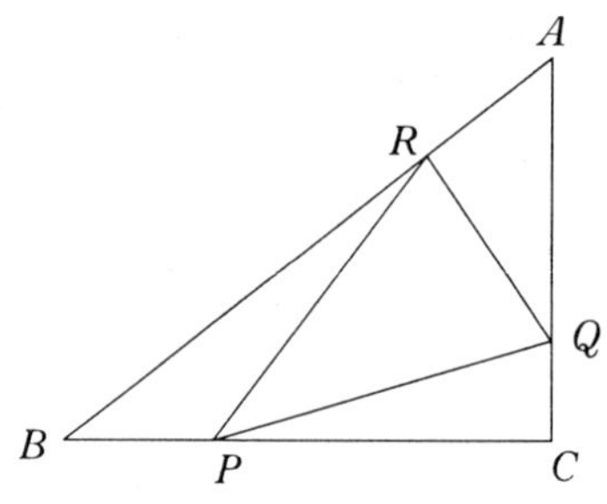

나. 위의 탐구를 종합하자.

154 내접 삼각형 ABC가 주어졌다. 다름 그림과 같이 각 변의 수선이 외접 원 위의 한 점에 만나기 위한 필요충분조건은 그 수선의 발이 동일 직선상에 있는 것임을 보여라. 이 선을 Simson의 직선이라고 한다.

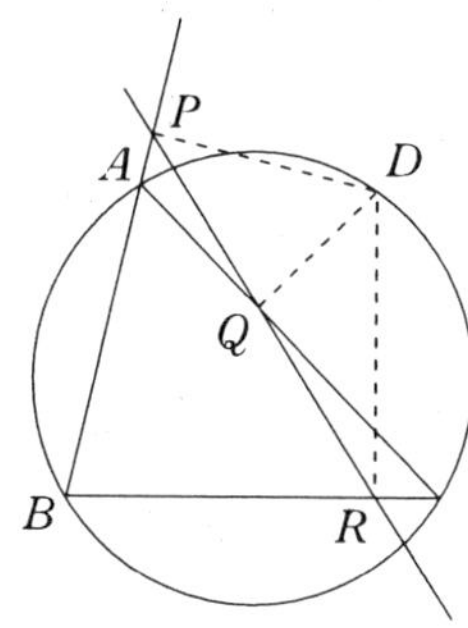

155 우리가 보통 거리(distance)라고 하는 것의 수학적 성질은 무엇인가

가. 거리의 예를 수집하자.
나. 거리의 예와 유사한 것은 무엇인가?
다. 거리의 수학적 성질을 열거해보자.

156 구면상의 지도를 평면상의 지도로 각과 길이를 보존하도록 할 수 있을까?

157 우리가 흔히 '연속이다, 연속적으로 변한다.' 등 연속이라는 말을 많이 사용하고 있다. 연속이라는 말의 수학적 정의는 무엇일까?

가. 연속이라는 용어가 사용되는 사례를 수집하자.
나. 수집한 사례로 부터 각각의 차이점을 분석하자. 연속과 유사한 개념을 말해보자. 연속과 대립되는 개념을 말해보자.
다. 분석한 결과를 토론하자.

158 어떤 물체 또는 도형이 연결되어 있다고 할 때 연결은 수학적으로 정의하자.

가. 연결되었다고 생각하는 대상을 모으자.

나. 연결되지 않은 대상을 모으자.

다. 연결된 도형의 성질을 찾아보자.

라. 연결성을 수학적으로 표현해보자.

159 어떤 도형 D가 일대일 대응의 변환에 의하여 E가 되었다. 도형 E를 도형 D와 변환으로 기술할 수 없을까?

가. 먼저 집합 D가 어떤 함수 P의 근의 집합이라고 하자. 즉

$$D = \{u : p(u) = 0\}$$

이라고 하자.

나. $E = f(D)$ 위의 임의의 점을 x라고 하고 $x = f(u)$ 또는 $u = f^{-1}(x)$ 라고 두자.

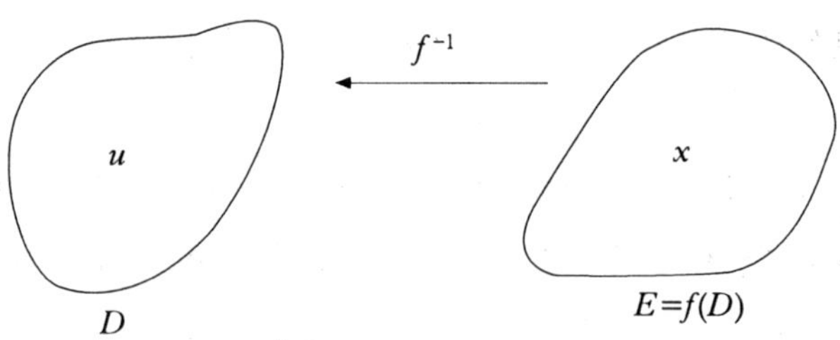

다. $u = f^{-1}(x)$는 D상의 점이므로 $p(u) = 0$를 만족한다. 그러므로 $p \circ f^{-1}(x) = 0$가 성립한다.

160 피타고라스 정리를 증명하는데 다음과 같이 실행한다.

가. 먼저 다음과 같이 빗변의 길이가 c이고 나머지 변의 길이가 각각 a와 b인 직각삼각형을 보자.

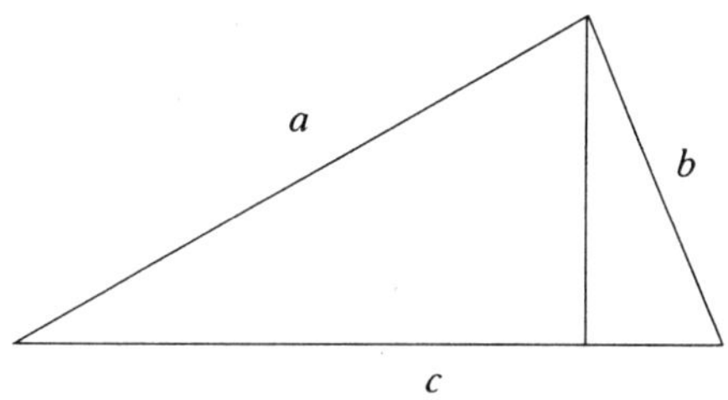

나. 이 직각삼각형을 다음 그림과 같이 닮음인 세 개의 직각삼각형으로 생각하자.

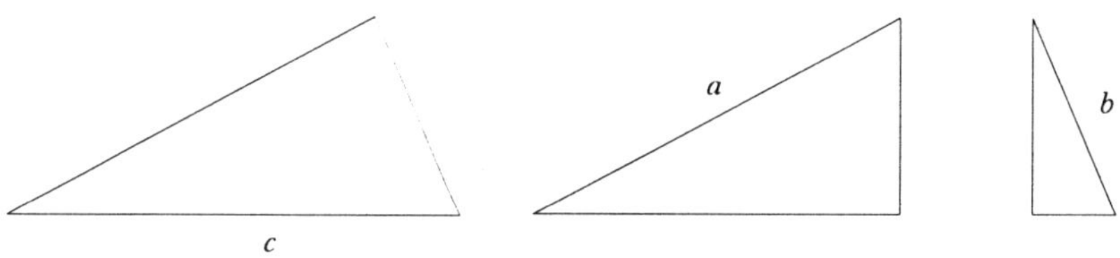

다. 이 세 개의 직각삼각형은 닮음이므로 각각의 면적은 Kc^2, Ka^2, Kb^2이 되고 또 전체 면적의 합은 부분 면적의 합과 같으므로 $Ka^2 = Ka^2 + Kb^2$가 성립한다.

라. 여기서 K를 소거하면 피타고라스 정리를 얻게 된다.

161 Tree형의 그래프에서 마지막 꼭지가 n개이다. 이 나무는 항상 가지가 2개로 분지한다고 할 때 가능한 나무의 종류를 구하라. 꼭지가 2개, 3개, 4개인 경우는 다음과 같은 종류를 가진다. 이 패턴으로부터 일반적인 법칙을 발견할 수 있는가? 이 문제를 토너먼트 시합에 적용해보자. 즉 n개 팀이 토너먼트 시합을 한다고 할 때, 가능한 대진표는 모두 몇 개인가?

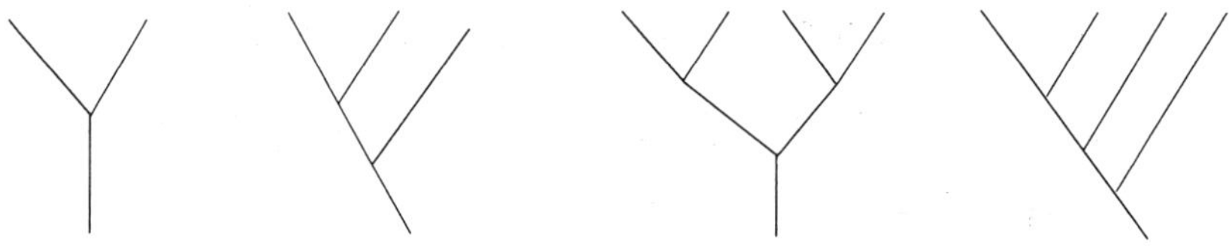

162 다음 두 변 a, b가 한 꼭지점 A에서 만나고 그 사이에 점 C가 있다. 여기서 점 C를 지나는 직선을 그었을 때 생기는 삼각형 둘레의 길이가 가장 작은 삼각형은 어떤 것인가?

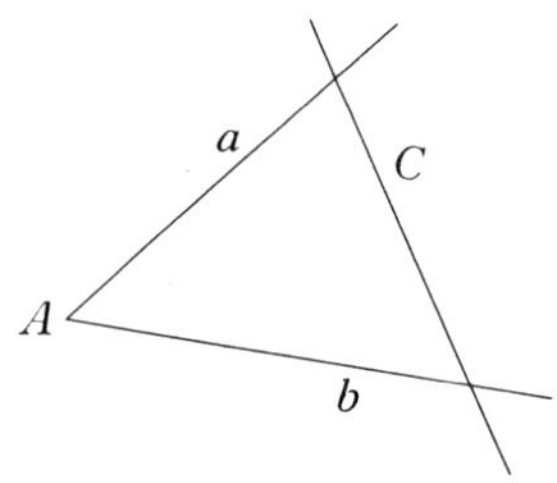

가. 먼저 삼각형의 세 변의 길이의 합은 $2\overline{AT}$가 됨을 보이자.

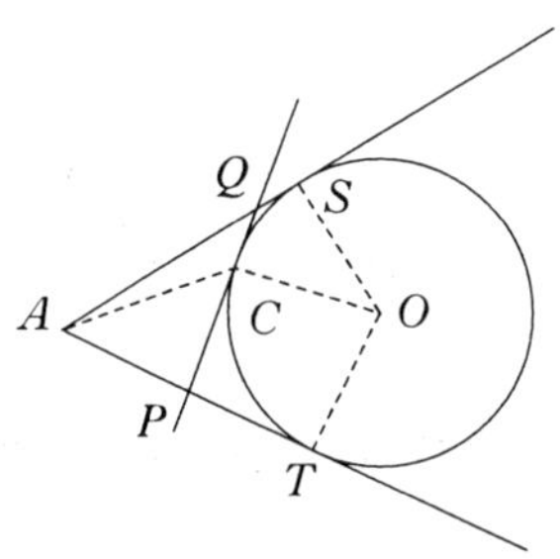

나. 삼각위의 그림에서 삼각형 길이의 합은 원주상의 임의의 점에 대해서도 동일함을 보이자.

163 점 P가 초속 5km로 일직선상으로 진행하고 있다. 이 점의 운동을 본 점 X가 초속 10km로 점 P를 추적한다. 여기서 점 X는 항상 점 P를 향하

여 운동한다고 하자. 이 때 X가 그리는 궤적을 추적선이라고 한다. 추적선의 대강의 모양을 그려보자.

가. 다음과 같은 경우에 추적선을 그려보자.

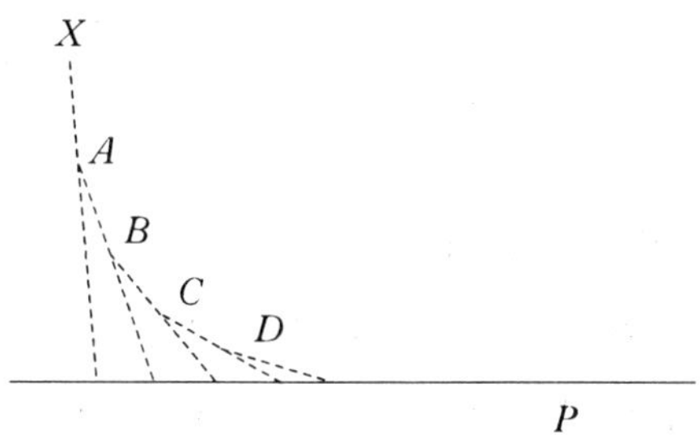

나. 추적선을 결정하는 요소는 무엇일까?

164 부피가 일정하고 밑면의 넓이가 일정한 정삼각형으로 된 삼각뿔에서 표면적이 가장 작은 것은?

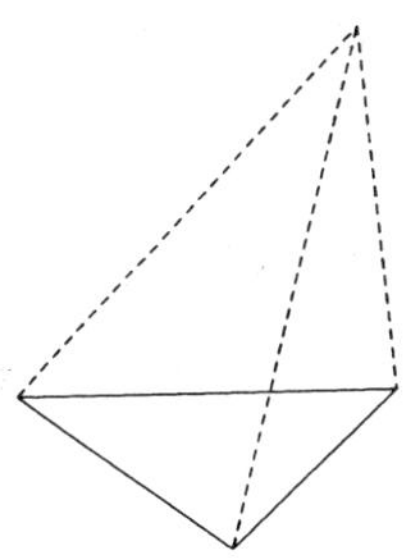

165 삼각형의 한 꼭지점에서 대변에 내린 선분을 그 삼각형의 cevian이라고 한다. 다음 삼각형의 세 cevian AX, BY, CZ는 단 하나의 점을 공유하기 위한 필요충분 조건은 $\frac{AZ}{BZ}\cdot\frac{BX}{CX}\cdot\frac{CY}{AY}=1$이다.

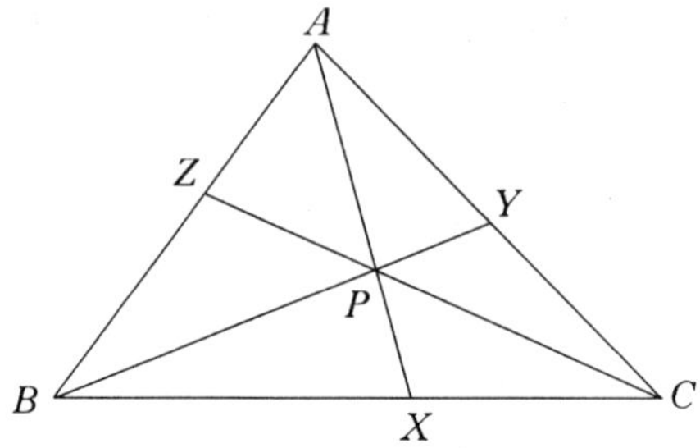

가. 위의 명제를 증명하라.

나. 삼각형 ABC의 내접원 O가 주어졌다. 이 때 이 삼각형의 내접원과 삼각형의 각 변에 접하는 점을 그림과 같이 X, Y, Z라고 하면 cevian AX, BY, CZ는 한 점에서 만난다(이 점을 Gergonne점이라고 한다).

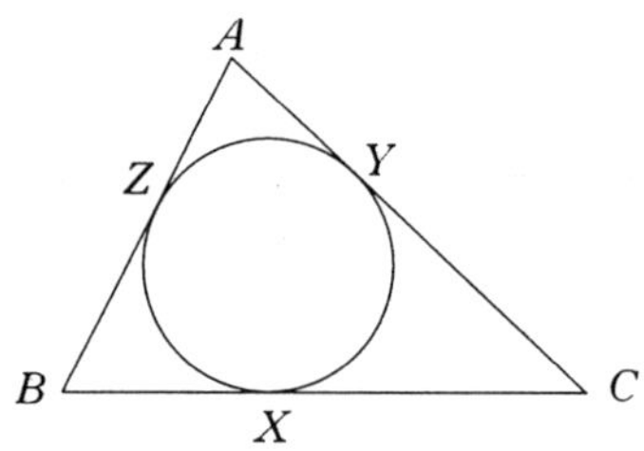

166 점 A, B, C가 동일직선위에 있고 또 점 P, Q, R이 동일직선위에 있다. 이 때 다음 그림과 같이 선분을 그으면 점 X, Y, Z는 동일직선위에 있다. 이것을 밝혀라.

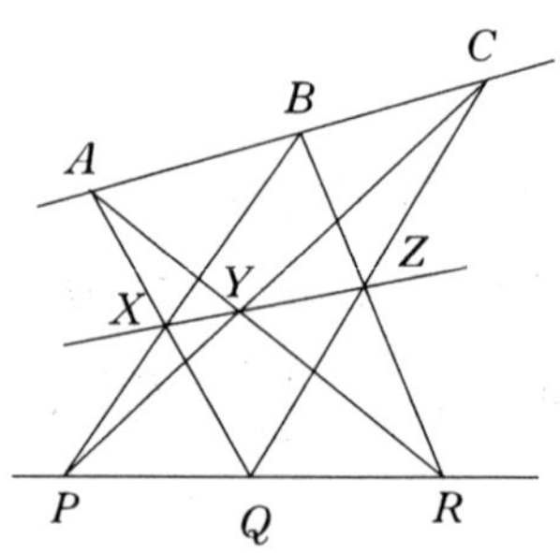

167 사형수의 패러독스에 대하여 조사하자. 이 문장의 문제점을 토론하자.

168 다음 열 개의 문장이 주어져 있다.

1. 이 문장들 중 하나만이 거짓이고 나머지는 참이다.
2. 이 문장들 중 두 문장이 거짓이고 나머지는 참이다.
3. 이 문장들 중 세 문장이 거짓이고 나머지는 참이다.
4. 이 문장들 중 네 문장이 거짓이고 나머지는 참이다.
5. 이 문장들 중 다섯 문장이 거짓이고 나머지는 참이다.
6. 이 문장들 중 여섯 문장이 거짓이고 나머지는 참이다.
7. 이 문장들 중 일곱 문장이 거짓이고 나머지는 참이다.
8. 이 문장들 중 여덟 문장이 거짓이고 나머지는 참이다.
9. 이 문장들 중 아홉 문장이 거짓이고 나머지는 참이다.
10. 이 문장들 모두 거짓이다.

이 문장 중에서 참인 것은?

169 유한개의 마을이 있다. 마을과 마을을 선분으로 연결하여 모든 마을을 연결하고자 하는데 가장 길이가 짧은 도로망을 구성하는 방법을 고안하자.

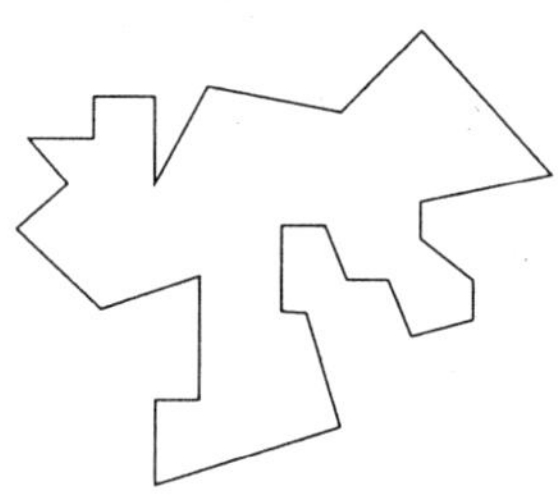

170 (Catalan의 수) $(0, 0)$에서 (n, n)을 수직선분과 수평선분으로 연결하되 대각선의 윗부분을 넘지 않도록 연결하는 방법의 수를 구하라.

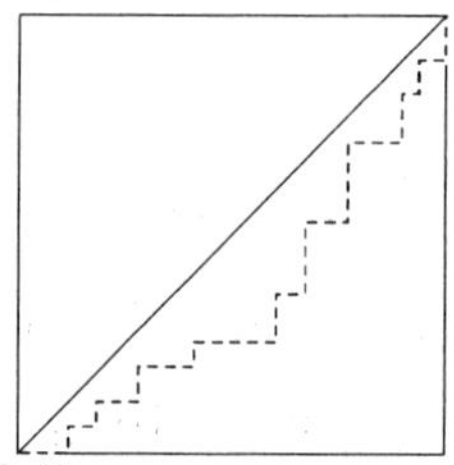

171 (Buffon의 시행) 평면을 폭이 s인 평행선으로 배열하였다. 이 평면에 길이 a인 바늘을 던졌을 때 이 바늘이 평행선과 만날 확률을 구하라.

가. 이 문제를 실험에 의하여 계산하라.

나. 이 문제를 이론적으로 풀어라.

172 3명의 기술자 A, B, C에게 가, 나, 다, 3가지 일을 각각 한 가지씩 분배하고 싶다. 각각이 그 일을 하는데 걸리는 시간은 다음 표와 같다. 어떻게 분배하는 것이 전체로서 최소의 작업시간을 가지게 될까?

과제 \ 기술자	A	B	C
가	2	3	2
나	3	2	3
다	1	2	4

가. 간단한 경우부터 구체적으로 실험하라.

나. 각각의 경우에 대하여 패턴을 조사하라.

173 어떤 물체가 두 물질 A와 B를 지나서 지나가는데 이 두 물질은 아래 그림과 같이 경계면 L을 이루고 있고 통과 속도는 각기 다르다. 점 P에서 Q로 가는 최단 경로를 그려라. 단, 이 물체는 이 두 점을 가장 빨리 가려는 성질을 가지고 있다. 점 P와 Q를 적당하게 주고 관련된 자료를 구하라.

174 평면에 두 점 A, B가 주어져 있다. 어떤 점 P_0에서 점 A에 관하여 대칭 이동한 점을 P_1이라 하고 또 P_1에서 B에 대하여 대칭 이동한 점을 P_2라고 하자. 마찬가지로 P_2를 A에 관하여 대칭 이동한 점을 P_3이라고 하자. 이와 같은 방법으로 점 P_n을 생성하자.

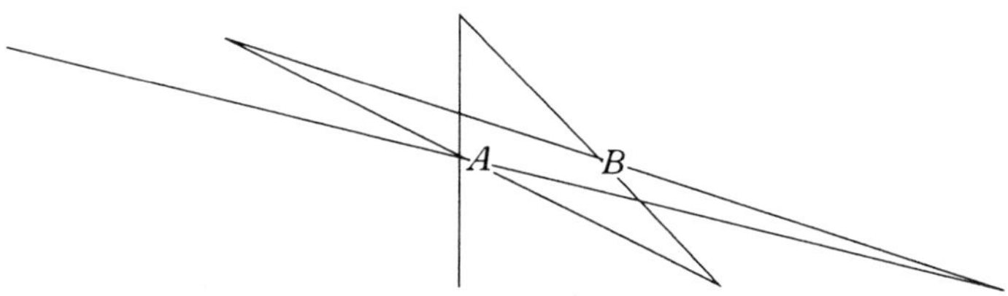

가. 점 P_n의 운동에 대하여 관찰을 하고 일정한 패턴이 있는가를 조사하자.

나. 생성된 점이 다시 원래의 점의 하나와 일치하기 위해서는 어떤 조건이 주어져야 할까?

다. 3개의 점으로 확장하여 이 문제를 연구하자.

라. 보다 일반적인 점의 경우로 확장하여 이 문제를 연구하자.

마. 주어진 점 대신에 직선을 사용하면 어떻게 될까?

바. 주어진 점 대신에 사면체를 사용하면 어떻게 될까?

사. 공간에서 이 문제를 연구해보자.

175 다음 그림과 같이 지름 1cm의 원을 $n\times 2$의 사각형 안에 배열했다. 이러한 $2n+1$개의 원을 $n\times 2$ 사각형에 넣을 수 있는 최소의 n은 무엇인가?

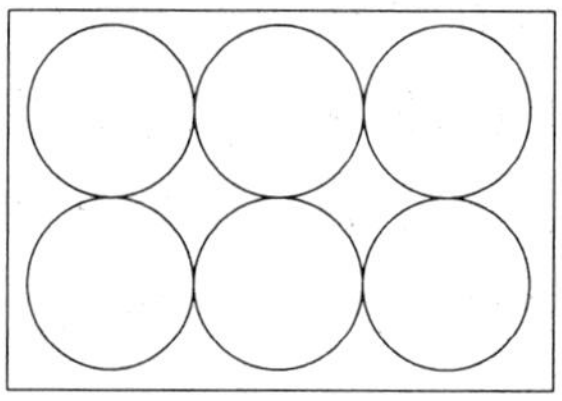

176 한 변의 길이가 1cm인 정사각형을 면적이 같은 3개의 도형으로 분할하려고 한다. 담의 길이가 최소가 되려면 어떻게 분할하는 것이 좋을까?

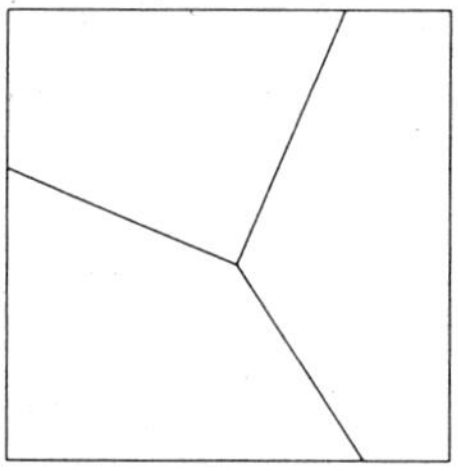

177 한 변이 1cm인 정사면체에 들어갈 수 있는 최대의 면적을 가진 직사각형의 넓이를 구하라.

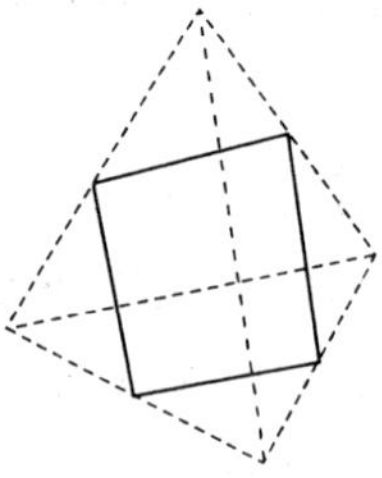

178 한 변이 1cm인 정삼각형에 들어갈 수 있는 최대의 면적을 가진 정사각형의 넓이를 구하라.

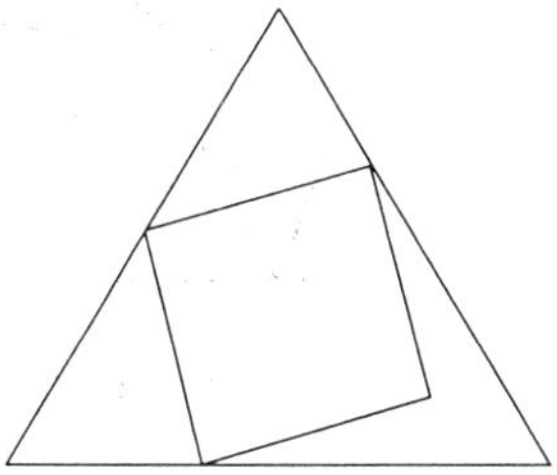

179 평면에 정수 격자점을 생각한다. 이 말의 의미는 임의의 점의 좌표가 정수임을 말한다. 정수 격자점에 꼭지점을 가지는 정삼각형이 존재할까?

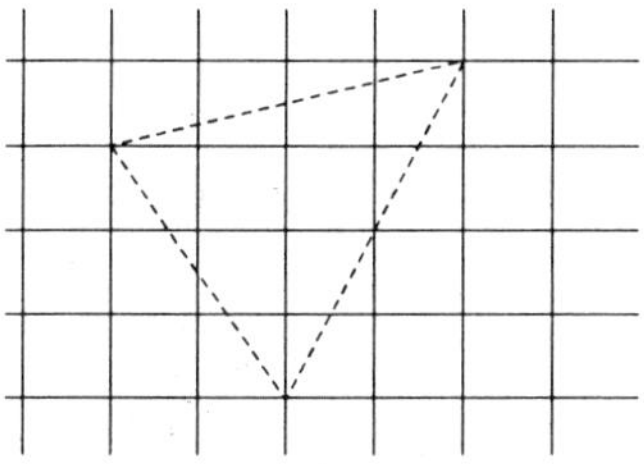

180 육각형 $ABCDEF$에서 $BC//AD//FE$이고 또 $CD//BE//AE$가 성립한다. 이 때 삼각형 ACE와 삼각형 BDF의 무게 중심은 일치함을 보여라.

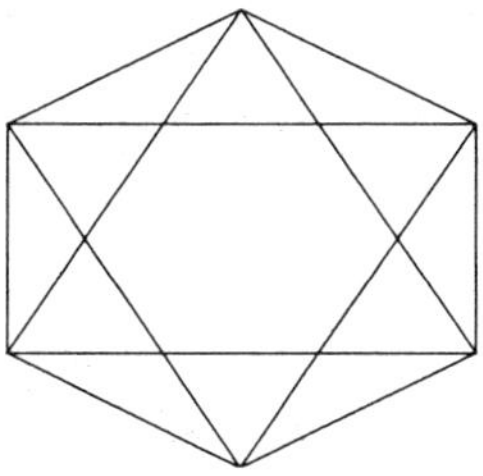

181 삼각형 ABC의 각각의 변을 한 변으로 하는 정삼각형을 각 변의 외부에 그린다. 이 때 이 정삼각형의 무게중심을 꼭지점으로 하는 삼각형은 정삼각형임을 증명하라.

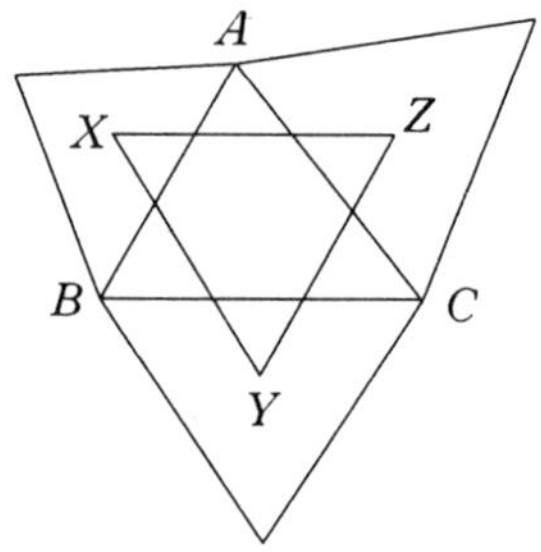

182 어떤 삼각형 ABC에서 무게중심을 G라고 하고 중선을 X, Y, Z라고 하자. 이 때 선분의 방향을 고려할 때 $\frac{1}{CX}+\frac{1}{GY}+\frac{1}{GZ}=0$임을 보여라.

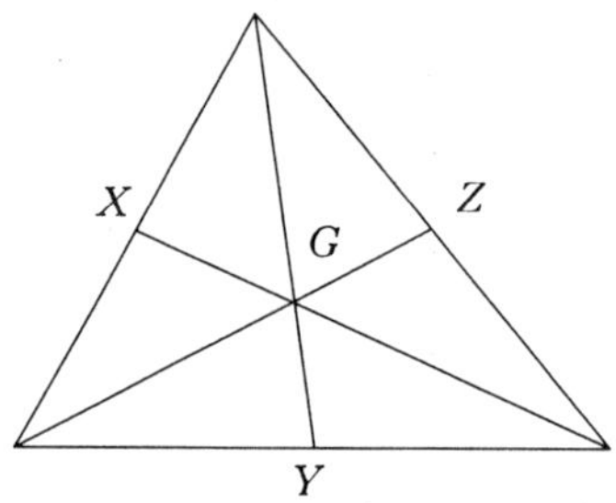

183 어떤 평행사변형의 각 변의 바깥에 변의 길이가 그 평행사변형의 변의 길이와 같은 정사각형을 만들면 그 4개의 정사각형의 무게중심을 꼭지점으로 하는 사각형은 정사각형이 된다.

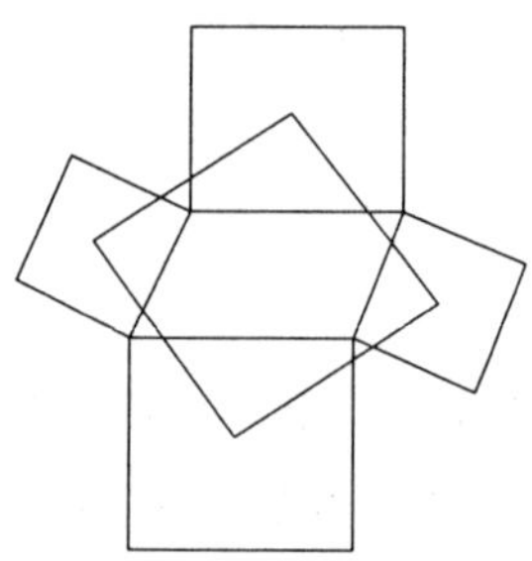

184 삼각형 ABC의 각 변 바깥에 그 삼각형의 변의 길이와 같은 정사각형을 만들면 그 무게 중심을 각각 X, Y, Z라고 하자.(그림 참고) 이 때 $AX \perp ZY$이고 $|AX| = |ZY|$가 성립한다.

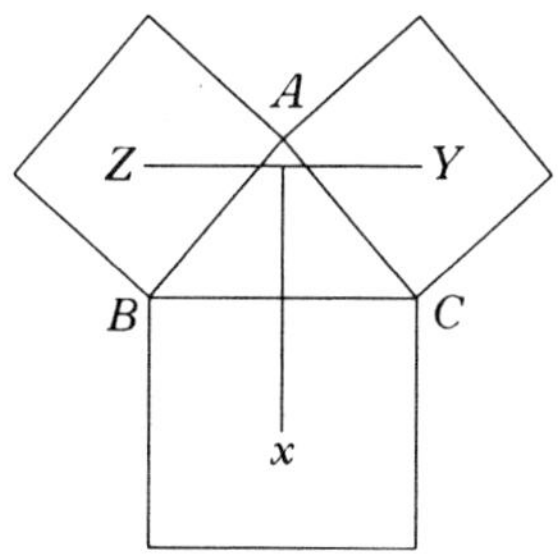

185 어떤 사변형의 각 변을 한 변으로 하고 그 변의 바깥에 정사각형을 만들어 그 4개의 정사각형 무게중심을 그림과 같이 연결하면 그 선분은 직각으로 만난다.

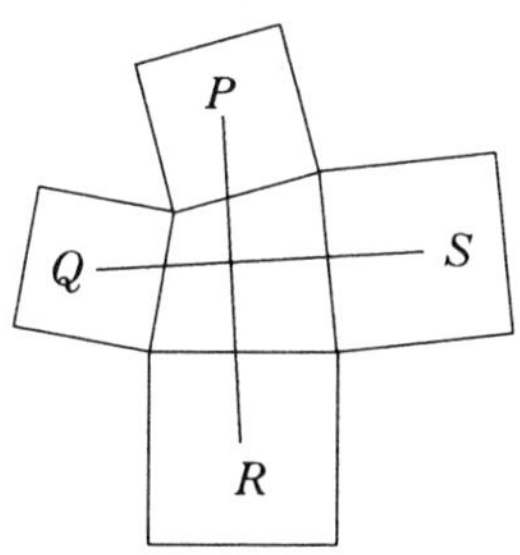

186 사변형의 면적에 대한 공식을 만들려고 한다. 어떤 요소가 필요할까? 결정될 요소의 개수는 간단할수록 좋을 것이다.

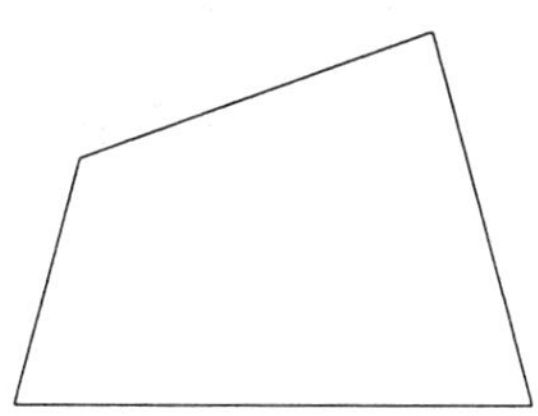

가. 사각형을 결정하는 요소들은 무엇인가?

나. 그들의 조합에 의하여 사각형은 어떤 변화를 가지는가?

187 두 도형 A와 B가 있을 때 A를 적당한 부분도형 $A_1, A_2, \cdots, A_n$와 B의 적당한 부분도형 $B_1, B_2, \cdots, B_n$이 존재하여 $A_j \equiv B_j\ (j=1, \cdots, n)$가 될 때 A와 B를 분할 합동이라고 한다. 면적이 같은 두 삼각형은 분할 합동임을 증명하라.

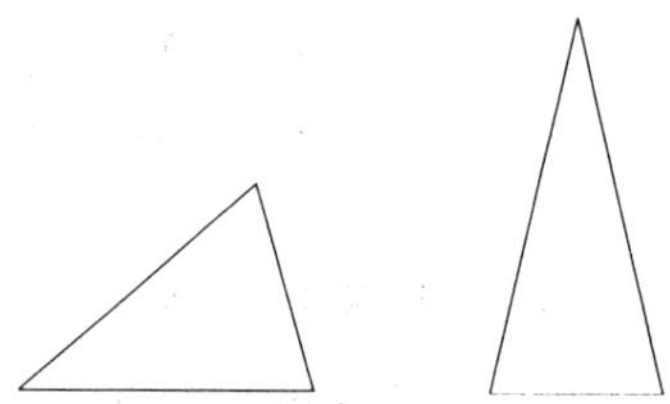

188 삼각형 ABC의 변 BC위의 점 P에서 그 나머지 변에 수선을 내려 각각의 점을 X와 Y라고 하자. $|PX|^2 + |PY|^2$의 값이 최소가 되는 P의 위치를 구하라.

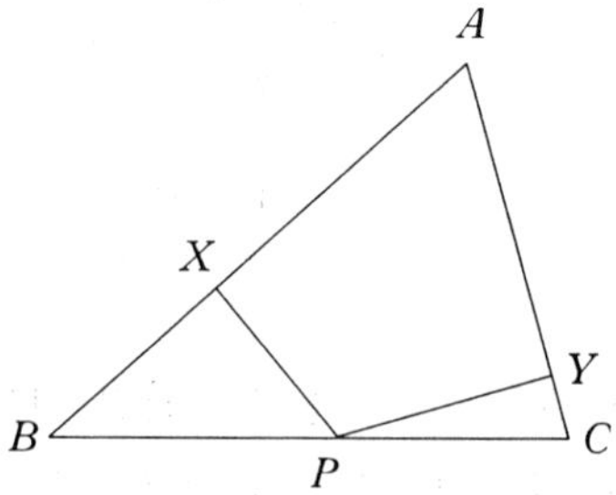

가. 특수한 삼각형에 대해서 조사하라.

나. 삼각형의 여러 개념들과 관련시켜 연구하자.

189 도형의 직경이란 그 도형이 임의의 두 점을 택했을 때의 만들어지는 거리 중에서 가장 큰 값을 말한다. 정사각형의 부분집합으로서 그 도형의 직경에 대한 면적비가 가장 큰 도형을 말하라.

가. 정삼각형에 대해서 조사하라.
나. 정오각형에 대해서 조사하라.

190 정사각형의 면적을 5등분하되 경계의 길이가 최소가 되도록 하라. 정삼각형에 대해서도 연구해보자.

191 정육면체의 8개의 꼭지점에서 3개를 택했을 때 예각삼각형이 될 확률을 구하라. 정사면체와 정8면체에서도 해보자.

192 4개의 점을 서로 연결하면 6개의 선분이 생긴다. 이 6개의 선분이 길이가 단 두 가지로 나타나는 배치법을 찾아라.

193 정5각형의 꼭지점 모두가 정수 격자점위에 오도록 작도할 수 있을까? 정6각형의 경우에도 생각해보자.

194 어떤 주어진 거울들이 단 한 점에서만 반사가 가능하다고 한다. 다음 그림에서 아래 거울은 한 거울에서 2회 반사되었기 때문에 적합한 조건을 가진 거울이 아니다.

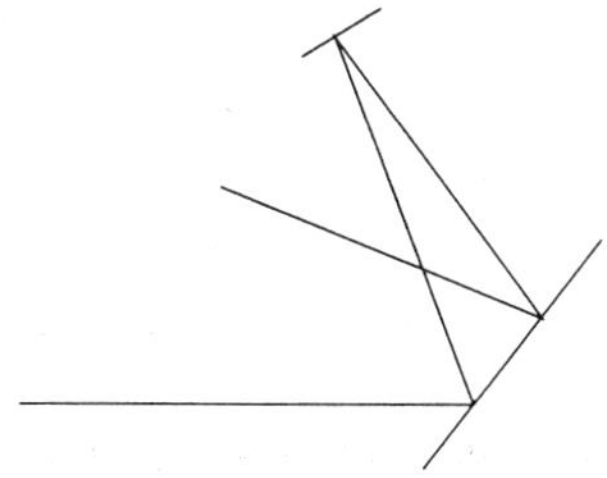

다음 그림은 3개의 거울에 7회 반사가 이루어진 경우를 나타낸다.

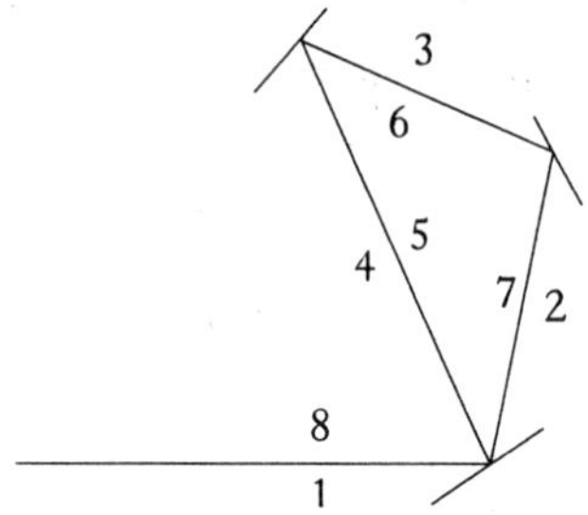

2개의 거울이 주어졌을 때 반사 횟수의 최대값을 구하고 그때의 거울 위치를 산출하라.

가. 이 문제를 거울이 3개인 경우로 확장하라.
나. 이 문제를 거울의 개수를 보다 일반적인 경우로 확장하라.

195 어떤 모임에 모든 사람의 생일이 각각 달라야 할 확률이 1/2보다 작아야 하기 위해서는 몇 명 정도 있으면 될까? 상식과 비교할 때의 느낌을 발표해보자.

196 (Steiner-Lehmus 정리) 삼각형에서 두 각을 선택할 때 작은 각의 이등분선의 길이가 큰 각의 이등분선의 길이보다 크다. 이것으로부터 각의 이등분선의 길이가 같으면 그 삼각형은 이등변 삼각형이다.

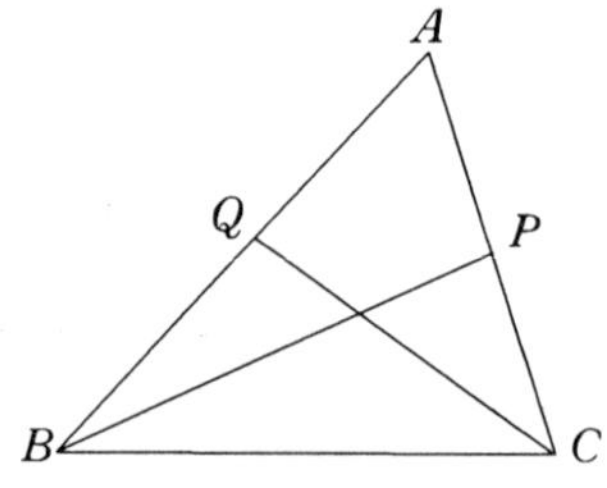

가. 삼각형 ABC의 각 변의 길이를 다음 그림과 같이 a, b, c라고 하자.

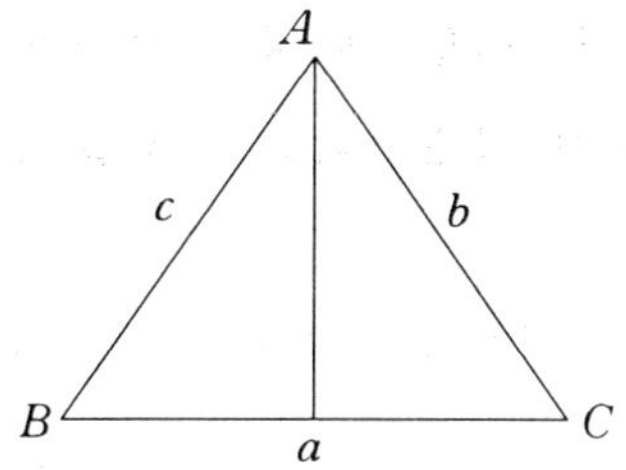

각 A의 이등분선과 변 BC와의 교점까지의 거리는 $\left[1-\left(\frac{a}{b+c}\right)^2\right]\sqrt{bc}$

나. 가의 결과를 이용하여 과제에 주어진 명제를 증명하라.

다. 가의 결과를 이용하지 말고 과제에 주어진 명제를 증명하라.

197 사각형의 한 대각선의 면적이 같은 두 삼각형으로 분할한다고 한다. 이 사실로부터 발견할 수 있는 성질을 조사하자.

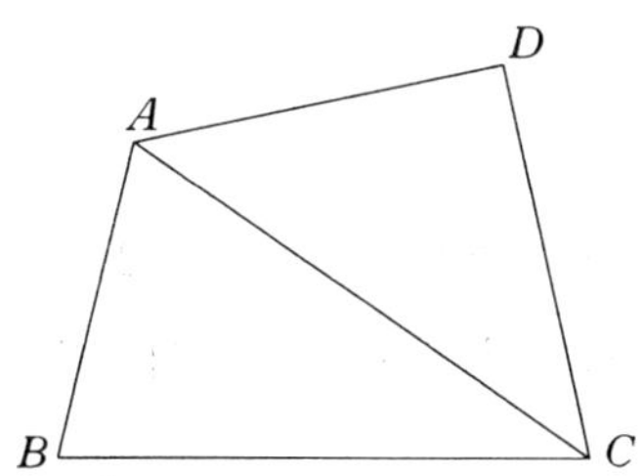

198 (Ptolemy의 정리) 임의의 사변형에서 각 변 길이의 제곱의 합은 두 대각선 길이 제곱의 합과 대각선의 중점을 연결한 선분의 길이의 제곱을 합한 것과 같다.

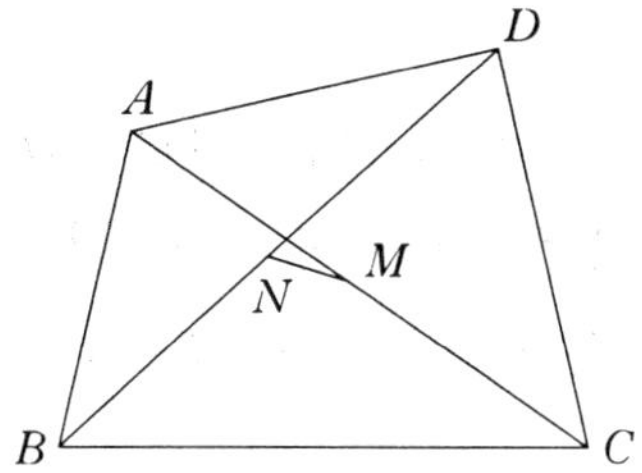

가. 특수한 경우로 평행사변형의 경우에 대하여 관찰해보자.

나. 이 사실로부터 가법정리를 유도할 수 없을까?

199 원에 외접하는 육각형 3개의 대각선은 한 점에서 만난다.

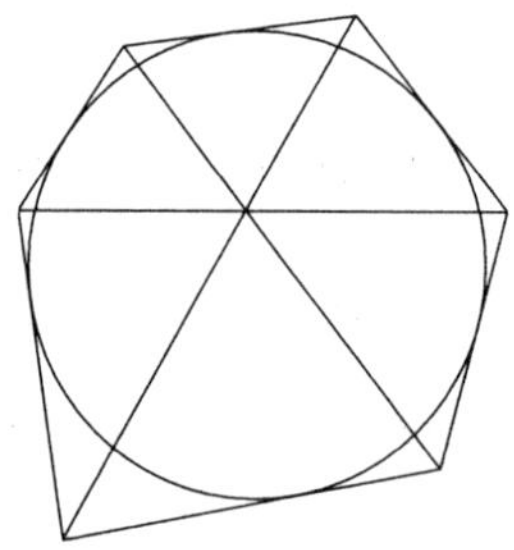

200 (Hadwetiger-Finsler의 부등식) 삼각형 세 변의 길이를 각각 a, b, c라고 하고 그 넓이를 S라고 하면 $a^2+b^2+c^2 \geqq 4\sqrt{3}A$이 성립한다는 것을 보여라.

201 다음 그림과 같은 두개의 동심원이 있다. 단, 한 번만 길이를 측정해서 이 동심원 사이에 있는 면적을 구하려면 어디를 측정해야 할까?

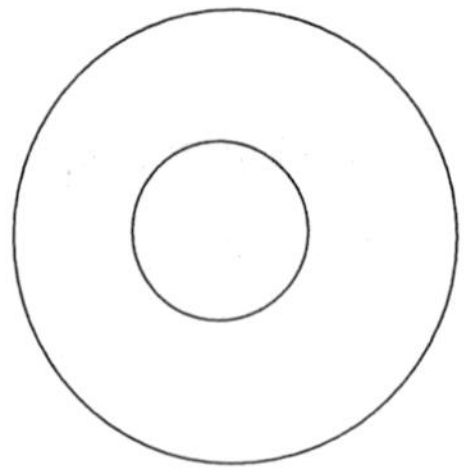

202 (Ptolemy의 정리) 다음 그림에서 $AD \leqq BD$이고 점 C는 호 ACB의 중점이다. C에서 변 BD에 수선을 내려서 그 점을 F라고 하면 F는 꺽인 선분 ADB의 중점이다. 각 $\angle CDF = x$, $\angle CBE = y$라고 할 때 가법정리를 유도하라.

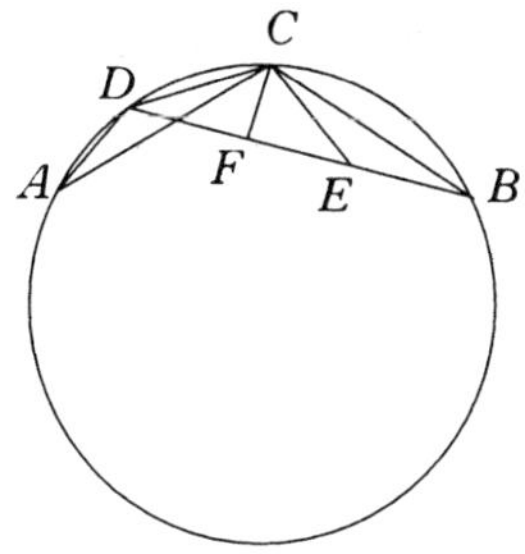

203 (Erdos-Morell의 정리) $\triangle ABC$의 내부의 한 점을 O에서 각 변 AB, BC, CA에 내린 수선의 발을 P, Q, R이라고 하면 $OA+OB+OC \geq 2(OP+OQ+OR)$이 성립한다.

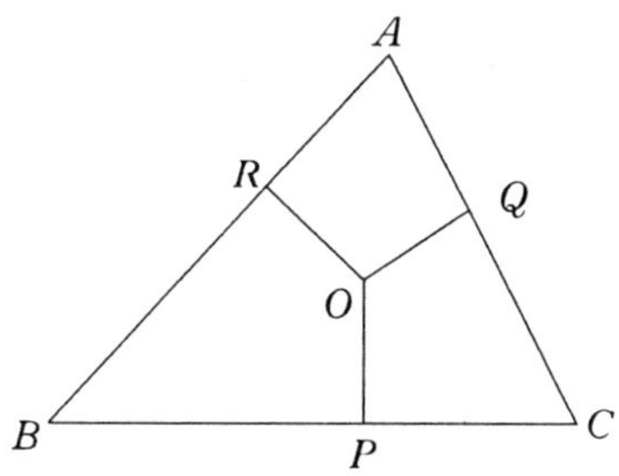

204 다음 정삼각형 ABC의 꼭지점 A에서 변 BC와 만나는 점을 X라고 하고 그 연장선이 외접원 O의 호와 만나는 점을 Y라고 할 때 $\frac{1}{XB}+\frac{1}{XC}=\frac{1}{XY}$임을 보여라

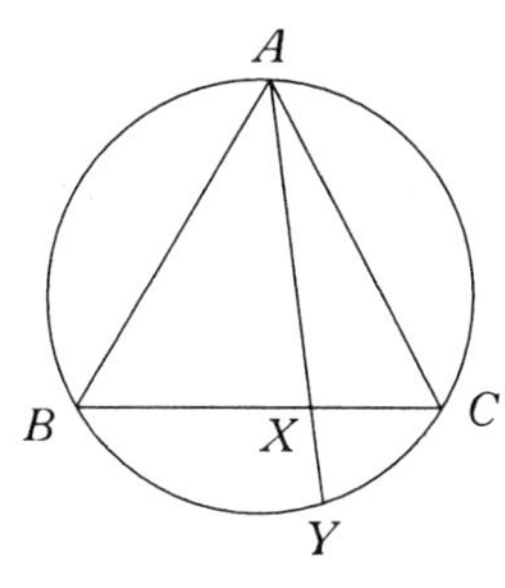

205 다음 정사각형 $ABCD$에서 그림과 같이 각도가 주어져 있다. 삼각형 PBC는 $\angle PBC = 15^\circ$인 이등변 삼각형일 때 삼각형 ADP는 어떤 삼각형이 될까?

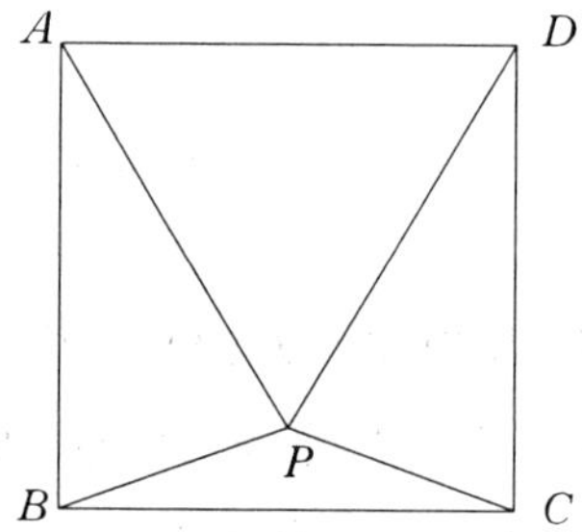

206 다음 그림은 밑각이 80도인 이등변삼각형 ABC이고 $DBE = 20^\circ$, $\angle EBC = 60^\circ$, $\angle ECD = 30^\circ$, $\angle BCD = 50^\circ$이다. 이 때 $\angle BDE$는 얼마가 될까?

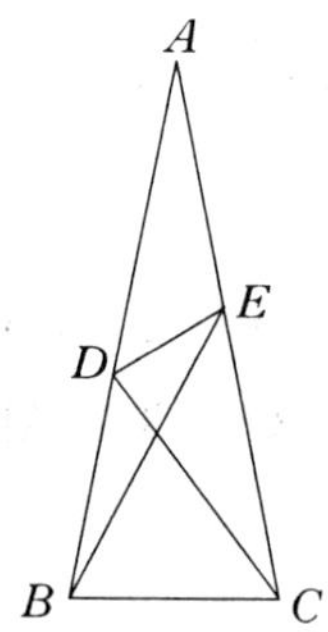

207 원에 외접하는 사각형의 면적이 최소가 되려면 어떤 사각형이 되어야 할까?

가. 이 문제를 삼각형에 적용해보자.

나. 이 문제를 일반적인 다각형에 적용해보자.

208 평행사변형의 모든 각의 이등분선으로 만든 도형은 어떠한 모습이 될까?

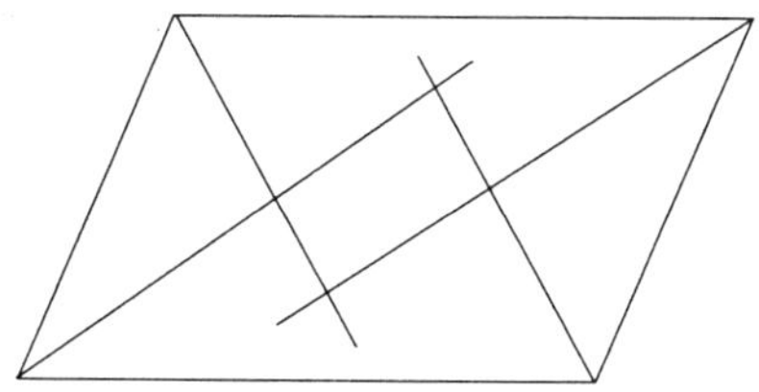

209 한 직선위에 점 A, C, E가 있고 또 다른 직선위에 점 B, D, F가 있다. 여기서 $AF \parallel CD$이고 $AB \parallel ED$이면 CB와 EF의 관계는 어떻게 될까?

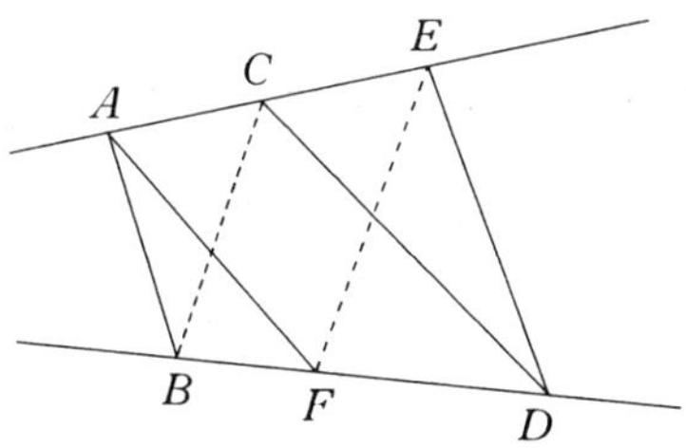

210 삼각형의 한 변을 길이로 하는 정사각형을 삼각형의 밖에 그리고 또 다른 변에도 이렇게 정사각형을 그린다. 이렇게 그린 정사각형의 외접원을 그리고 그 교점을 P라고 하자. 만약 마지막 변을 지름으로 하는 원을 그리면 이 세 원이 한 점에서 만난다는 것을 보이고 세 원의 중심을 이으면 직각 이등변 삼각형이 됨을 보여라.

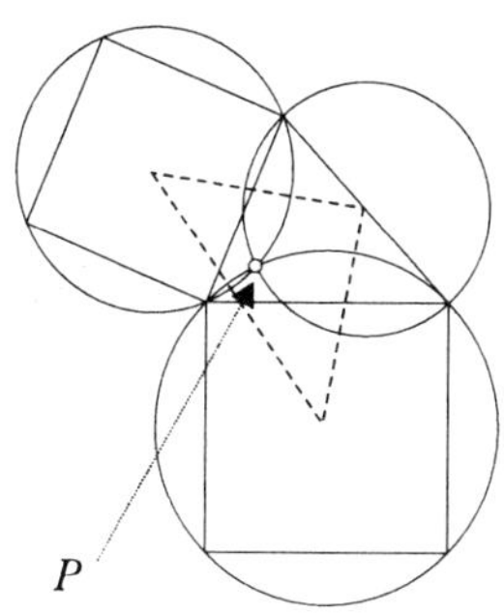

211 정삼각형 내부의 한 점을 잡고 삼각형의 세 꼭지점과 이은 선분의 비가 3:4:5가 되게 할 수 없을까? 이 문제를 보다 일반적인 비로 확장할 수 없을까?

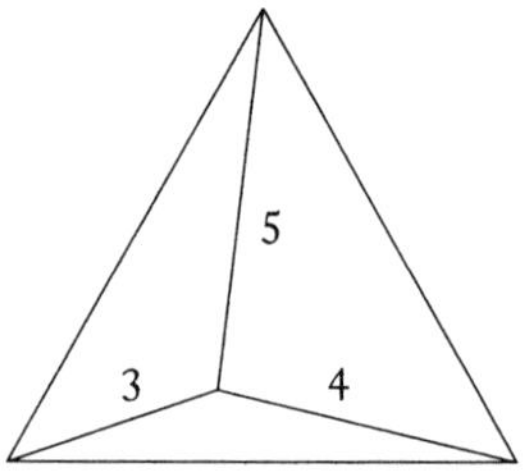

212 겉넓이가 일정한 삼각뿔이 있다. 이 뿔의 윗면은 열려 있다. 이 뿔의 부피가 가장 크게 되는 형태는 무엇인가?

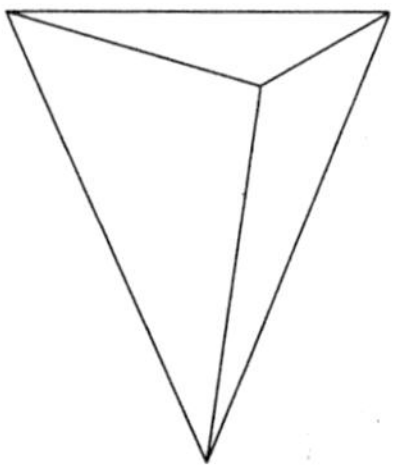

가. 측면 삼각형의 모양과 어떤 관계가 있을까? 특수한 삼각형에 국한하여 조사하자.

나. 이 문제를 일반적인 다각형에 적용해보자.

213 다음 그림과 같이 북극점 N에서 구위의 점 P를 통과하여 평면 위의 점 P'로 투영한다. 이 투영은 각을 보존함을 보여라.

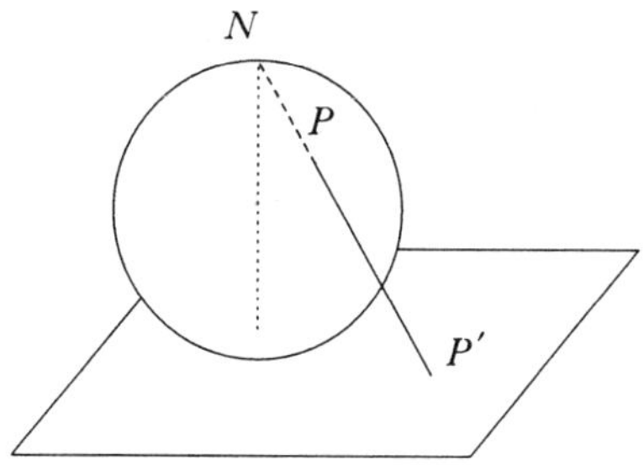

가. 좌표를 이용하여 대응하는 점의 성질을 구하자.

나. 구위의 여러 도형을 설정하고 그 상이 어떻게 나타나는가를 조사하자.

214 길이가 일정한 정다각형이라면 각의 개수가 많을수록 넓이는 어떻게 될까?

가. 삼각형과 사각형에서 위의 문제를 생각하자.

나. 특수한 결과에서 발견한 사실들을 일반화 하자.

215 갈릴레오는 낙하운동을 원추곡선을 이용하여 증명했다고 한다. 이 방법은 뉴턴이 미분법을 사용한 것과는 상당한 차이가 있다. 갈릴레오가 사용한 방법을 이해하자.

216 자동차 튜브(원환체)에 작은 구멍을 뚫어서 안과 밖이 바뀌도록 만들고 그 뚫은 구멍을 다시 때운다. 이것이 가능할까?

가. 위의 문제를 직접 원환체를 가지고 시도해보자.

나. 구체적으로 시도한 결과를 다음 설계도면을 이용하여 설명해보자.

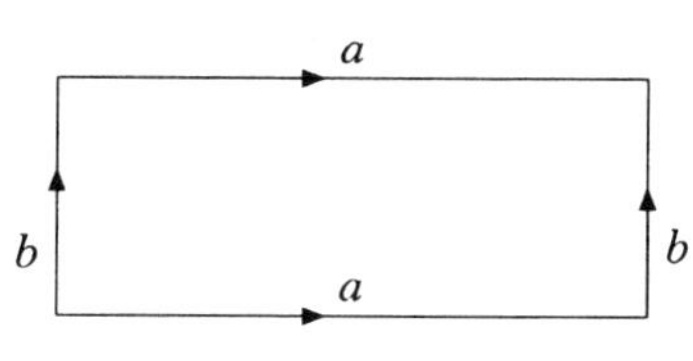

217 두 개의 선분 S와 T가 있고 두 선분의 한 쪽 끝을 서로 공유하면서 공유점을 중심으로 움직일 수 있게 되어 있다. 나머지 남은 두 끝은 일정한 길이를 가진 곡선 u에 의하여 연결되어 있다. 이 때 면적이 가장 커지는 모양은 무엇일까?

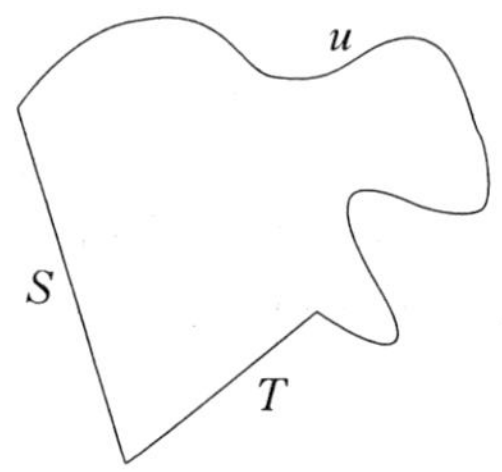

가. S와 T의 길이가 같은 경우에 대하여 위의 문제를 생각하자.

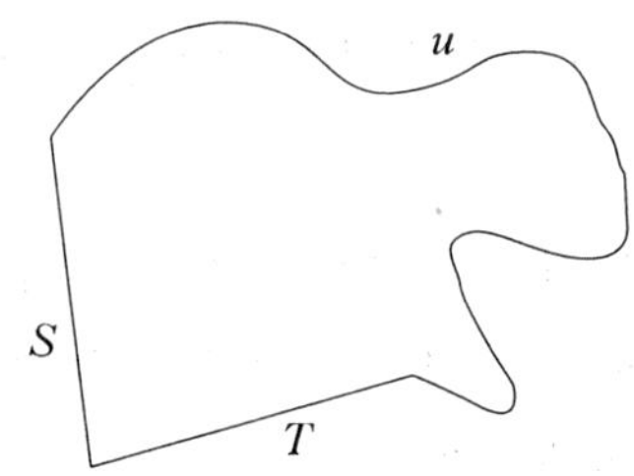

나. 다음 그림과 같이 선분의 양 끝이 곡선 u, v로 연결된 경우로 일반화 하여 생각해보자.

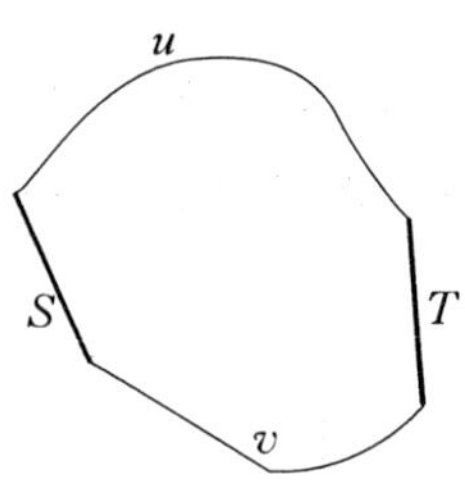

218 다음 그림과 같이 두 직선이 주어져 있고 한 직선에는 점 P가 주어져 있고 다른 직선에는 점 Q가 주어져 있다. 점 A를 주 직선의 교점이라고 할 때 삼각형 APQ의 면적이 일정할 때 이 삼각형 둘레의 길이가 최소가 되는 선분 AB는 어떤 모습일까?

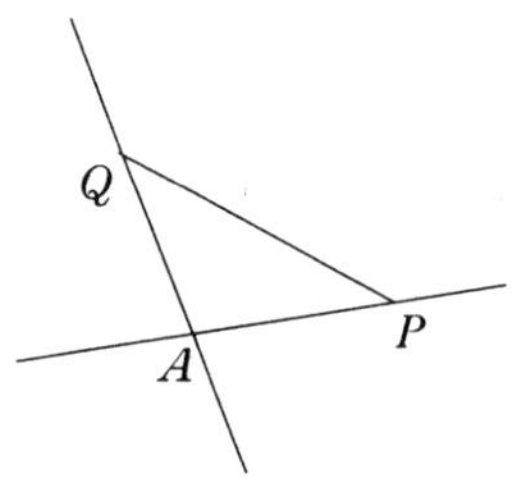

가. 위의 문제를 사각형의 경우로 확장하자.

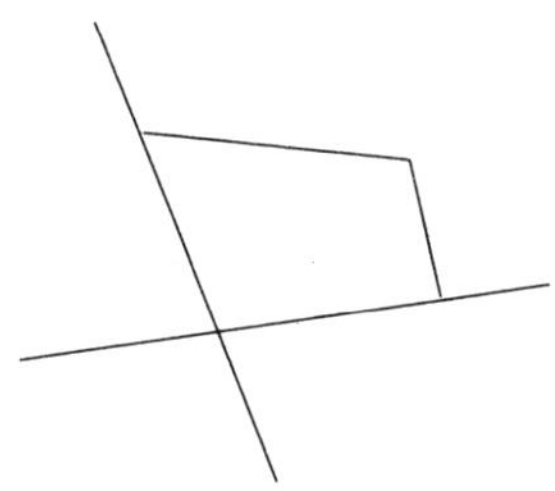

나. 위의 문제를 다각형의 경우로 확장하자. 즉 점 P와 점 Q를 잇는 다각형의 변들이 $n(n = 3, 4, \cdots)$개의 꼭지점을 가지고 있고 그 선분들의 길이가 모두 같은 경우에 대하여 생각해보자.

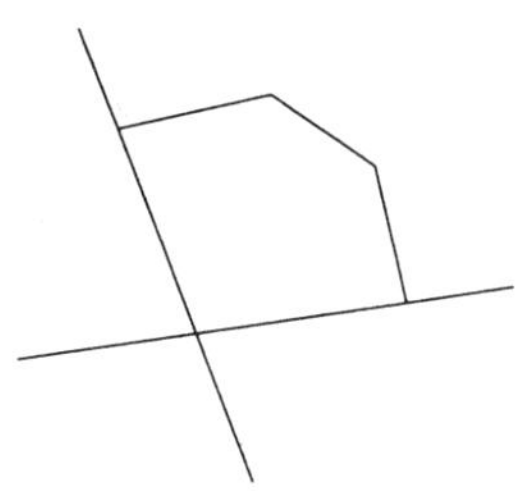

다. 위의 문제를 일반적인 곡선으로 확장하자.

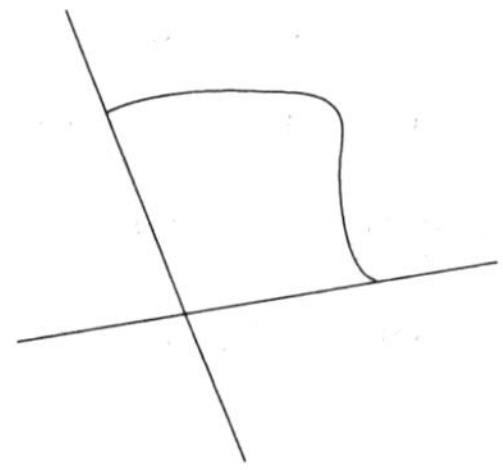

219 두 거울 면이 있고 그 사이에 두 점 P, Q가 주어져 있다. P에서 Q로 빛이 진행하는데 두 직선에 한번 씩 반사하여 도달하기로 한다. 가장 빠른 경로를 작도하라.

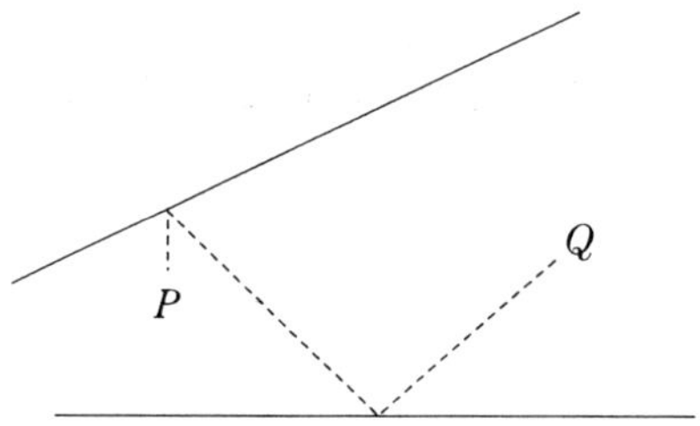

가. n회 반사하여 진행하는 경우에 대하여 위의 문제를 생각해보자.
나. 거울면의 개수를 확장하는 경우에 대하여 생각해보자.

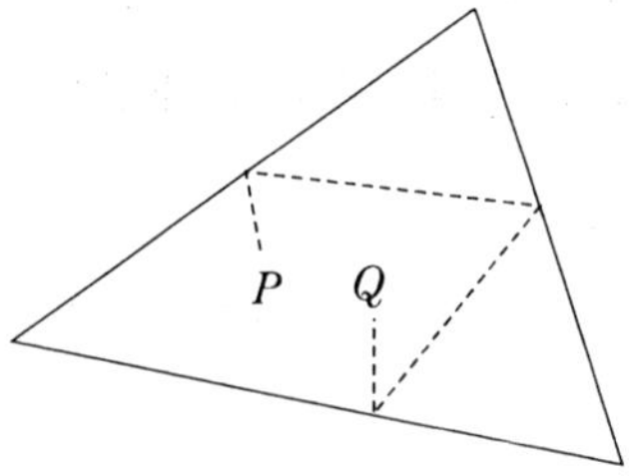

220 뫼비우스 띠의 중간을 자른다. 결과는 어떻게 될까?

가. 위의 문제를 실제로 시행하자.

나. 구체적으로 시도한 결과를 다음 설계도면을 이용하여 설명해보자.

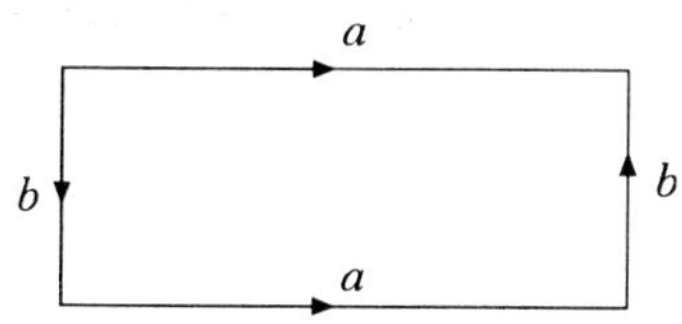

221 원을 직선으로 분할한다. n개의 직선으로 분할할 수 있는 최대의 개수를 조사해보자.

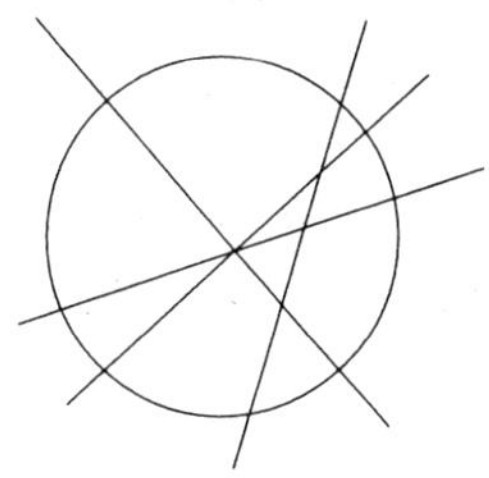

가. 위의 문제를 귀납적으로 생각하자.

나. 다음 그림과 같이 구멍이 뚫린 도형에 대해서 생각해보자.

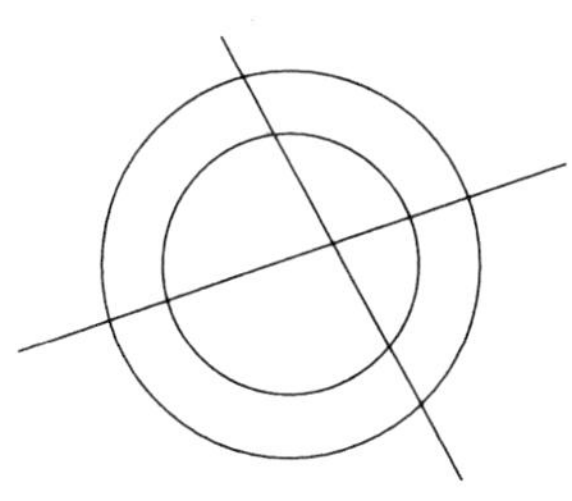

222 다음 정사각형에 네 모서리에 배가 모두 같은 속도로 자신의 왼쪽에 있는 배를 향해간다. 네 배의 항적을 조사해보자.

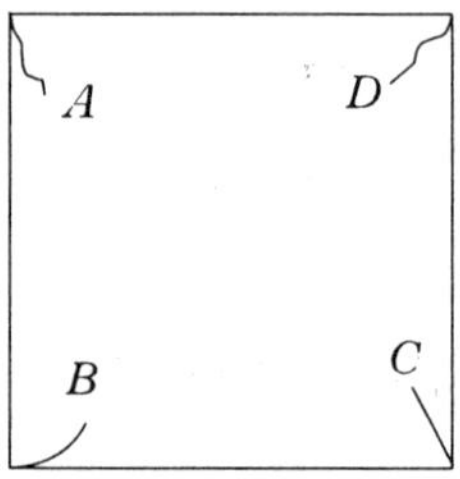

가. 위의 문제를 정삼각형의 경우에 대하여 생각해보자.

나. 위의 문제를 직각삼각형의 경우에 대하여 생각해보자.

다. 위의 문제를 정 n각형의 경우에 대하여 생각해보자.

라. 위의 문제를 일반적인 n각형의 경우에 대하여 생각해보자.

223 삼각형 ABC가 주어져 있다. 이 삼각형을 A를 회전중심으로 하여 회전을 하되 꼭지점 B가 변 BC 위에 있도록 움직인다. 이 경우에 꼭지점 C의 자취는 어떻게 될까?

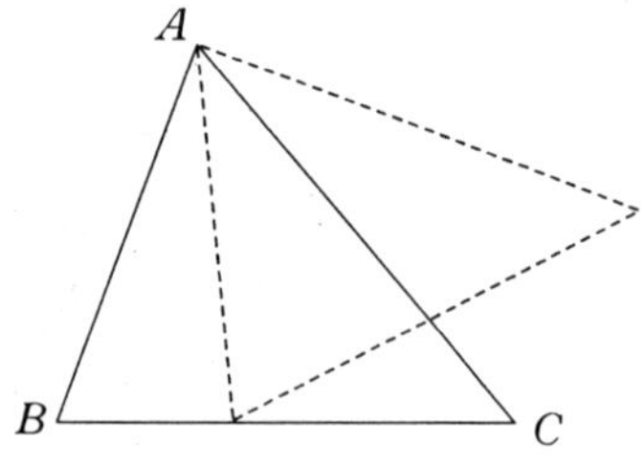

가. 복소수를 이용하여 해결해보자.

나. 해석기하의 방법을 적용해보자.

다. 논증기하의 방법을 적용해보자.

224 8자 모형과 0의 차이점을 열거해보자.

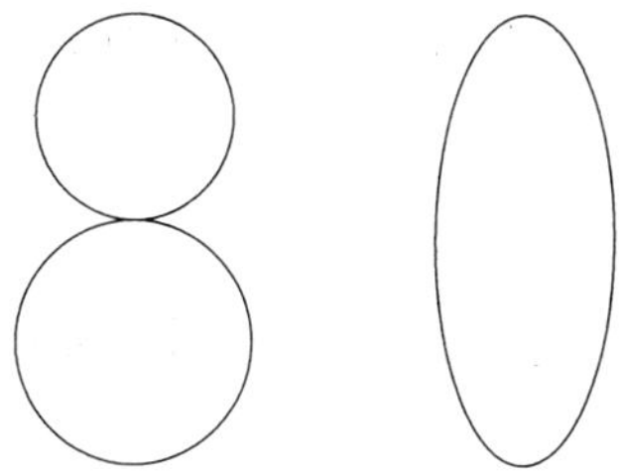

225 다음 그림과 같이 주어진 원 C와 그 위에 있지 않는 점 A가 있다. 점 A를 중심으로 하고 원 C에 직교하는 원을 작도하라.

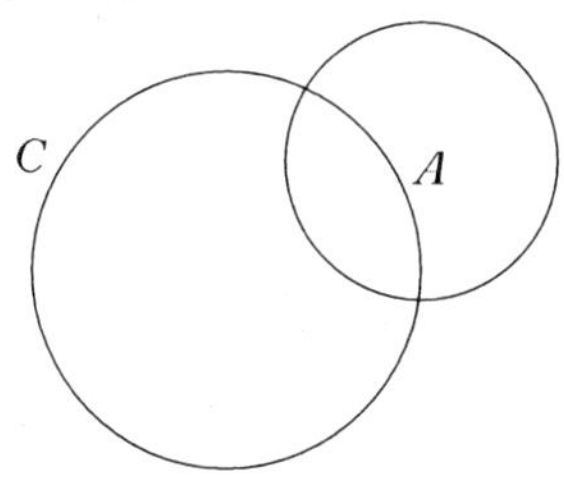

226 다음 그림과 같이 주어진 원 C와 그 위에 점 P가 있고 또 원 C 위에 있지 않는 점 O가 있다. 원 O를 지나고 점 P에 접하는 원을 작도하라.

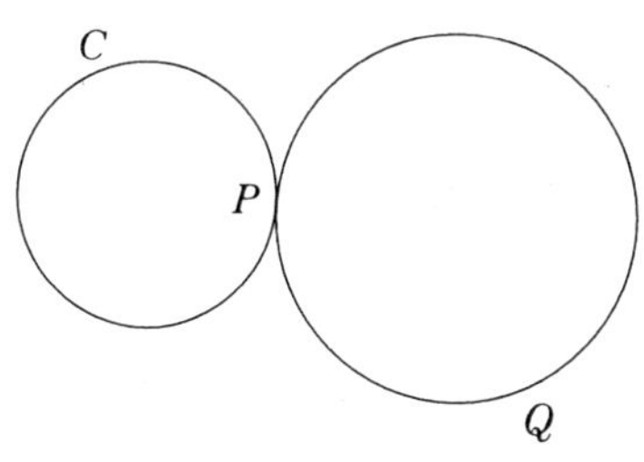

227 정삼각형에 내접하는 원을 그린다. 원에 외접하고 삼각형에 내접하는 원을 그린다. 이렇게 계속할 때 모든 원의 넓이는 삼각형의 넓이와 어떤 관계가 있을까?

228 정사면체에 내접하고 서로서로 내접하는 구를 4개 넣을 때 구의 반경을 구하라.

229 좁은 영역에는 후진 주차가 전진 주차보다 편리하다고 한다. 그 이유를 설명해보자.

가. 주차 영역을 결정하는 조건들을 조사하자.
나. v-2) 바퀴의 움직임에 대한 기하학적 모형을 연구하자.
다. v-3) 자전거와 같은 이륜 구조에 대해서 적절한 모형을 설정하자.
라. v-4) 사륜 차량으로 확대해서 연구하자.
마. v-5) 보다 일반적인 차량의 경우로 확장할 수 있을까?

230 포물선이란 한 정점과 정직선에 같은 거리에 있는 점의 자취를 말한다. 포물선 임의의 점에서 접선을 작도할 수 있을까?

가. 타원의 경우에 대하여 이 문제를 생각하자.
나. 타원의 경우에 대한 결과를 포물선의 경우로 유추할 수 있을까?
다. 이 문제를 쌍곡선의 경우에 대하여 확장할 수 있을까?

231 다음 그림과 같이 두 개의 원과 4개의 접선이 있다. 이 4개 접선의 중점은 어떤 관계가 있을까?

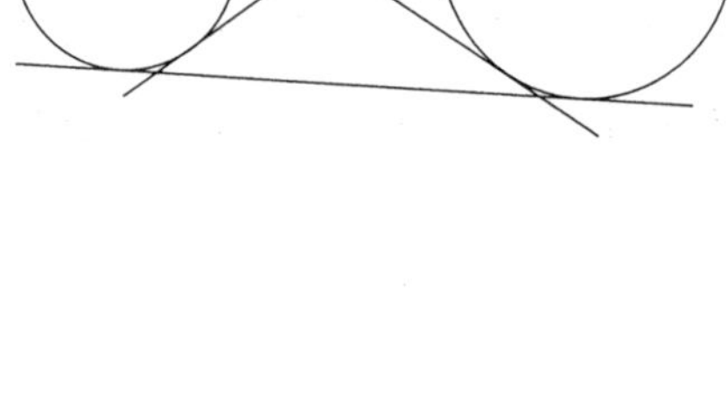

232 원에 내접하는 사각형의 맞보는 두 변의 교점을 각각 B, C라고 할 때 $\angle B$와 $\angle C$의 이등분선의 교각이 이루는 각도는 어떤 특징이 있을까?

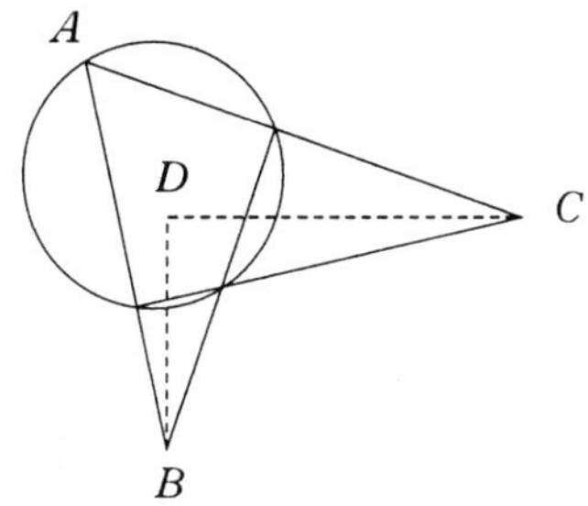

233 다음 그림과 같이 주어진 원에 대하여 두 점 P, Q가 다음 조건 $OP \cdot OQ = 1$를 만족할 때, 두 점 P와 Q는 역의 관계에 있다고 한다.

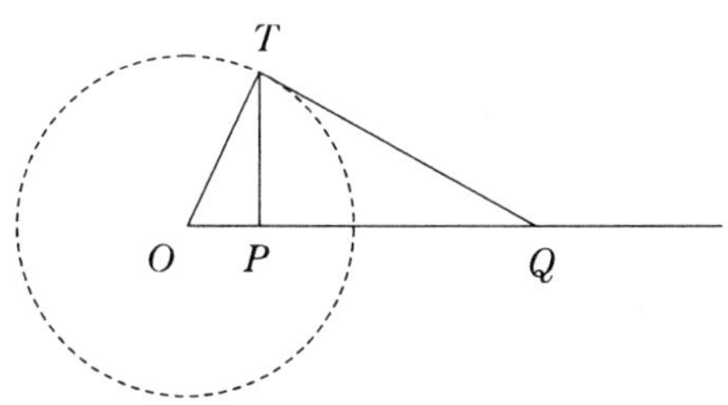

가. 점 P가 적당한 중심에 대하여 원운동을 할 때 역관계에 있는 점 Q의 운동은 어떻게 나타날까?

나. 점 P가 직선운동을 할 때 역관계에 있는 점 Q의 운동은 어떻게 나타날까?

다. 대응 $P \rightarrow Q$에 대하여 불변인 것을 조사해보자.

라. 참고: 이 문제를 일반적으로 취급한 것에 대해서는 반전원에 관한 이론을 참고하세요.

234 다음 삼각형 ABC의 $\angle A$의 이등분선과 변 BC의 교점을 D라고 하자. $\frac{AB}{AC}$와 $\frac{BD}{CD}$의 관계가 존재할까?

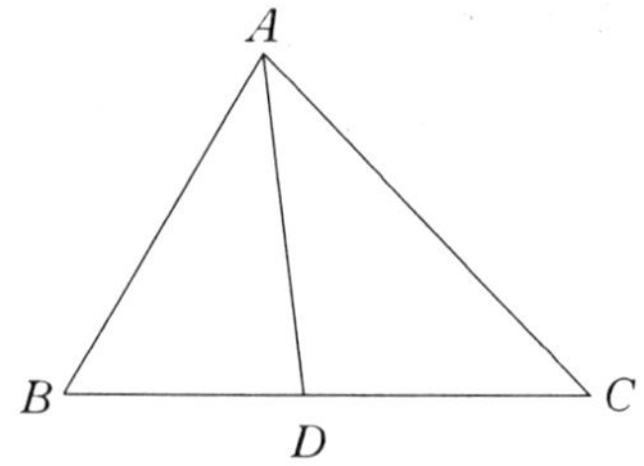

235 다음 삼각형 ABC의 변 BC의 중점 M이라고 하자. AB, AC와 각 $\angle BAM$와 $\angle CAM$ 사이에는 어떠한 관계가 존재할까?

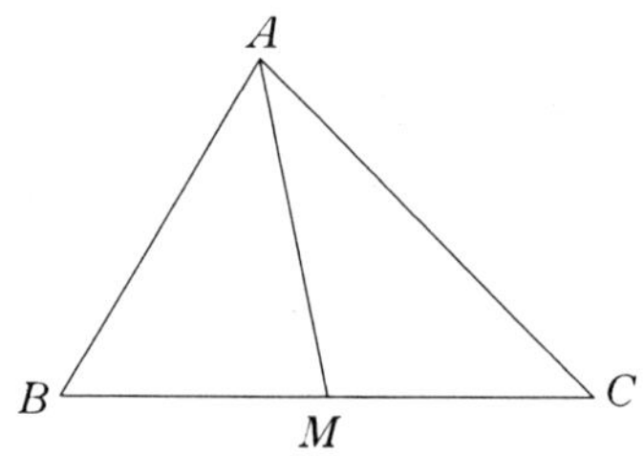

236 (Helly의 정리) 10개의 점 중에서 임의의 3개의 점이 한 원 안에 있다고 한다. 이 때 모든 점이 그 원안에 있다고 할 수 있을까?

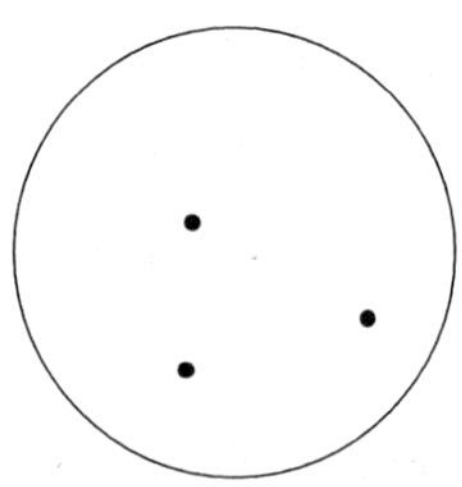

가. 10개 대신에 더 작은 개수에 대하여 추측하자.
나. 이 문제를 일반화 할 수 있을까?

237 대수적으로 또는 극한의 개념을 사용하지 않고 순전히 기하학적 방법으로 접선을 정의할 수 있을까?

238 각 변의 길이가 a, b, c, d인 사변형의 접하는 두 원의 사이에 있다. 그 사변형의 넓이를 변의 길이와 관련시켜 구하라.

239 삼각형 ABC의 각 변에 3점 D, E, F를 설정하고 3점 A, F, E를 지나는 원, 3점 B, D, F를 지나는 원, 3점 C, D, E를 지나는 원을 만든다. 이 때 이 세 원은 한 점을 공유함을 보여라. 이 공유점을 Miguel 점이라고 한다.

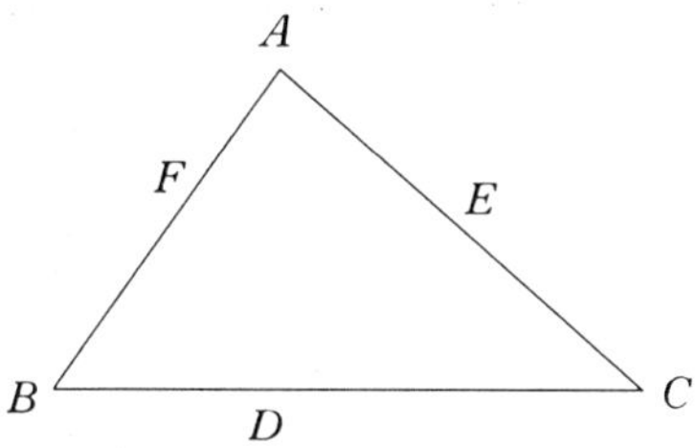

240 모든 삼각형은 이등변 삼각형이라는 것을 다음과 같이 증명하였다.

$\angle A$의 이등분선을 AO라고 하고 BC의 중점을 M이라고 하고 M에서 수선을 OM이라고 하자. AO와 MO이 교점이 없거나 삼각형의 내부에서 만나거나 외부에서 만나는 3가지 경우가 있다.
먼저 교점이 없는 경우라고 하면 $AO \parallel MO$가 된다. 그러므로 $AO \perp BC$이고 따라서 $\triangle ABO \equiv \triangle ACO$이므로 $AB = AC$가 성립한다.

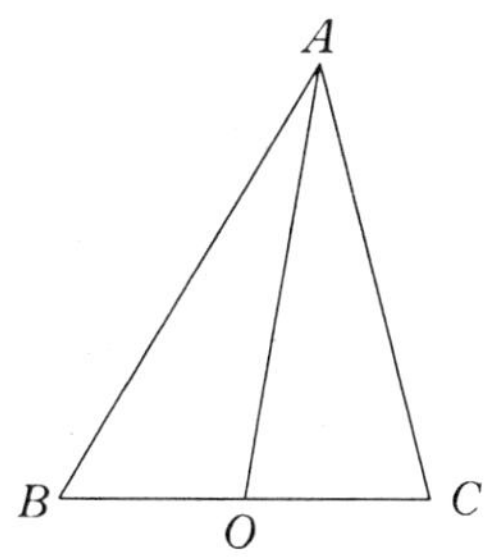

둘째 교점이 삼각형 ABC의 내부에 있다고 하자. 먼저 직각삼각형의 합동 조건에 의하여 $\triangle AEO \equiv \triangle AFO$를 알 수 있다. 그러므로 $EO = EO$이다. 또 $\triangle BMO \equiv \triangle CMO$이므로 $BO = CO$가 성립한다. 그리고 $\angle BOE = \angle COE$이므로 $\triangle BEO \equiv \triangle CEO$이다. 그러므로 $BE = CF$이다. 이 모든 것을 종합하면

$$AB = AE + EB = AF + FC = AC$$

가 된다. 이 결과는 O가 BC 위에 있을 때도 성립한다.

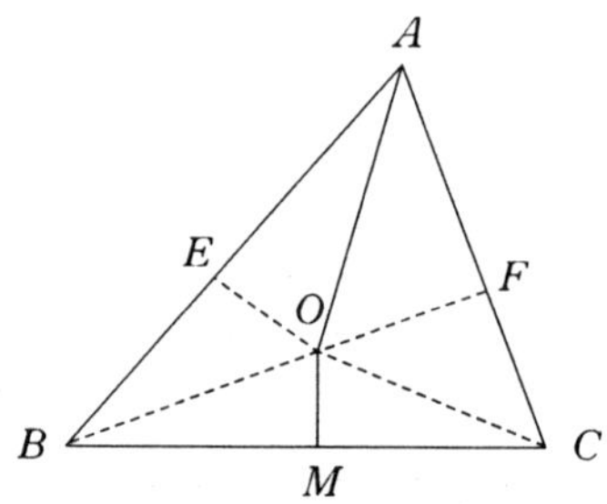

마지막으로 O가 삼각형의 외부에 있다고 하자. 이 경우에도 $\triangle AEO \equiv \triangle AFO$이고 또 $\triangle BMO \equiv \triangle CMO$가 성립한다. 이 결과로부터 $\angle BOE = \angle COE$가 성립한다. 즉, $BE = CF$. 그러므로 $AB = AE - EB = AF - FC = AC$이다.

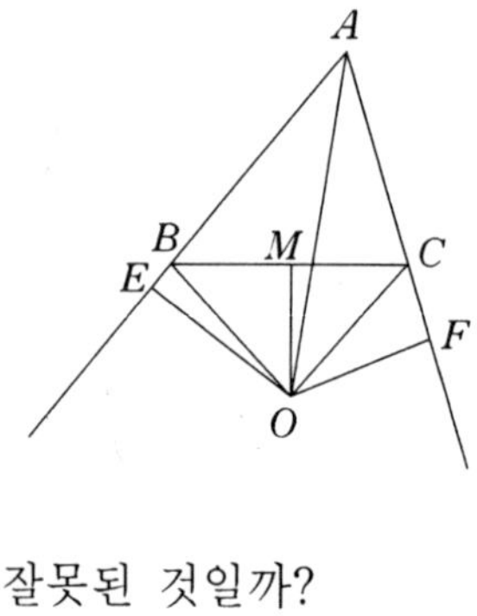

위의 증명에서 무엇이 잘못된 것일까?

241 다음 증명은 직각이 직각보다 더 큰 각도와 같다는 것을 보여주는 것이다. 다음 그림과 같이 직사각형 $ABCD$를 잡고 변 $CD=CE$가 되도록 점 E를 택하자. 이때 그림과 같이 $\angle DCE$는 예각이 되도록 E를 택한다. AD의 중점을 M이라고 하고 AE의 중점을 N이라고 하자. AD와 AE는 평행이 아니므로 AD와 AE의 수선은 만나게 된다. 그 만나는 점을 O라고 하자. $AO=EO$, $BO=CO$, $AB=CE$이므로 $\triangle ABO \equiv \triangle EOC$이다. 그러므로

$$\angle ABO = \angle ECO$$

이다. 한편 $\angle CBO = \angle BCO$이므로 결국 $\angle ABC = \angle ECB$, 즉 직각은 직각보다 크다는 결론을 얻게 된다.

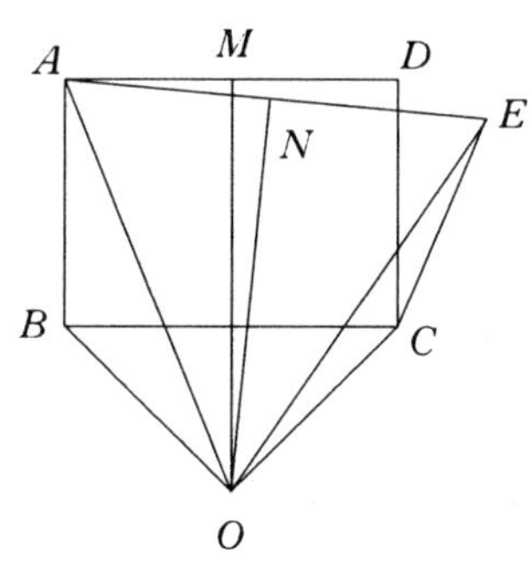

위의 추론에서 무엇이 잘못된 것일까?

242 다음 그림과 같이 사각형에서 $AB=CD$이면 $AD \parallel BC$임을 보인다.

AD의 중점을 M이라고 하고 BC의 중점을 N이라고 한다. M에서 내린 AD의 수선과 N에서 내린 BC 수선의 교점을 P라고 하면 $\triangle BNP \equiv \triangle CNP$이고 $\triangle APM \equiv \triangle DPM$이므로 $\triangle ABP \equiv \triangle CDP$를 얻는다. 그러므로 $\angle BAD = \angle CDA$가 되고 이 사실로부터 $AD \parallel BC$를 얻는다.

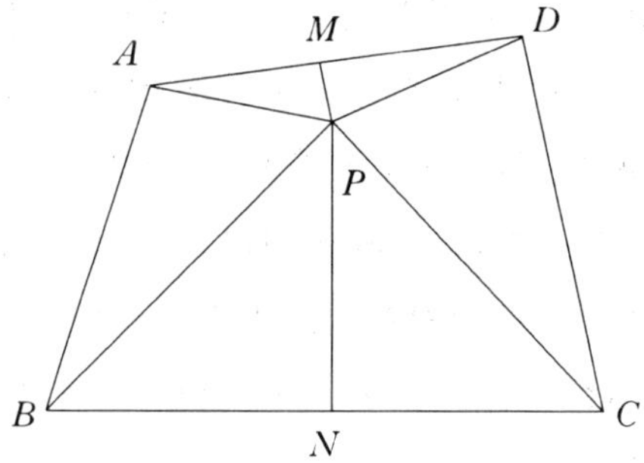

마찬가지로 P가 사각형의 바깥에 있을 경우에도 똑같은 결과를 얻는다.

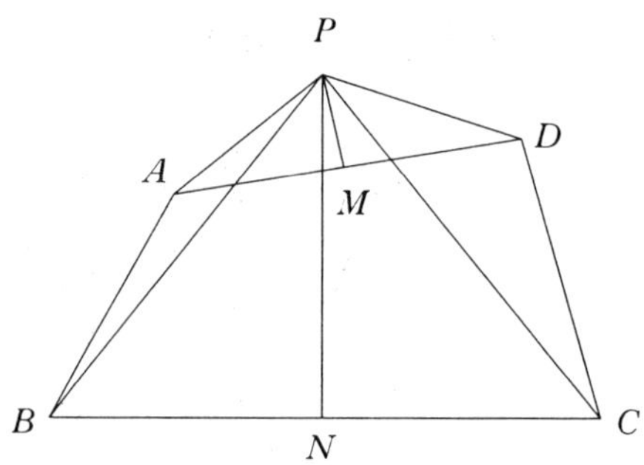

위의 추론에서 무엇이 잘못된 것일까?

243 다음 추론을 검토하자.

길이가 1인 막대를 3개로 나누어 삼각형을 만든다. 삼각형이 되기 위해서는 한 변의 길이가 다른 두 변 길이의 합보다 작으면 된다. 그러므로 한 변의 길이만 1/2보다 작게 하면 삼각형의 만들어진다. 그런데 이렇게 될 확률은 1/2이므로 결론적으로 길이 1인 막대를 가지고 3개로 나누어 삼각형이 될 확률은 1/2이다.

가. 위의 추론은 정확한 것인가?

나. 정확한 추론을 도출하자.

244 직경이 d인 직원기둥 중에서 부피가 가장 큰 것은 어떤 것인가?

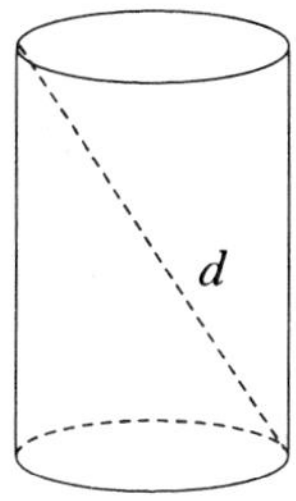

245 두 정점을 중심으로 두 원 O와 O'가 있다. 이 두 원의 반지름의 합은 일정하며 두 원의 중심 간의 거리보다는 작다. 다음 그림과 같이 두 원을 연결하는 벨트를 만들려고 한다.

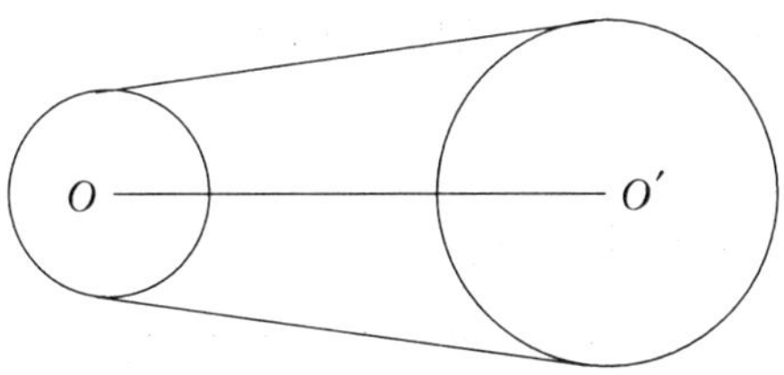

가. 줄의 길이를 두 원의 반지름과 두 중심 간의 거리의 식으로 표시하라.
나. 벨트의 길이를 최소화하기 위해서는 두 원을 어떻게 설정하면 좋을까?

246 겉넓이가 일정한 정 8면체 중에서 부피가 최대가 되는 것은 어떤 것인가?

247 정 8면체의 내부에 가장 큰 구의 체적을 구하라.

248 반지름 r의 원에 내접하는 볼록 사각형의 네 변의 길이가 a, b, c, d일 때 이 사각형의 면적을 구하라.

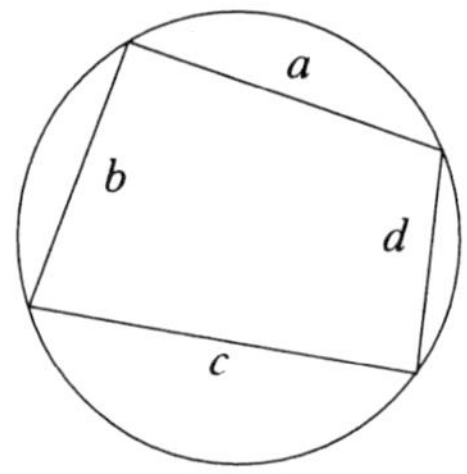

면적은 $\dfrac{\sqrt{(ab+cd)(ac+bd)(ad+bc)}}{4r}$로 주어진다.

249 두 원은 반지름에 의하여 다른 것으로 구별된다. 반지름이 아닌 다른 것을 이용하여 두 원을 구별할 방법이 없을까?

250 임의의 $x \in [0, 1]$를 3진법으로 전개했을 때 $x = 2\sum_{k=1}^{\infty}\frac{a_k}{3^k}$, $(a_k = 0, 1)$형으로 표시되는 수 전체의 집합을 칸토어 집합이라고 한다. 칸토어 집합을 수직선에 표시해보자.

가. 칸토어 집합의 성질을 조사하자.
나. 칸토어 집합은 $[0, 1]$과 일대일 대응이 됨을 보여라.
다. 이 결과로부터 관찰한 것을 말해보자.

251 A를 무한 집합이라고 하고 B를 A의 모든 유한 부분집합의 모임이라고 하자. 이 때 A와 B는 일대일 대응이 될까?

252 A에서 A로의 일대일 대응이 되는 함수를 A상의 치환이라고 한다. A의 원소가 보다 크다고 하자. A상의 모든 치환의 모임을 $S(A)$라고 하자.

가. 임의의 $x \in A$에 대하여 $f(x) \neq x$를 만족하는 $f \in S(A)$이 존재함을 보여라.

나. A가 짝수개의 원소를 가지거나 무한집합일 때 임의의 $x \in A$에 대하여 $f \circ f(x) = x$를 만족하는 $f \in S(A)$이 존재함을 보여라. 만약 A가 홀수개의 원소를 가지는 경우에는 어떻게 될까?

253 한 변의 길이가 1인 정사각형 R_1의 각각의 변을 $1:p$로 내분하여 정사각형을 만들어 그것을 R_2라고 하자. (여기서 $p>0$이다.) R_2에 같은 작업을 하여 다시 정사각형을 만들어 그것을 R_3라고 하자. 이렇게 만든 정사각형 R_n 한 변의 길이를 n의 식으로 나타내어라.

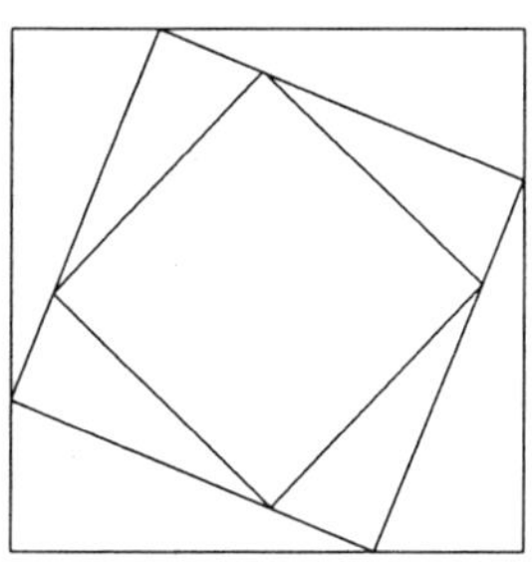

254 평면상의 정사각형의 내부에 연결된 곡선으로 가득 채울 수 있을까?

255 삼각형 ABC에서 BC의 중점을 M이라고 하고 $\angle CAM = \angle BAN$이 되도록 점 N을 택하자. 이 때 $BCDE$가 내접사각형이라면 선분 AN은 DE를 2등분한다는 것을 보여라.

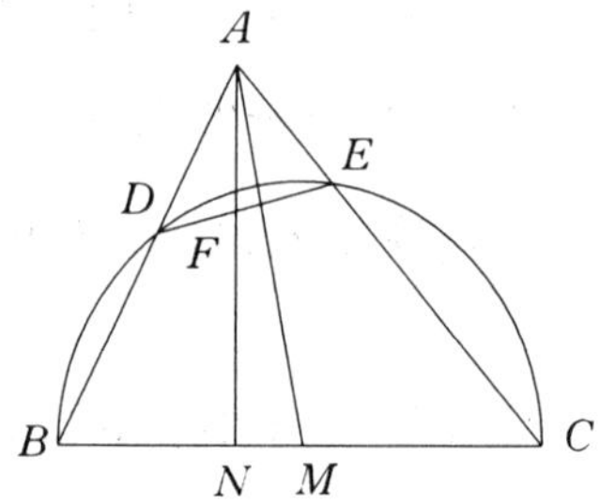

256 삼각형 ABC에서 BC의 중점을 M이라고 하고 $\angle CAM = \angle BAN$이 되도록 점 N을 택하자. 이 때 AN 임의의 점 P에서 변 AB와의 거리 PD와 P에서 AC와의 거리 PE의 비는 변 AB와 AC의 비와 같다. 즉

$$\frac{PD}{PE} = \frac{AB}{AC}$$

이다.

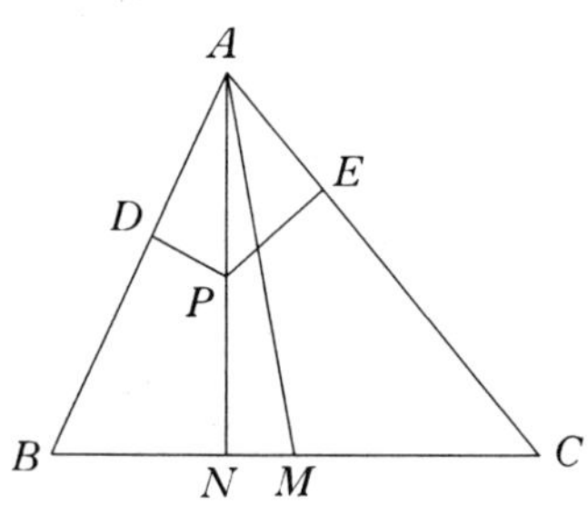

257 그림과 같이 원호 XY위에 한 점 M을 잡고 이곳을 지나는 호 AD, AB, CD, CB를 잡는다. AD와 XY의 교점을 P, CB와 XY의 교점을 Q라고 하면 $PM = QM$이 됨을 보여라.

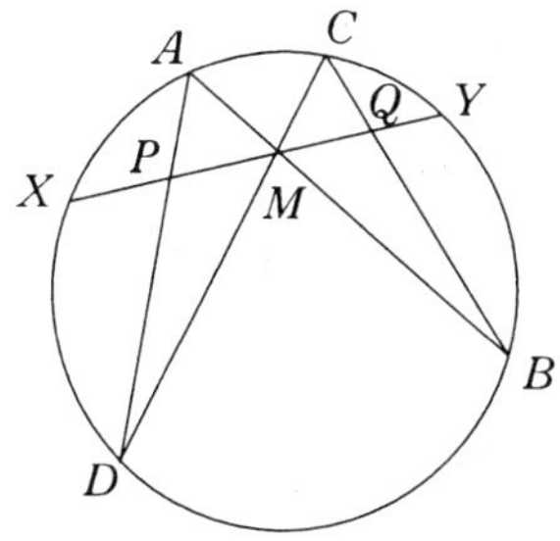

가. 복소수의 극형식을 이용하자.

나. 복소수를 사용하지 않고 해결하자.

258 원에 접선 PT와 PS를 그리고 SQ를 지름이 되게 그린다. T에서 SQ에 내린 수선의 발을 R이라고 하면 $RM = TM$이 됨을 보여라.

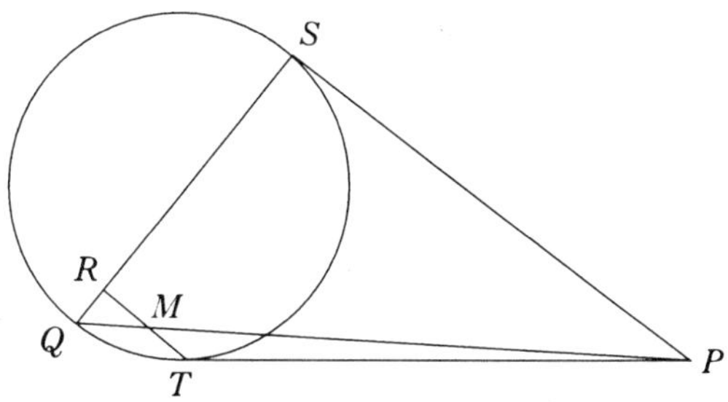

가. 복소수의 극형식을 이용하자.

나. 다른 방법은 없을까?

259 다음과 같이 점 A, B, C, D가 주어져 있다. 점 A에서 직선을 긋되 그 직선과 점 B, C, D에서 내린 선분 길이의 합이 가장 작게 되도록 하고 싶다. 어떻게 하면 좋을까.

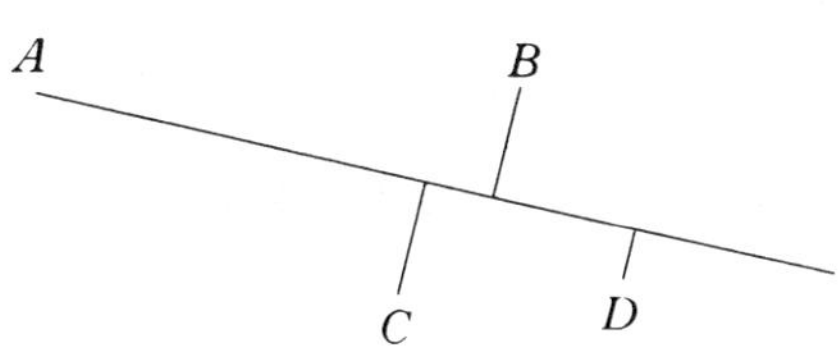

260 다음과 같은 공리계가 있다.

1) 단지 4개의 선이 있다.

2) 임의의 두 선은 꼭 한 점을 공유한다.

3) 각 점은 꼭 두 선 위에 있다.

가. 이 기하의 시각적 모형을 만들고 관련되는 정리를 예상하라.

나. 이 기하에서 삼각형의 개수는?

다. 주어진 선에 평행선의 개수는?

라. 두 선이 모든 점을 포함할 수 없다는 것을 보여라.

마. 선으로 연결할 수 없는 한 쌍의 점이 존재함을 보여라.

바. 이 기하는 몇 개의 점을 가질까?

사. 이 기하는 직선 당 몇 개의 점을 가질까?

아. 점을 선으로 선을 점으로 바꾸면 어떻게 될까?(쌍대원리)

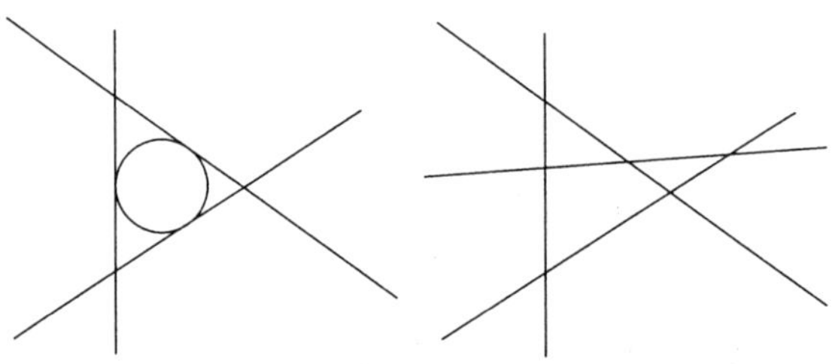

261 다음과 같은 공리계가 있다.

1) 적어도 하나의 선이 있다.

2) 임의의 선은 꼭 3개의 점을 품는다.

3) 모든 점이 한 선 위에 있는 것은 아니다.

4) 임의의 두 점은 꼭 하나의 선을 가진다.

5) 두 선은 적어도 하나의 점을 가진다.

가. 이 기하의 시각적 모형을 만들고 관련되는 정리를 예상하라.
나. 두 선은 단 하나의 점을 공유한다.
다. 이 기하는 꼭 7개의 선과 7개의 점을 가진다.
라. 이 기하의 두 점은 단 하나의 선을 결정한다.
마. 각 점은 꼭 3선 위에 있다.
바. 임의의 한 점을 지나는 모든 선들은 모든 점을 통과한다.
사. 임의의 두 점에 대하여 이 점들을 품지 않는 꼭 한 쌍의 선이 있다.

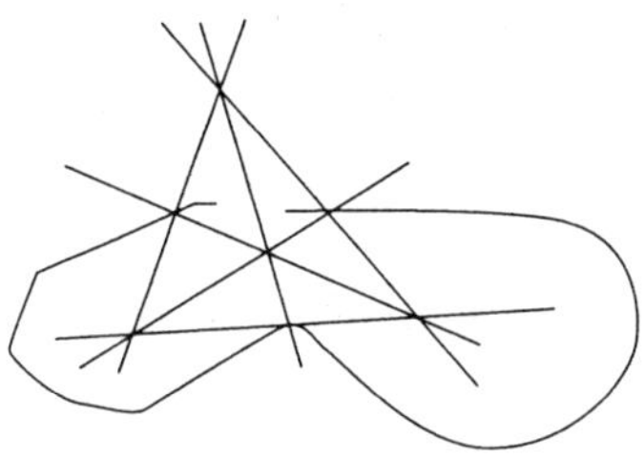

262 다음과 같은 공리계가 있다. 이 기하의 시각적 모형을 만들고 관련되는 정리를 예상하라.

1) 적어도 하나의 선이 있다.
2) 임의의 선은 꼭 3개의 점을 품는다.
3) 모든 점이 한 선 위에 있는 것은 아니다.
4) 임의의 두 점은 꼭 하나의 선을 품는다.
5) 한 선과 그 위에 있지 않는 한 선이 있을 때 이 점을 지나고 그 선과 만나지 않는 선이 꼭 한 개 존재한다.

263 다음과 같은 공리계를 설정한다. 점과 선은 무정의 용어이고 두 선이 만나지 않을 때 평행이라고 한다. 나머지 용어들은 암묵적으로 무정의 용어이다.

1) 적어도 하나의 선이 존재한다.
2) 각 선은 꼭 3개의 점을 가진다
3) 모든 점이 동일 선 위에 있는 것은 아니다.
4) 점 P가 주어진 선 l위에 있지 않을 때, P를 포함하고 l에 평행한 선이 꼭 한 개 존재한다.
5) 점 P가 어떤 선 l위에 있지 않을 때, P와 연결할 수 있는 l상의 점은 꼭 한 개 존재한다.

가. 이 기하의 모형을 구성하라.
나. 이 기하에 관련된 성질을 조사하자.

264 다음 경계를 포함하지 않는 원판에 3선분을 생각해보자. 두 선분이 원판의 내부에서 만나지 않은 때 이 두 선분은 평행이라고 정의하자.

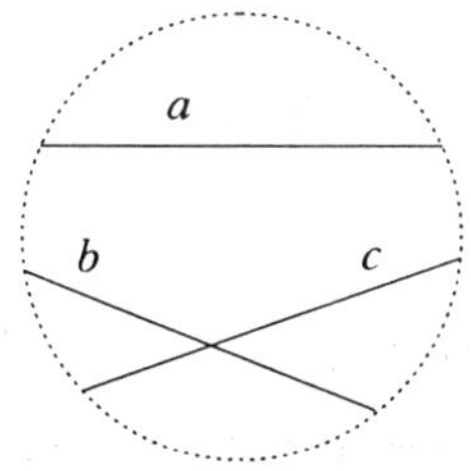

가. 이 기하는 유클리드의 평행선 공리를 만족하지 않음을 보여라.
나. 이 기하에서 각을 정의할 수 있는가?
다. 이 기하에서 삼각형을 정의할 수 있는가?

265 원의 내부를 평면이라고 하고 원주 임의의 두 점을 지나고 원의 내부에 있는 선분을 직선이라고 하자. 여기서 두 직선이 만나지 않을 때 평행이라고 한다.(다음 그림에서 직선 L과 M은 평행이다. 이 모형은 유클리드의 평행선 공준을 만족하지 않는다는 것을 확인하자)

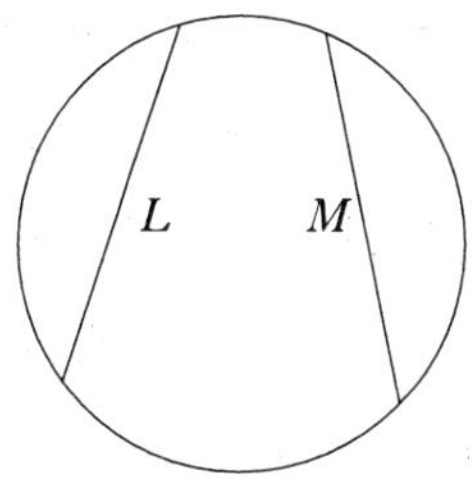

266 축구공은 12개의 정오각형과 20개의 정육각형으로 이루어졌다. 이 사실을 밝혀라.

가. 다면체에 대한 오일러 공식이 이 문제에 어떻게 적용될까?

나. 각 꼭지점에서 모서리와 면의 관계식은 이 문제 해결에 어떤 도움이 될까?

267 임의의 다면체는 5각형 이하의 도형에 적어도 하나는 존재한다.

가. 다면체에 대한 오일러 공식이 이 문제에 어떻게 적용될까?

나. 각 꼭지점에서 모서리와 면의 관계식은 이 문제 해결에 어떤 도움이 될까?

268 확률을 정의하자.

가. 주사위를 던져서 나오는 눈을 관찰하자.

나. 이 때 1의 눈이 나오는 것을 관찰하자. 처음에 50번을 던져서 그 결과를 알아보자. 이것을 계속하여 100회까지 던져보자. 이 때 1의 눈이 몇 번 나왔는가? 이 놀이를 계속해서 하되 1의 눈이 전체에서 차지하는 비율을 조사하자.

다. 여러분은 지금까지의 결과로 부터 어떤 결론을 얻는가?

라. 지금까지의 결과에 의하면 1의 눈이 나오는 비율은 일정하다고 할 수 있는가? 그렇다면 그 근거는 무엇인가?

마. 이것을 계속하자. 이 때 1의 눈이 나오는 비율은 일정하게 될 것이라고 할 수 있을까?

269 어떤 부품을 가공하는데 절삭과 연마의 차례로 반드시 두 공정을 거친 후 완제품이 나온다고 한다. 부품은 가, 나, 다, 라의 4가지로 되어 있고 각각이 각 공정에서 걸리는 시간은 다음 표와 같다. 작업은 절삭공정이 종료되는 즉시 연마공정으로 이어진다. 공정시간을 최대한 단축시키기 위해서는 어떤 순서가 필요할까?

공정 \ 부품	가	나	다	라
절삭	3	2	4	6
연마	2	5	3	8

가. 간단한 경우부터 구체적으로 실험하라.
나. 각각의 경우에 대하여 패턴을 조사하라.

270 파란 종이가 30장, 빨간 종이가 20장, 노란 종이가 25장 있다. 이 3가지의 종이 중에서 두 장이 만날 때 색깔이 다른 경우에는 제 3의 색으로 변하고 같은 색깔일 때는 변하지 않는다고 한다. 궁극적으로 같은 색으로 변할 가능성이 있을까?

271 10ℓ, 7ℓ, 3ℓ의 세 통이 있다. 10ℓ의 물통에 가득찬 물을 이 세 통을 이용하여 6ℓ, 4ℓ의 물로 나누어라.

가. 물을 옮기는 과정을 수식화 할 수 없을까?
나. 다른 경우에 대하여 이 문제를 연구하자.

272 흰색 바둑돌 3개와 검은색 바둑돌 3개가 그림과 같이 놓여져 있다.

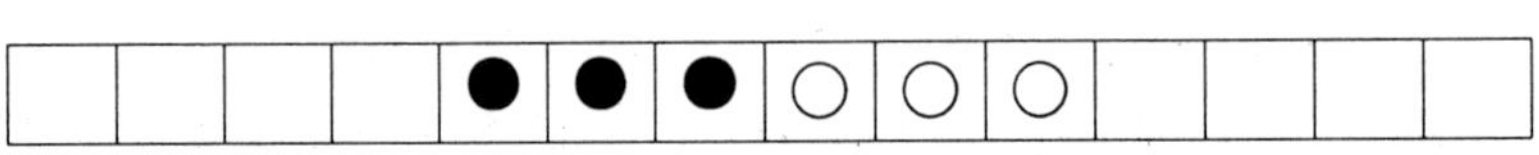

여기서 반드시 인접한 두 개를 다른 빈 곳으로 옮겨서 흰색과 검은색이 서로 끼이게 만들 수 있는가? 좌우의 빈 칸은 무수히 많이 있다고 한다.

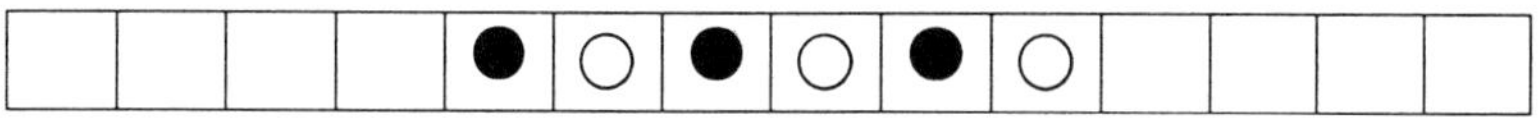

가. 이 문제를 더 많은 바둑돌의 경우로 확장하자.

나. 이 문제를 수학적으로 설명할 방법을 연구하자.

273 바둑돌의 이동에 대한 수학적 모형

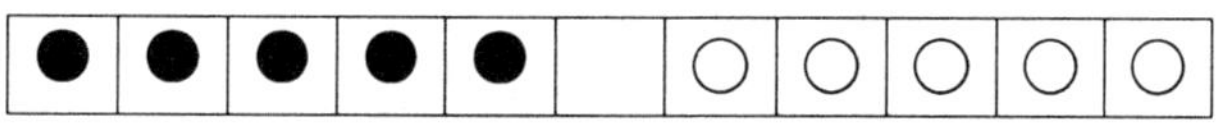

가. 위의 바둑돌을 흑은 우로, 백은 좌로 이동시키려고 한다. 빈 곳을 한 칸 뛰어 넘을 수는 있고 빈 곳을 한칸 앞 또는 뒤로 움직일 수 있다. 이와 같은 방법으로 흑백의 위치가 바뀌어질 수 있을까?

나. 이 문제를 수학적으로 연구하자.

274 다음 그림과 같이 세 개의 바둑돌이 있다. 이 돌은 칸 수에 관계없이 오른 쪽으로만 이동할 수 있고 뛰어 넘을 수는 없다. 두 사람이 교대로 돌을 이동시킬 때 움직일 수 없는 사람이 지는 것으로 한다. 이기는 전략을 말해보라.

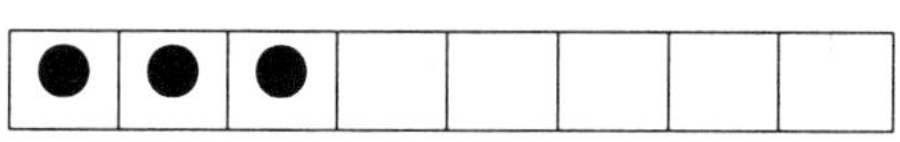

275 무한히 많은 격자 안에 자연수로 가득 차 있다. 각 격자의 수는 인접한 4개의 수의 평균과 같다고 한다. 이 수들은 어떤 수일까?

			w			
		x	m	z		
			y			

가. 실제로 약간의 수를 사용하여 실험하라.

나. 이 격자 속에는 최소의 자연수가 있을 것이다. 이 자연수에 대하여 관심을 가져라.

276 다음 다섯 명의 학생이 5개의 동아리에 가입하고 있다. 모든 학생이 동시에 모이려고 할 때 최소의 시간을 구하라.

동아리 \ 사람	가	나	다	라	마
A		o		o	
B			o	o	
C	o	o			
D		o			o
E		o		o	

277 다음 그림에서 검은 것은 열차 바퀴를 말하고 아래의 흰 부분은 철로를 나타낸다. 이 열차 바퀴의 작은 원과 큰 원의 반지름은 그림과 같이 다르다. 이 바퀴는 정상적으로 움직일 수 있을까?

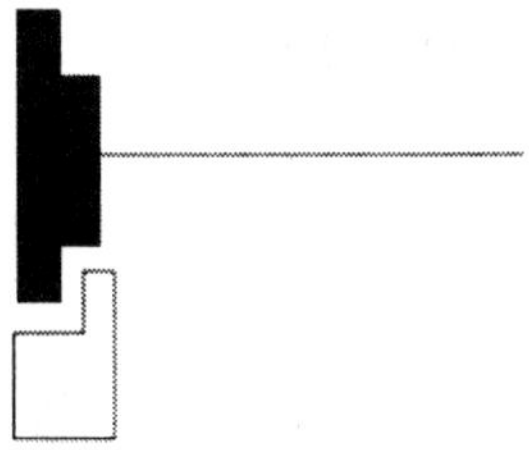

가. '정상적으로 움직인다'의 정의를 다시 생각하자.

나. '정상적으로 움직인다'고 할 때 바퀴 자취의 흔적의 길이에 대하여 생각해 보자.

278 다음 그림과 같이 원기둥을 정확하게 반으로 잘라서 통로를 만들었다. 여기서 통로의 지름과 같은 크기의 공을 통로 속으로 굴린다. 공에 페인트칠을 하여 마르지 않는 상태로 통로위로 한 바퀴 굴린다면 통로의 안벽에 공과 같은 색이 남을 것이다. 이 결과로부터 공의 표면적을 통로 안벽의 넓이로 부터 계산할 수 있을 것이다.

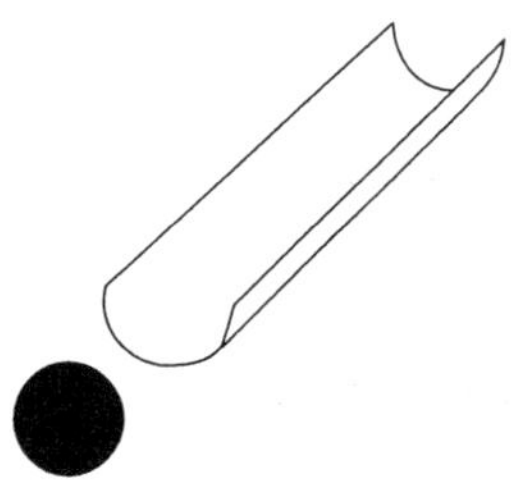

가. 통로 내벽의 면적과 공의 면적을 계산하여 비교해보자.

나. 이 계산으로부터 무엇이 잘못된 것일까?

279 다음 그림과 같이 로봇 손이 있다. P에서 수평으로 회전할 수 있고 Q에서 회전할 수 있도록 설계되어 있으며 R에는 연필이 달려 있고 이 연필로

PQ를 반지름으로 하는 영역 모두를 칠하려고 한다. 첫째 팔 안의 모든 영역으로 움직일 수 있기 위해서는 팔의 모양을 어떻게 설계해야 할까?

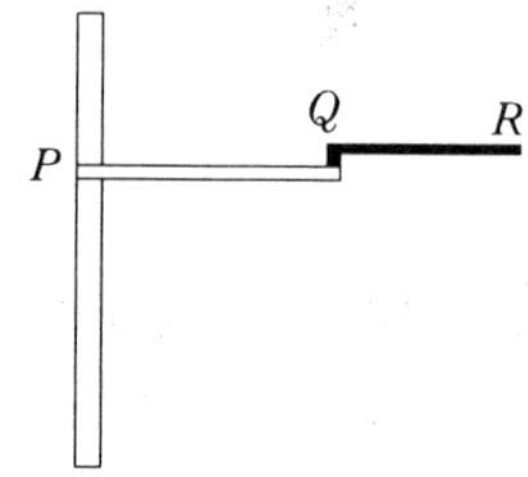

가. 팔 길이를 적절하게 결정하고 문제를 해결하자.

나. 위의 모형보다 더 개량된 모형을 설계해보자.

280 Peucellier의 연동장치의 수학적 배경을 연구하시오.

가. 반전원에 대한 이론을 연구한다.

나. Peucellier의 연동장치와 반전원 이론과의 관계를 조사하라.

281 저녁노을이 생기는 이유에 대하여 연구하자.

가. 빛의 굴절에 대한 연구

나. 파장에 따른 빛의 성질

다. 저녁노을에 대한 모형제작

282 기차를 타고 가면서 창밖을 보면 경치가 앞으로 가는 것처럼 보인다. 이 현상을 설명하라.

283 신호등의 주기에 관한 최적의 방법을 구안해보자.

가. 교통량에 관한 모형을 세우자.

나. 신호등에 관한 모형을 세우자.

284 만화경에 숨어 있는 수학적 성질을 연구하자.

가. 만화경의 원리를 연구하자.
나. 평면거울 대신 곡선 거울에 대해서 이 문제를 연구하자.

285 박스에 같은 모양의 용기를 가장 많이 넣는 방법을 연구하자.

286 달의 위상 변화의 작도

가. 달의 모습이 변하는 까닭은 무엇인가?
나. 달의 모습이 변하는 까닭을 모형화 할 수 있을까?
다. 달의 모습의 변화를 작도할 수 있을까?

287 식물 가지의 패턴

가. 식물 가지의 모습에 어떤 규칙이 있는가?
나. 다양한 식물 줄기의 패턴을 조사해보고 규칙을 찾아보자.

288 제주도와 기타 여러 곳에서 소위 도깨비 도로라는 것이 발견된다. 그 정체를 밝혀보자.

289 문자가 아무렇게 나열되었을 때 그 뜻을 해독하는 법을 연구하자. 단어를 무작위로 나열했을 때 그것을 정확하게 배열하는 알고리듬을 만들어보자.

290 3차 방정식의 해법에 관한 여러 가지 연구가 있었다. 그러한 연구들을 수집하자.

291 도형의 길이, 면적, 체적을 구하는 방법은 어떻게 발전하였을까?

가. 고대 그리스의 연구를 조사하자.
나. 뉴턴시대의 연구를 조사하자.
다. 20세기의 연구에 대하여 조사하자.

292 대수방정식의 역사에 대하여 연구하자.

가. 고대 그리스의 연구를 조사하자.
나. 르네상스 시대의 연구를 조사하자.
다. 19세기의 연구에 대하여 조사하자.

293 여러분은 프랙털 집합을 들어봤을 것이다. 이 집합에 대하여 상세하게 알아보자.

가. 자기 유사성이란 무엇인가?
나. 프랙털 차원을 이해하자.

294 자연현상에는 혼돈이라고 하는 현상이 있다. 이 현상에 대하여 사례중심으로 연구하자.

가. 혼돈 현상을 수집하자.
나. 나비효과란 무엇인가?
다. 혼돈 현상에서 공통되는 성질을 추출하자.
라. 혼돈 현상에 대한 수학적 모형을 구성하자.

295 피타고라스의 사상이 수학이 미친 영향을 조사하자.

가. 수학자로서의 피타고라스
나. 종교가로서의 피타고라스
다. 수 신비주의

296 아벨과 갈로아에 대한 비교 연구를 하자.

가. 갈로아의 수학적 업적에 대하여 연구하자.
나. 아벨의 수학적 업적에 대하여 연구하자.
다. 두 천재의 특성에 대하여 비교 연구하자.

297 갈릴레오가 낙하운동을 연구한 수학에 대하여 연구하자.

298 뉴턴에 대하여 연구하자.

299 페르마에 대하여 연구하자.

300 칸토어에 대하여 연구하자.

301 포앙카레의 과학과 가설을 읽고 토론하자.

302 수학이 이용되는 곳을 연구하여 발표하자.

303 수학의 유용성에 대하여 논하자.

304 인간이 수학적 법칙을 인식할 수 이유는 무엇일까?

참고문헌

C. F. Adler. *Modern Geometry*(2nd ed.), The McGraw-Hill Co., Inc., 1967.

David M. Burton. *Elementary Number Theory*(4th ed.), The McGraw-Hill Co., Inc., 1998.

E. Hewitt & K. Stromberg, *Real and Abstract Analysis*, Springer Verlag, Berlin, 1965.

G. Polya, *How to Solve It*(5th ed.), Princeton University Press, New Jersey, 1948.

G. Polya, *Mathematics and Plausible Reasoning*, Princeton University Press, 1990.

H. S. M. Coxeter & S. L. Greitzer. *Geometry Revisited*. The Mathematical Association of America, 1967.

H. S. M. Coxeter. *Introduction to Geometry*(2nd ed.), John Wiley & Sons, Inc., 1989.

J. Frohlichstein, *Mathematical Fun, Games and Puzzles*, Dover, New York, 1967.

James R. Smart. *Modern Geometries*(5th ed.), Brooks/Cole Publishing Co., 1998.

M. Henle. *Modern Geometry*(2nd ed.), Prentice-Hall, Inc., New Jersey, 2001.

R. C. Buck. *Advaced Calculus*.

R. Courant & H. E. Robbins. *What is Mathematics*? Oxford University Press, New York, 1953.

R. Devaney. *An Introduction to Chaotic Dynamical Systems*(2ed.), Addison-Wesley Publishing Company, Inc., 1989.

W. R. Wade. *An Introduction to Analysis*, Prentice-Hall, Inc., New Jersey, 1995.

W. Rudin. *Principles of Mathematical Analysis*(3rd ed.), McGraw-Hill Book Co., Inc., 1998.

W. W. Rouse Ball & H. S. M. Coxeter. *Mathematical Recreations and Essays*(13rd ed.), Dover, New York, 1987.

찾아보기

(ㅁ)

(ㅂ)

(ㅅ)

(ㅇ)

(ㅈ)

(ㅊ)

(ㅋ)

(ㅌ)

(ㅍ)

(ㅎ)

(a)

(b)

(r)

(s)

(t)

(v)

(w)

저자 약력

유 윤 재

경북대학교 사범대학 수학교육과 졸업 (이학사)

경북대학교 대학원 수학과 졸업 (이학석사)

The University of Wisconsin-Madison 졸업 (Ph. D 수학)

육군 3사관학교 교수부 수학과 전임강사

현재 경북대학교 사범대학 수학교육과 교수

수학 영재 교육

2007년 8월 25일 1판 1쇄 발행
2010년 3월 2일 1판 2쇄 발행

저 자 / 유윤재
발행자 / 오판근
발행처 / 교우사

주 소 / 서울 동대문구 제기2동 148-19
전 화 / 925-2861(代), 편집부 / 925-2825
팩 스 / 925-2860

E-mail / kyowoo@kyowoo.co.kr
http://www.kyowoo.co.kr

등록 / 1994. 3. 24 제6-0256호

ISBN 978-89-8172-653-9 (93410)

값 13,000 원